最新高档汽车车载网络拓扑图集

韩旭东　陈志军　刘国辉　主编

辽宁科学技术出版社

沈阳

图书在版编目（CIP）数据

最新高档汽车车载网络拓扑图集 / 韩旭东, 陈志军, 刘国辉主编.
— 沈阳 : 辽宁科学技术出版社, 2018.1（2018.8 重印）

ISBN 978-7-5591-0567-7

Ⅰ.①最… Ⅱ.①韩… ②陈… ③刘… Ⅲ.①汽车 - 计算机网络
- 图集 Ⅳ.①U463.67-64

中国版本图书馆CIP数据核字(2017)第308684号

出版发行：辽宁科学技术出版社
　　　　　（地址：沈阳市和平区十一纬路25号 邮编：110003）
印 刷 者：辽宁鼎籍数码科技有限公司
经 销 者：各地新华书店
幅面尺寸：210mm × 285mm
印　　张：18.25
字　　数：350千字
出版时间：2018年1月第1版
印刷时间：2018年8月第2次印刷
责任编辑：高　鹏
封面设计：刘克江
版式设计：刘克江
责任校对：李淑敏
书　　号：ISBN 978-7-5591-0567-7
定　　价：200.00元

联系电话：024—23284373
邮购热线：024—23284626

前　言

随着汽车消费者对汽车的安全性、舒适性和智能化的要求越来越高，汽车技术得到了迅速的发展。以前汽车上只有几个单独的系统利用汽车控制单元进行控制，现在系统越来越多，为了简化线束的数量和智能化地进行数据交换，汽车上大量使用汽车车载网络系统，个别高级车型使用的汽车控制单元达50多块，所以，汽车维修人员要想把整个汽车电气原理搞懂，必须参考各个车型车载网络拓扑图。

为了方便广大汽车维修人员查找最新高档车的车载网络拓扑图，我们编写了这本《最新高档汽车车载网络拓扑图集》。

本书的特点如下：

（1）车型全。书中几乎涵盖了2012—2017年上市的所有高档汽车，包括8种车系，近百种车型。

（2）车型新。包括奔驰E级轿车（W213）、奔驰GLA汽车（X156）、奔驰GLC汽车（X253）、新宝马5系（G30）、宝马7系（G11/G12）、路虎揽胜星脉、捷豹F-PACE、保时捷718（982）、新款帕纳美纳（971）、玛萨拉蒂Levante、法拉利F12、劳斯莱斯古斯特、劳斯莱斯幻影、一汽奥迪A4L（B9）和奥迪Q7（4M）等。

（3）实用性强。本书采用彩色印刷，更方便查找各个总线的走向和连接，直观易懂、实用性强。另外，精装设计使图书美观大方。

本书中拓扑图均取自原厂资料，由于车型、配置等原因，有些图上的标识码表中个别项并不完全一一对应。

本书由韩旭东、陈志军、刘国辉主编，参加编写的还有邹钢、彭国帅、李宏、鲁子南、胡志涛、裴海涛、路国强、王海文、孙德文、何广飞、延福标、李洪全、宁振华、钱树贵、杨正海、陈文辉、杨金和、孟研科、汪义礼、张效良、李德强、马见玲、武瑞强、赵会、徐高山、钱峰、尤淑江、钱川、陈海新、张海龙、胡正新、李辉、李德亮、徐勇、郑文资、薄令涛、白艳森、范子茜、匡运尧、李晓东、王康威、邢志盛、郑涛、陈建宏、倪红、伍小明、林可春、毛暖思、徐浩、任慧娜、郭倩、郭建宁、张晓尚、李宗尧、郭瞒、郝建薇、雷响和谷密晶。

在本书编写过程中，参考了大量国内外技术文献，也得到了有关汽车生产厂家和有关部门的帮助，在此一并致谢。由于作者水平有限，加之时间仓促，书中差错和疏漏在所难免，恳请广大读者及各位同仁批评指正。

编者

2017年10月30日

目录

第一章	总线基础知识介绍	1

第一节 CAN 总线基础知识 …………………… 1
第二节 MOST 基础知识介绍 ………………… 6
第三节 LIN 局域互联网 ……………………… 13
第四节 FlexRay 总线介绍 …………………… 17

第二章	奔驰车系车载网络拓扑图	31

第一节 2012—2018 年奔驰 B 级轿车（W246） …… 31
第二节 2014—2018 年奔驰 C 级轿车（W205） …… 33
第三节 2017—2018 年奔驰 E 级轿车（W213） …… 42
第四节 2013—2018 年奔驰 S 级轿车（W222） …… 51
第五节 2014—2018 年奔驰 GLA 汽车（X156） …… 55
第六节 2015—2018 年奔驰 GLC 汽车（X253） …… 58
第七节 2011—2015 年奔驰 M 级汽车（W166） …… 61
第八节 2012—2015 年奔驰 GL 级汽车（X166） …… 64
第九节 2010—2017 年奔驰 G 级汽车（W463） …… 67
第十节 2011—2018 年奔驰 CLS 级汽车（W218） … 69
第十一节 奔驰 E 级轿车（W207） …………… 72
第十二节 奔驰 S 级跑车（W217） …………… 74
第十三节 奔驰 AMG 和 AMG GT S 级跑车（W190）
………………………………………… 77
第十四节 奔驰 AMG C63 汽车（W205） ……… 80
第十五节 奔驰 SMART（W451） ……………… 84
第十六节 奔驰 V 级和威霆汽车（W448） …… 87

第三章	宝马车系车载网络拓扑图	89

第一节 2011—2018 年宝马 1 系轿车（F20） …… 89
第二节 2015—2018 年宝马 2 系（F45） …… 93
第三节 2014—2018 年宝马 3 系（F35、F30、F30H）
………………………………………… 95
第四节 2010—2017 年宝马 5 系
（F18、F18PHEV、F10H） ………… 103
第五节 2017—2018 年宝马 5 系（G30） …… 109
第六节 2009—2016 年宝马 GT 5 系（F07） …… 113
第七节 2008—2015 年宝马 7 系（F01/F02、
F01/F02LCI、F01H/F02H、F04） …… 117
第八节 2015—2018 年宝马 7 系（G11/G12） … 123
第九节 2012—2018 年宝马 X3（F25） …… 127
第十节 2006—2015 年宝马 X5（E70） …… 131
第十一节 2015—2018 年宝马 X5（F15） …… 133
第十二节 2008—2015 年宝马 X6（E71） …… 137
第十三节 宝马 I01 …………………………… 140
第十四节 2014—2018 年宝马 MINI（F56） …… 142
第十五节 2011—2015 年宝马 MINI（R60） …… 144

第四章	路虎捷豹车系车载网络拓扑图	146

第一节 2011—2015 年神行者 2 …………… 146
第二节 2015—2018 年发现神行 …………… 148
第三节 2012—2018 年揽胜极光 …………… 151

第四节　2011—2016 年发现 4 ·············· 153
第五节　2017—2018 年发现 5 ·············· 155
第六节　2006—2012 年揽胜·················· 160
第七节　2006—2013 年揽胜运动 ·········· 162
第八节　2012—2018 年新揽胜 ·············· 164
第九节　2013—2018 年新揽胜运动 ······ 167
第十节　2017—2018 年揽胜星脉 ·········· 181
第十一节　2011—2013 年捷豹 XK ·········· 184
第十二节　2012—2018 年捷豹 XF ·········· 186
第十三节　2012—2018 年捷豹 XJ ·········· 188
第十四节　2016—2018 年捷豹 F-PACE ·· 190

第五章　保时捷车系车载网络拓扑图 ·········· 192

第一节　2014—2018 年 MACAN ·········· 192
第二节　2011—2017 年卡宴 ·················· 193
第三节　2014—2017 年帕纳美纳 ·········· 194
第四节　2013—2015 年博克斯特（981）·· 195
第五节　2013—2017 年卡曼 ·················· 196
第六节　2014—2017 年 911 Turbo/Turbo S ······ 197
第七节　2014 年 918 Spyder ·············· 198
第八节　2017 年 718 Boxster/Boxster S（982）199
第九节　2017—2018 年帕纳美纳（971）·········· 200

第六章　玛萨拉蒂车系车载网络拓扑图 ·········· 201

第一节　2014—2018 年吉博力 ·············· 201
第二节　2013—2018 年总裁 V6&Q4 ······ 203
第三节　2013—2018 年总裁 V8 ············ 205
第四节　2016—2018 年 Levante ·········· 207

第七章　法拉利车系车载网络拓扑图 ·········· 209

第一节　法拉利 458 ·························· 209
第二节　法拉利 Califounia ·················· 211
第三节　法拉利 488GTB ···················· 213
第四节　法拉利 F12 ·························· 215
第五节　法拉利 FF ···························· 217

第六节　法拉利 Califounia T ·················· 219
第七节　法拉利 599GTB ···················· 221

第八章　劳斯莱斯车系车载网络拓扑图 ·········· 225

第一节　古斯特和魅影 ························ 225
第二节　幻影 ································ 227

第九章　奥迪车系车载网络拓扑图 ·········· 229

第一节　2011—2017 年奥迪 A1 ············ 229
第二节　2014—2018 年一汽奥迪 A3/A3 Limousine
　　　　································ 233
第三节　2014—2018 年奥迪 A3 e-tron ·· 239
第四节　2016—2018 年一汽奥迪 A4L（B9）·· 241
第五节　2009—2016 年一汽奥迪 A4L（B8）·· 245
第六节　2009—2017 年奥迪 A5 ············ 249
第七节　2006—2012 年一汽奥迪 A6L（C6）·· 251
第八节　2012—2018 年一汽奥迪 A6L（C7）·· 254
第九节　2012—2017 年奥迪 A7 ············ 261
第十节　2007—2017 年奥迪 A8（D4）······ 264
第十一节　2013—2018 年一汽奥迪 Q3 ···· 267
第十二节　2010—2017 年一汽奥迪 Q5、Q5 混动·· 271
第十三节　2007—2016 年奥迪 Q7 ·········· 275
第十四节　2016—2018 年奥迪 Q7（4M）···· 279
第十五节　2007—2015 年奥迪 TT ·········· 282
第十六节　2015—2018 年新奥迪 TT（FV）·· 283

第一章

总线基础知识介绍

第一节　CAN总线基础知识

一、CAN总线

1. 通过使用CAN减少费用

具有串行CAN传输结构的多路传输系统提供了一个最佳解决方案，使费用降到了最低。

触点和电缆数量显著减少。

无须增加任何费用即可实现全面的功能监控。

在多路传输系统中，可以取消许多小的控制装置（例如危险警告闪光灯继电器或定时器控制继电器）。

还可以完全重新设计系统配置以及显示元件和控制器。

多路传输概念使得车身、舒适型电气系统和电机电子部件（控制装置）可以实现串联。

所有这些部件（控制装置）都可以连接到一个系统中。

也可以使控制仪表板或驾驶员车门等关键区域的控制装置形成子系统。

2. CAN总线特性

多主结构所有控制装置（连接到总线）地位相同（广播系统）。

CSMA/CA冲突避免（逐位传输，无损失仲裁；具有冲突避免的载波侦听多路访问；CD = 载波检测）是一种基于所谓"争用"状态的线路协议，即任何时候都可以发送各个站点的信号（面向事件的寻址）。

具有优先权的总线访问。

信息寻址。

监视。

仲裁。

短信息（最多8个数据字节）。

在最大40m长的总线内，波特率高达1Mb/s。

有效的故障识别和处理。

3. CAN的历史

1983年罗伯特·博世有限公司（简称"博世"）开始开发CAN协议。最初开发CAN协议是为了满足车辆中的传动系统要求。1985年第一个（完整的）CAN规范，其中还定义了CPU接口。英特尔是第一家与博世合作开发芯片的半导体制造商。1987年英特尔开发出第一款82526硅芯片。全功能CAN接口与CPU接口共用只存在很小的问题。实现CAN原型应用程序操作。1988年开始提供合格的英特尔82526系列芯片。1989年飞利浦开发的第一款基本CAN芯片上市。

4. 发动机总线的要求——车内总线（表1-1）

表1-1比较了发动机总线和车内总线的不同要求。很显然，两种总线只是在传输时间和工作电流上有些差别。这两种情况对于传输可靠性和可用性都有极高的要求。由于CAN的显著特点是极高的传输可靠性、内置故障识别特性、低成本，加上可以在非常宽的波特率范围内编程（5~1000 kb/s），因此，它在两种总线中的应用越来越多。静态模式对于车内总线中控制装置电流消耗的严格要求在特殊总线驱动器的辅助下得到满足。

表1-1

要求	发动机总线CAN C	车内总线CAN B
传输时间	≤ 1ms	<100ms
传输可靠性	非常高	非常高
可用性	（非常）高	非常高
工作电流	非紧急状态大约为50mA/节点	静态模式 < 100μA/节点
成本	低	极低
典型应用	带有ISO 11898驱动器的完全CAN控制器	带有82C252驱动器的基本CAN控制器

5. W210/W170/W171/W202/W168/W169/W208/W220/W203/W209/W230/W211车型中的不同总线系统

（1）CAN C（ISO 11898）。此总线也被称为发动机总线，因为它负责发动机中的信号传输。它的导线介质为铜电缆。传输速度为500kb/s，连接的控制装置数量为12。

（2）CAN B（ISO 11519修订版，具备容错功能）。CAN B是车内总线，负责车外照明和几乎所有车内信号（例如电动车窗控制、仪表盘显示屏、车内照明）。与CAN C一样，CAN B的导线介质也是铜电缆。来自发动机总线的信号可以由车内总线读取，并通过EIS和/或CGW网关功能进一步处理。车内总线的传输速度为83.3kb/s，连接的控制装置数量为32。

6. 梅赛德斯-奔驰车辆中的总线系统

（1）（当前）有3种总线系统用于不同的车辆和功能。

CAN C（发动机CAN，诊断CAN）。

CAN B（车内CAN）。

D2B或MOST。

（2）此外还有以下几种特殊总线系统。

COMAND控制面板与视频装置以及导航部件之间的ROBERT BOSCH CAN。

空调总线：控制风门或读取传感器信号。

LIN总线。

（3）总线系统之间的数据交换通过具有网关功能的控制装置进行。

EIS和/或CGW中的CAN B和CAN C。

收音机或COMAND中的CAN B和D2B。

音响网关中的CAN B和MOST。

二、基于CAN的传输系统部件

总线站：在车辆应用中，是指连接到总线的控制装置，如图1-1所示。

微控制器：主要任务是控制应用（例如发动机控制装置），次要任务是控制通信。

CAN控制器：通过CAN执行信号传输和接收。

总线驱动器：至物理总线线路的接口，传输正确的总线电位，准备接收数据。

总线线路：物理传输媒介。

总线终端：高速总线中的电阻（或电阻网络）。

三、CAN C（发动机CAN）总线连接

数据传输速率为125kb/s至1Mb/s。

在1Mb/s传输速率下，总线长度最多40m。

通过两条线路实现对称信号传输。

CAN H和CAN L在 -3～16V电压范围内具有短路防护功能（在24V车辆中为-3～32V）。

传输输出电流大于25mA。

线路终端电阻（阻抗）为120Ω，如图1-2所示。

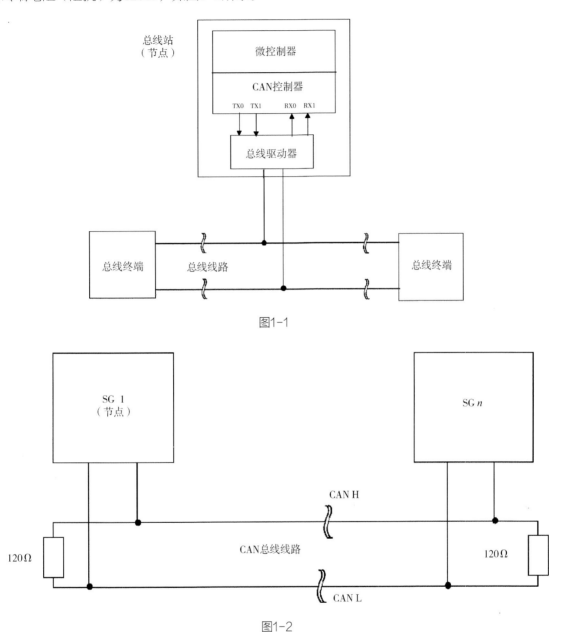

图1-1

图1-2

四、CAN B（车内CAN）总线连接

数据传输速率为10～125kb/s。

通过两条线路实现对称信号传输。

在 -6～16V电压范围内具有短路防护功能（在24V车辆中高达32V）。

传输输出电流小于1mA。

总线线路具有静态差动电压，它来自具有默认电位的终端网络（静态模式）。

最大总线长度取决于数据传输速率，如图1-3所示。

1. CAN B（W210、W202、W208、W168 车型系列）（图1-4）

2. CAN B（W220、W215、W203、W209、W230、W211 车型系列），（图1-5）

3. CAN C（图1-6）

五、控制装置的内部工作（图1-7）

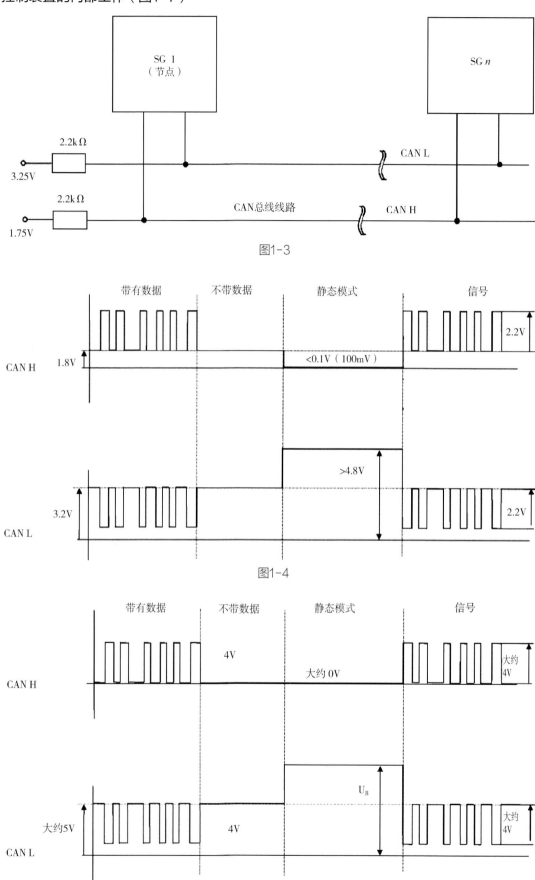

图1-3

图1-4

图1-5

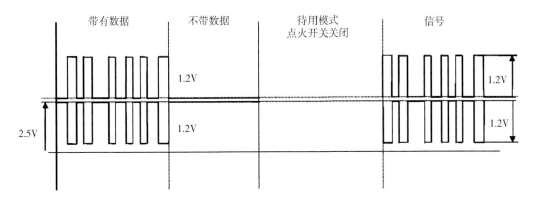

图1-6

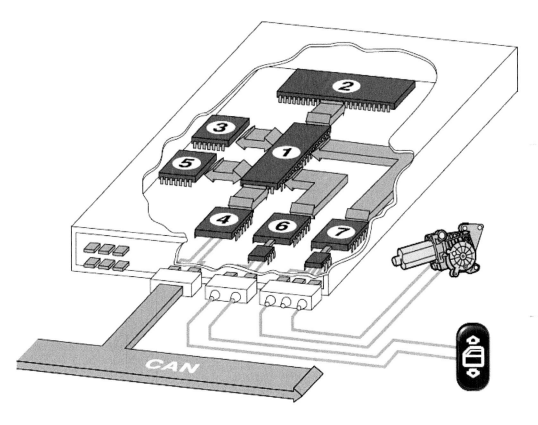

图1-7

第二节　MOST基础知识介绍

一、MOST概述

　　MOST采用的是Master-Slave的结构，每一个控制单元均有一个光接收器和光发射器。网关为Master，其他的控制单元为Slave。光信号从Master开始出发，数据在MOST中的传播是按照MOST环上的控制单元，顺时针一个接着一个地往下传的。每经过一个控制单元，之前的信息要解压一次，然后加上本控制单元自己的内容，然后再重新打包传给下一个控制单元，最终传至Master。所以，一旦有断环，无论发生在哪里，最终MOST网关无法接收到MOST系统的反馈信息，因而无法工作（整个MOST退出工作，没有光线），如图1-8所示。

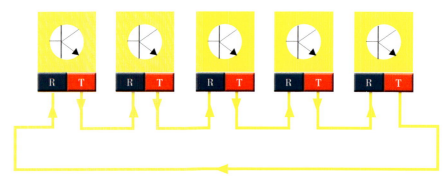

图1-8

　　在图1-9中，M表示Master，K1、K2、K3……表示以光传播方向来看，依次编号的Slave控制单元（K=component）。

　　一辆车的MOST到底配备了哪些部件，K1、K2、K3……分别表示哪个控制单元，可以通过两个途径来确认。

　　第一种：以W221为例，通过车辆的Data Card为基础，参照MOST系统的最大可能装配配置，从而确定K1、K2、K3……如图1-10所示。

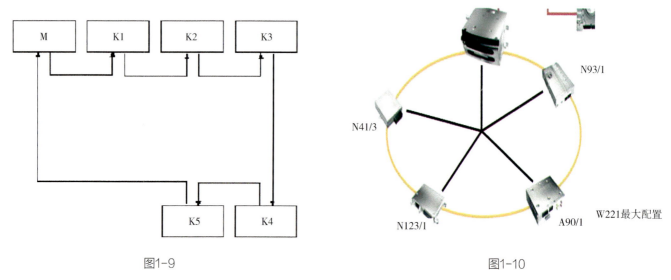

图1-9　　　　　　　　　　　　　　　　　　　　图1-10

　　第二种：通过DAS的实际值进行确定，如图1-11所示。

　　MOST的传输速率为22Mb/s，传递的数据包括三部分（图1-12）。

　　（1）同步数据，同步通道主要用于传送音频数据。

　　（2）异步数据，传输图像数据。

Specified and actual configuration of MOST control unit and telematics CAN bus control unit		
Component	**Specified value**	**Actual value**
MOST master	COMAND	COMAND
Component 1	Tuner sound	Tuner sound
Component 2	TV tuner	TV tuner
Component 3	Cellular telephone	Cellular telephone
Component 4	Voice control	Voice control
Component 5	**Vacant**	**Digital radio**
Telematic CAN bus		
Central operating unit	FITTED	FITTED
Central display	FITTED	FITTED
Rear A/C operating unit	FITTED	FITTED
Rear control field	FITTED	FITTED
Rear audio video unit	FITTED	FITTED
Left rear screen	FITTED	FITTED
Right rear screen	FITTED	FITTED
TV tuner (See Note: F7)	FITTED	FITTED

图1-11

（3）控制数据，例如声音大小、诊断数据等控制信号。

控制单元可以被唤醒线或是光信号唤醒，所以，即使是唤醒线断裂，也不会导致断环，如图1-13所示。

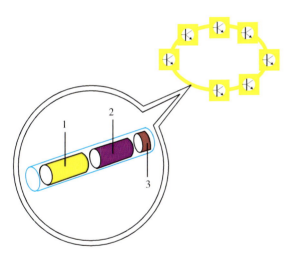

1.同步数据　2.异步数据，传输图像数据　3.控制数据

图1-12

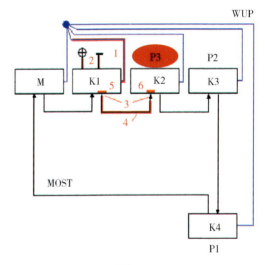

图1-13

正常唤醒：当车钥匙关闭，系统进入休眠后，MOST控制单元需要通过Wake up线进行唤醒。这条Wake up线与MOST的光纤是独立的，正常的唤醒是开钥匙后，网关通过Internal CAN被唤醒。然后，网关改变唤醒线的电压（休眠时为12V，唤醒后，短暂的降低到0，然后重新恢复到12V，如图1-14所示），所有的MOST控制单元均与这个唤醒线相连，若一切正常，控制单元将被唤醒，并发出光信号对网关进行注册（即使唤醒线断了，仍然可以通过光信号唤醒）。

诊断唤醒功能：MOST系统是通过光纤进行数据传输的，但作为唤醒，有另一套导线负责唤醒功能。由于这套导线与光纤是相对独立的，所以，DAS提供了一个诊断唤醒功能，通过该功能，我们可以看出哪些控制单元不能被诊断线唤醒（可能的原因：控制单元本身、控制单元供电及唤醒线），如图1-15所示。

通过DAS可以激活Wake up 测试：激活后，首先Master会把Wake up线上的电压降低至0V　500ms（比正常的唤醒时间长）（如图1-16所示），各个Slaver就是通过判断这个长的电压将进入了Wake up测试模式。各个Slaver按照顺序，依次通过Wake up线降低电压50ms的方式反馈给Master。若某一个控制单元没有反应，则说明

3种可能：①到该控制单元的Wake up 线故障。②该控制单元本身故障。③该控制单元供电故障。

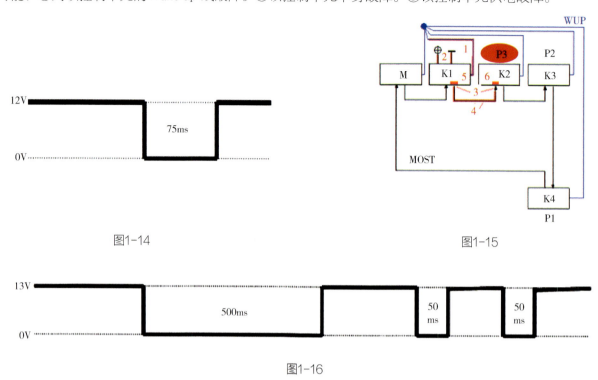

图1-14

图1-15

图1-16

二、MOST系统常见故障

1. 断环

也就是整个回路中，某一个地方的光通信中断了。有4种可能（图1-17）：光纤物理断裂，在接头处松脱导致光线无法穿过、控制单元失效或没有供电（通过唤醒测试也可以检查出来）、上游控制单元的光信号发射端失效或下游控制单元的光信号接收端失效。

在断环后，只有MOST网关依然可以与外界联系，在网关中，存储了相应的故障记忆（图1-18），指明哪个地方出了问题（P1、P2、P3⋯⋯）注意，这里P的位置是以逆着光的传播方向开始数的。在图1-19中，当K1与K2之间的光纤中断后，网关会识别P3的位置出现故障。

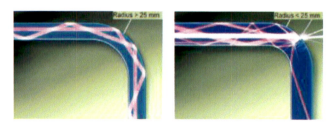

图1-17

D100	MOST master reports open ring.
D101	MOST component at position 1 reports open ring.
D102	MOST component at position 2 reports open ring.
D103	MOST component at position 3 reports open ring.
D104	MOST component at position 4 reports open ring.
D105	MOST component at position 5 reports open ring.

图1-18

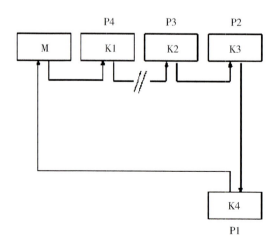

图1-19

根据断环的损坏特征，Guide Test提供了如图1-20所示的检测步骤。

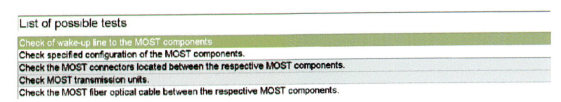

图1-20

各自步骤的目的如下。

（1）Check of wake up line to the MOST components，目的是通过Wake up测试，看看哪个控制单元没有响应，那么该控制单元就有可能是导致断环的原因。

（2）Check specified configuration of the MOST components，目的是通过Actual Valve，判断哪个控制单元（K1、K2、K3……），从而知道P1、P2、P3……是在哪。

（3）Check the MOST connectors located between the respective MOST components（图1-21），在确认了断环的位置（如图1-22所示的P3）后，首先要检查一下相应控制单元（如图1-22所示的K2）的光纤插头是否有松动，光纤是否有光到达K2，光的方向是否正确（如图1-22中的6所示）。

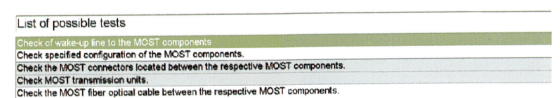

图1-21

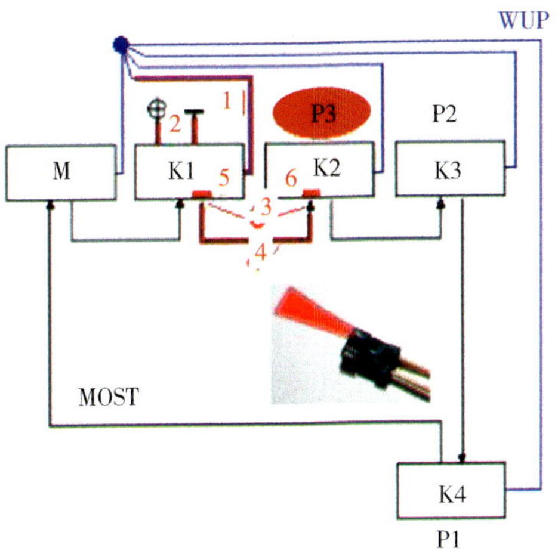

P3 P2

WUP

M K1 K2 K3

MOST

K4

P1

图1-22

（4）Check the MOST transmission units（图1-23），在确认K2及相关插头没有问题后，要检查一下前一个控制单元（如图1-24所示的K1），包括光纤插头是否有松动，以及是否有光从K1中发出。从K1中拔下光纤接头（供电保持，Wake up 线保持），等待10s（或reset MOST ring），观察是否有光从K1中发出（如图1-24中的5所示）。

（5）最后，再检查光纤本身是否有故障，如图1-25中的4（可以用电筒照）所示。

2. 控制单元失效

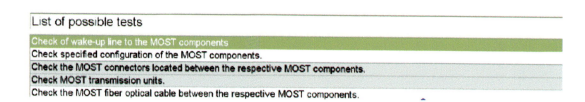

图1-23

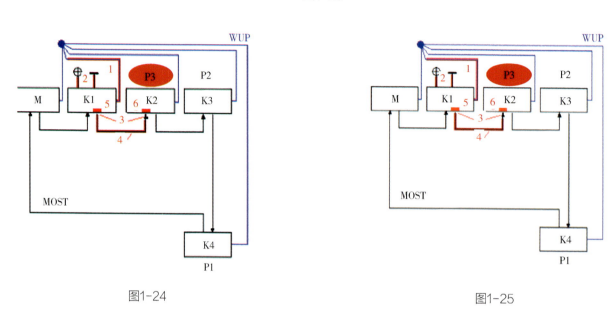

图1-24   图1-25

　　某一个控制单元内部失效，导致发出的信息无法被下一个控制单元读懂，因而也导致了整个MOST系统无法正常通信。这一类的故障，并不是断环，也不报故障码，比较难于确认具体损坏的部件。因此，需要使用到排除法。为此，我们需要借助于专用工具，如图1-26所示。

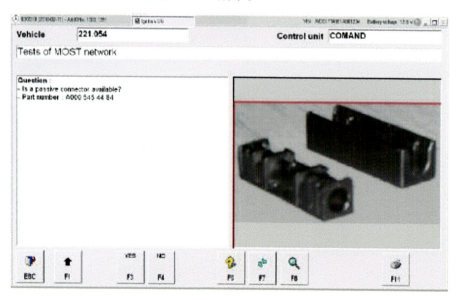

图1-26

　　相应的Guide Test，如图1-27所示。

　　MOST上的控制单元，除了网关外均可以即插即用，因此，无论MOST系统上的控制单元是否完整，只要是MOST光纤闭环就能工作。通过这个原理，我们可以通过短接法把怀疑的控制单元从MOST中取下，并使用专用工具重新搭接光纤，若此后MOST系统工作正常，则怀疑的控制单元就是损坏的部件，如图1-28所示。

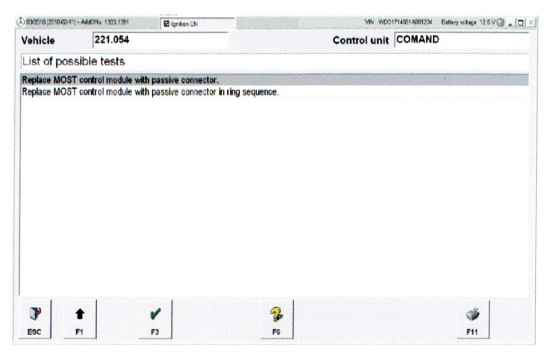

图1-27

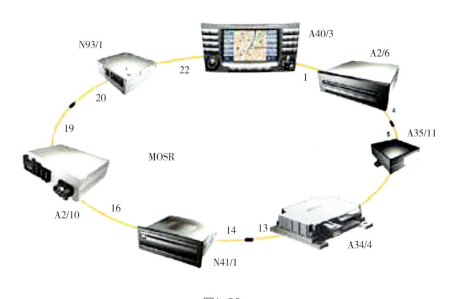

图1-28

Wake up 线短路或断路：Wake up线的短路和断路均不会影响MOST系统的正常工作，因为MOST的Master会通过光信号来唤醒其他控制单元，如图1-29所示。唯一有影响的是唤醒测试。

试验（W221车型）。

（1）断开所有的Wake up线1、2、3、4、MOST系统依然正常工作。

（2）对调Audio Tuner及TV Tuner位置，MOST依然工作且从DAS上看实际的位置值并没有随之改变，如图1-30所示。

当对调Audio Tuner和TV Tuner后，在图1-31中1处断开光纤，此时，COMAND报的是在P2处有断环（与实际相符），但COMAND认为P2处对应的是TV Tuner，而非Audio Tuner。

（3）断开如图1-32中5处的光纤，TV Tuner还会向后续的控制单元发光，光传播直至Audio Tuner（Audio

Tuner也发光出来），但这一现象仅维持约10s，之后整个MOST关闭，没有任何光束在任何控制单元中产生。

（4）当断开如图1-33中A处的光纤，Audio Tuner的电子扇立即不工作。

（5）当拔除TV Tuner的保险丝，MOST会断环且有Position 1的故障报码（Position 1指的就是Media Interface）。

（6）当断开TV Tuner，Audio Tuner的光纤插头，并重启MOST，观察Audio Tuner和TV Tuner，两个控制单元同时发光约几秒。

No.	Name	Actual values	CODED
1	Tuner	NO REACTION	- YES -
2	Voice control system	NO REACTION	- YES -
3	Cellular telephone	NO REACTION	- YES -
4	TV tuner	NO REACTION	- YES -
5	Digital radio	NO REACTION	- YES -
	F2: Forward		
	F5: Repeat wake-up test		
	F7: Additional information		

图1-29

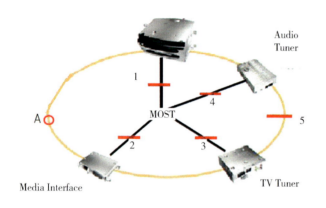

图1-30

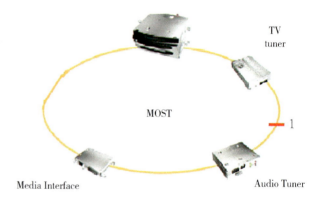

图1-31

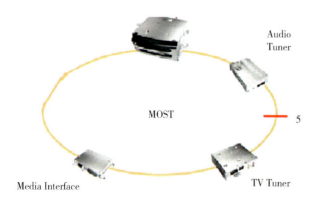

图1-32

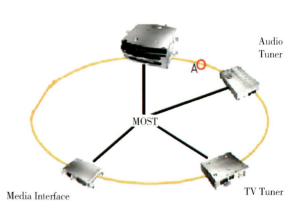

图1-33

第三节　LIN局域互联网

一、概述

1. 历史

奥迪、宝马、梅塞德斯-奔驰、摩托罗拉、沃尔沃和大众在1999年采用了第一版LIN标准。仅仅过了两年后，LIN联盟便推出了LIN总线子系统（SLK）的第一个系列。

2. 其主要特点

概念简单。

LIN应用程序始终易于开发和维护。

LIN也被称为Subbus（CAN的一个附件）。

LIN以经济高效的标准组件为基础。

3. SAE（美国汽车工程师学会）分类（图1-34）

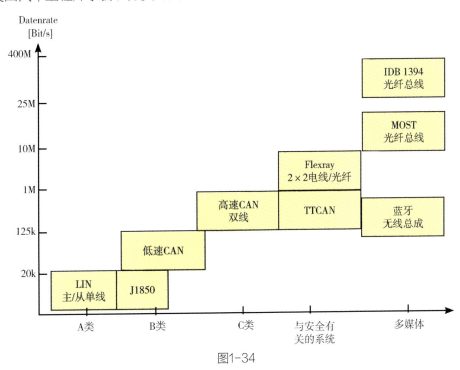

图1-34

4. LIN特点

该系统可方便LIN主控制单元与LIN从控制单元（最多16个）之间的数据交换，如图1-35所示。

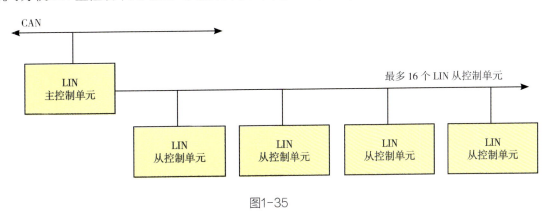

图1-35

13

单线总线。

无须屏蔽。

数据传输速率：19.2kb/s。

二、LIN 主控制单元（图1-36）

监控数据传输和数据传输速度。

发送消息标头（标头）。

指定向LIN 数据总线发送特定消息的周期、时间和频率。

执行转换功能/网关。

LIN 总线系统中唯一连接到CAN 数据总线的控制单元。

使用LIN 主控制单元执行LIN 从控制单元的诊断功能。

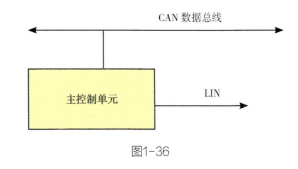

图1-36

三、LIN从控制单元

在LIN 数据总线系统内，单个的控制单元，甚至是传感器和执行器，都可以部署为LIN 从控制单元。用于评估测量值的电气设备集成在传感器中。然后，这些值通过LIN 总线转换成数字信号。对于多个传感器和执行器，LIN 主控制单元的插座仅需一个针脚。

LIN 执行器是智能电子总成或机电总成，通过LIN 数据信号从LIN 主控制单元接收任务。LIN主控制单元使用集成式传感器查询执行器的实际状态，然后执行预定状态/实际状态比较。

四、数据信号

1. 数据传输

只有在LIN 主控制单元发出标头后，执行器和传感器才会响应。数据传输速率介于1～20kb/s 之间。

2. 信号

（1）隐性电平（图1-37）。如果未向LIN 数据总线发送消息或隐性位，则蓄电池电压几乎会接触到数据总线线路。

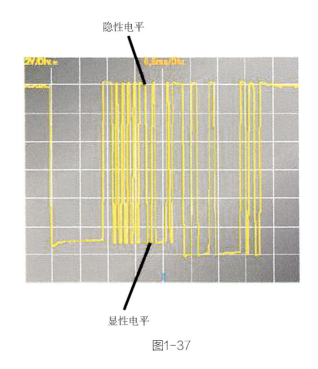

图1-37

（2）显性电平。为了在LIN 数据总线中传输显性位，传感器控制单元内的数据总线线路将通过收发器切换到接地。

五、传输安全

在发送和接收隐性和显性电平时，通过指定公差可确保数据传输的稳定性，如图1-38所示。

六、LIN消息

消息标头：标头（图1-39）；消息内容：响应。

（1）消息标头。标头如图1-40所示。

LIN 主控制单元周期性地发送标头，标头可以分为4个部分：

①同步间隔。

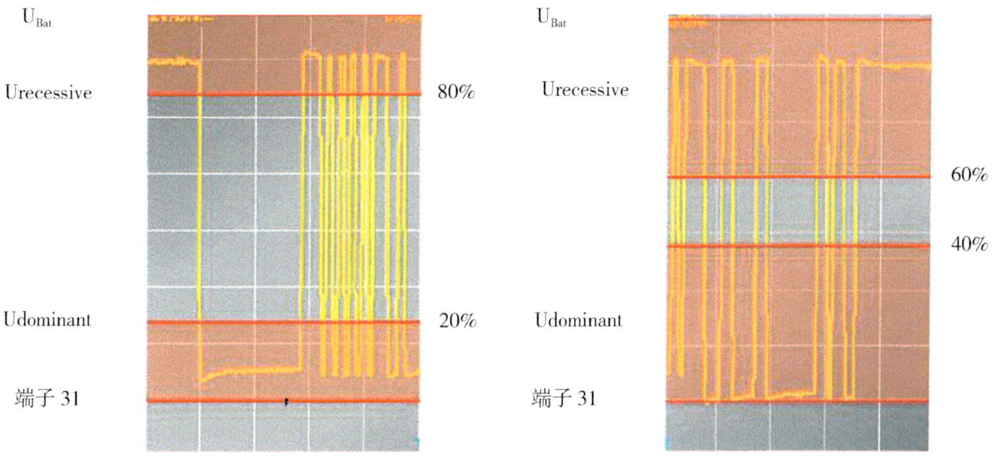

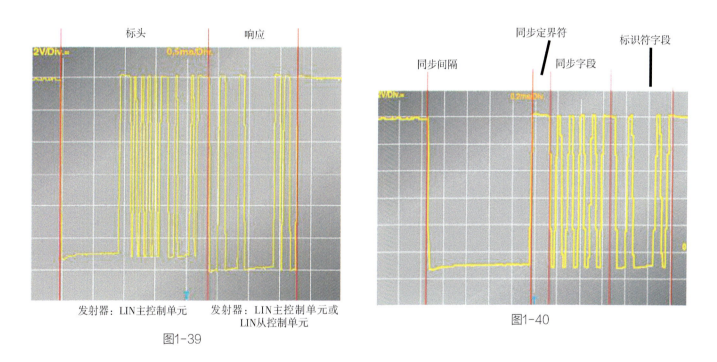

图1-38

发射器：LIN主控制单元　　　　发射器：LIN主控制单元或
　　　　　　　　　　　　　　　　　　LIN从控制单元

图1-39

图1-40

②同步定界符。

③同步字段。

④标识符字段。

（2）同步间隔长度至少为13位时间。它随显性电平一起发送。要将消息的开头传送给所有的LIN从控制单元，则长度必须为13位。在随后的消息部分中，最多可接连传送9个显性位。

（3）同步定界符的长度至少为1位，而且是隐性的（≈UBat）。

（4）同步字段含有位序列0101010101，如图1-41所示。所有的LIN从控制单元均可使用此位序列调整到LIN主控制单元的系统时钟频率（同步）。必须使所有控制单元同步，以确保数据的无缝交换。如果失去同步，则在接收方接收消息时，消息中位值的定位可能会不正确。这可能导致数据传输出错。

（5）标识符字段的长度为8位时间。前6位含有消息ID和响应中数据字段的个数。响应中数据字段的个数在0～8。后2位包含前6位的校验和。校验和用于检测传输错误，是在标识符传输出错的情况下避免分配到错误消息所必需的。

（6）响应消息标头。响应包括1~8数据字段。1个数据字段包括10位。每个数据字段均含有1个显性起始位、1个数据字节（包含信息）和1个隐性停止位。起始位和停止位用于进行同步和避免传输出错，如图1-42所示。

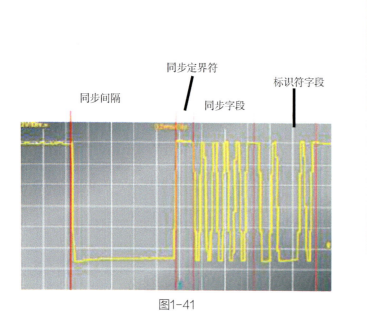

图1-41

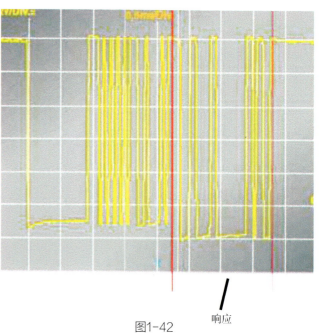

图1-42

七、Porsche 对LIN 的应用

已应用LIN 的领域。

雨量传感器。

TPM。

重量传感器。

帕纳美纳LIN网络拓扑图如图1-43所示。

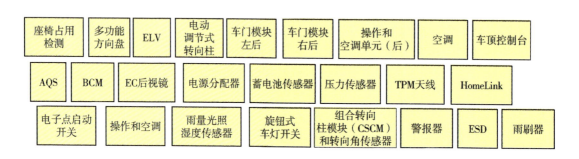

图1-43

第四节 FlexRay总线介绍

一、概述

（一）简要说明

汽车电子化程度与日俱增，应用在车上的ECU模块数量也随之增加，从而使线束也增加。汽车电子系统的成本已经超过总成本的20%，并且还将继续增加。由于汽车生产商对制造成本的严格控制，加上对车身质量的控制，减少线束已经成为一个必须要解决的问题。另一方面，以网络通信为基础的线控技术（X-by-wire）将在汽车上普遍应用。

汽车网络通常可以分为3类（图1-44和表1-2）：

（1）车身控制：要求具有高带宽、高可靠性和数据完整性。

（2）信息娱乐：要求高带宽及对音视频的实时处理能力。

（3）安全：传统的液压和传感器正在被线控驾驶和刹车方法所取代。

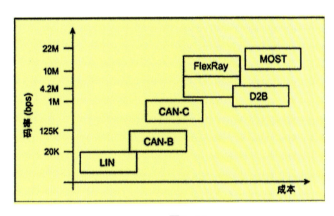

图1-44

表1-2

类别	总线	通信速度	应用范围
A类	LIN	10～25k（面向传感器，执行器的低速网络）	电动车窗，座椅调节，灯光照明等控制
B类	CAN	125k～1M（面向独立模块间数据共享的中速网络）	电子车辆信息中心，故障诊断，仪表显示，安全气囊等系统
C类	FlexRay	1～10M（面向高速，实时闭环控制的多传输网）	发动机控制，ABS，悬挂控制
D类	MOST	10M以上（面向多媒体系统）	导航系统，多媒体娱乐等

1. 概述

FlexRay是由FlexRay共同体制订的协议。从2002年发布的V0.4.3协议规范到2005年的V2.1协议规范，共发布多达7个版本。

2. 目标

开发面向车内高速控制应用的高级通信技术，提高车辆安全性、可靠性和舒适度，提供可供市场所有客户使用的技术。

（二）FlexRay特点

（1）2×10Mb/s的通信速率：两个信道主要用于冗余和故障容错的信息传输，但在对容错功能要求不高，仅对速率有要求的系统中，两个信道可用于传输不同的信息，从而通信速率就可以达到20Mb/s。

（2）确定性：在周期循环的静态段采用时间触发构架。

（3）容错性：提供多个级别的容错功能，包括单通道和双通道容错通信；独立的物理层总线监控器；星形拓扑中的星形连接器本身就具有故障隔离功能；在双通道系统中是通过冗余备份的方法来实现容错。

（4）灵活性：FlexRay总线的带宽可调、可以通过冗余和非冗余通信构建多种拓扑结构，通信方式可采用时间触发和事件触发相结合的方式，从而使FlexRay总线的实现非常灵活。它支持光物理层和电物理层。

（三）FlexRay网络结构

（1）FlexRay网络拓扑结构主要分为3种：总线、星形、总线星形混合型。

（2）在星形结构中，还存在联级方式。

（3）与总线相比，星形结构的优势如下。

①它在接收器和发送器之间提供点到点连接。该优势在高传输速率和长传输线路中尤为明显。

②故障隔离功能；星形拓扑可以完全解决容错问题，用在对容错功能要求很严格的地方，如x-by-wire系统。

③只有到连接短路的节点才会影响。其他所有节点仍然可以继续与其他节点通信。

（4）双信道总线结构，如图1-45所示。

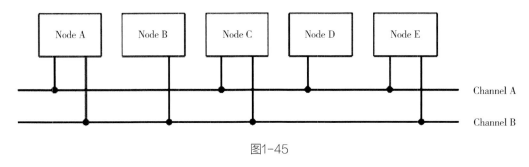

图1-45

（5）双信道备用星形结构，如图1-46所示。

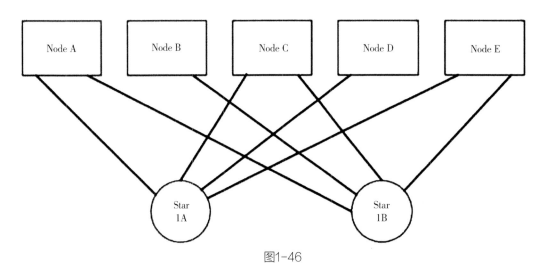

图1-46

（6）双信道联级星形结构，如图1-47所示。

（7）单信道联级星形结构，如图1-48所示。

（8）单信道混合结构，如图1-49所示。

（9）双信道混合结构，如图1-50所示。

（四）节点

每个FlexRay节点都包括一个控制器和一个驱动器部件，如图1-51所示。控制器部件包括一个主机处理器和一个通信控制器。驱动器部件通常包括总线驱动器和总线监控器（可选择）。总线驱动器将通信控制器与总

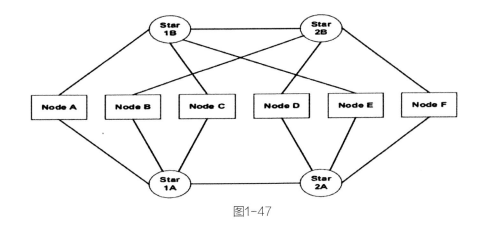

图1-47

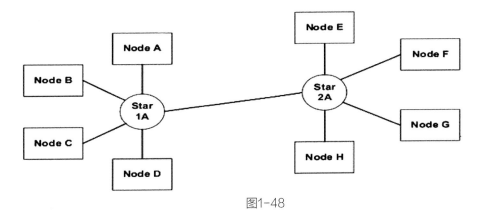

图1-48

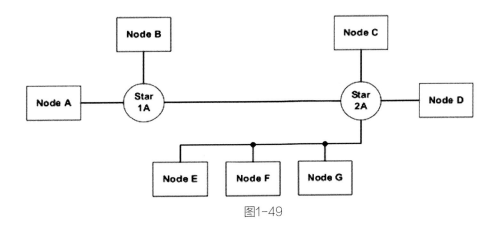

图1-49

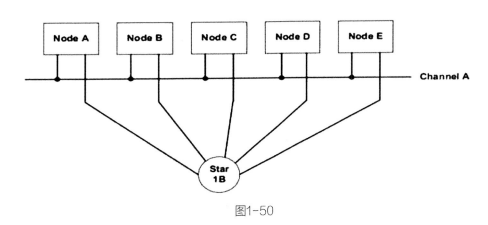

图1-50

线相连接，总线监控器监视接入总线的连接。主机通知总线监控器通信控制器分配了哪些时槽。接下来，总线监控器只允许通信控制器在这些时槽中传输数据，并激活总线驱动器。若总线监控器发现时间时序有间隔，则断开通信信道的连接。

主处理器（Host CPU）。

通信控制器（FlexRay Communication Controller）。

可选的总线监控器（Bus Guardian）。

总线驱动器（Bus Driver）。

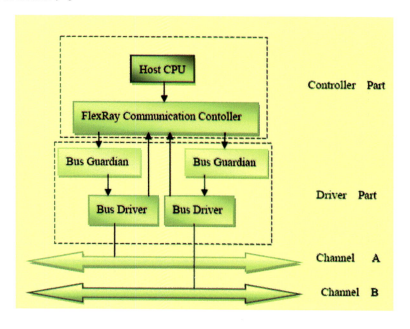

图1-51

（五）FlexRay帧编码

（1）编码的过程实际上就是对要发送的数据进行相应的处理"打包"的过程，如加上各种校验位、ID符等。解码的过程就是对收到的数据帧进行"解包"的过程。编码与解码主要发生在通信控制器与总线驱动器之间。

（2）其中RxD为接收信号，TxD为发送信号，TxEN为通信控制器请求数据信号，如图1-52所示。信息的二进制表示采用"不归零"码。对于双通道的节点，每个通道上的编码与解码的过程是同时完成的。编码与解码的过程主要由3个过程组成：主编码与解码过程（CODEC）、位过滤（bit strobing）过程和唤醒模式解码过程（WUPDEC）。以主编码与解码过程为主要过程。

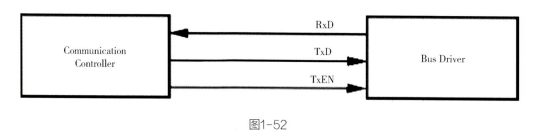

图1-52

（3）帧编码。

①传输起始序列（Transmission Start Sequence，简称TSS）为一段时间的低电平，用于初始化传输节点与网络的对接。

②帧起始序列（Frame Start Sequence，简称FSS）为一小段时间的高电平，紧跟在TSS后。

③字节起始序列（Byte Start Sequence，简称BSS）由一段高电平和一段低电平组成。给接受方节点提供定时信息。

④帧结束序列（Frame End Sequence，简称FES）由一段低电平和一段高电平组成，位于有效数据位之后。如果是在动态时序部分接入网络，则还要在FES后附加动态尾部序列（DTS）。

⑤将这些序列与有效位（从最大位MSB到最小位LSB）组装起来就是编码过程，最终形成能够在网络传播的数据位流。此外，低电平的最小持续时间为1个gdBit，如图1-53所示。

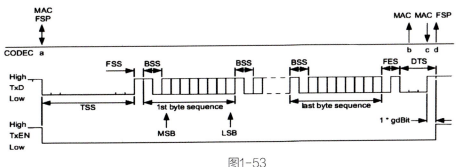

图1-53

（六）FlexRay帧格式

（1）一个数据帧由帧头（Header Segment）、有效数据段（Payload Segment）和帧尾（Trailer Segment）3部分组成，如图1-54所示。

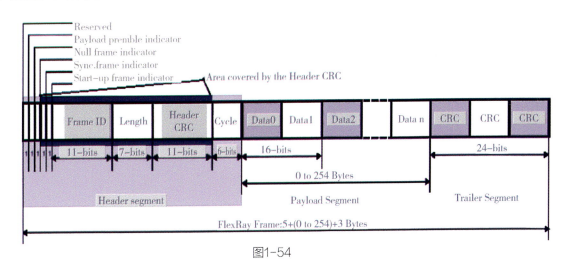

图1-54

（2）帧头部分。共由5个字节（40bit）组成。包括以下几位。

①保留位（Reserved bit，1位）。为日后的扩展做准备。

②负载段前言指示（Payload premble indicator，1位）。指明帧的负载段的向量信息。在静态帧中，该位指明的是NWVector；在动态帧中，该位指明的是信息ID。

③空帧指示（Null frame indicator，1位）。指明负载段的数据帧是否为0。

④同步帧指示（Sync frame indicator，1位）。指明这是一个同步帧。

⑤起始帧指示（Start-up frame indicator，1位）。指明发送帧的节点是否为起始帧。

⑥帧ID（11位）。指明在系统设计过程中分配到每个节点的ID（有效范围：1~2047）；长度：说明负载段的数据长度。

⑦有效数据长度（7位）。指明有效数据的长度，以字为单位。

⑧头部CRC（11位）。指明同步帧指示器和起始帧指示器的CRC计算值以及由主机计算的帧ID和帧长度。

⑨周期（6位）。指明在帧传输时间内传输帧的节点的周期计数。

（3）有效数据部分和帧尾部分。有效数据由3个部分组成。

① 数据：可以是0～254个字节或者说0～127个字，在图中分别以data0、data1……表示。

②信息ID：使用负载段的前两个字节进行定义，可以在接收方作为可过滤数据使用。

③网络管理向量（NWVector）。该向量长度必须为0～10个字节，并和所有节点相同。该帧的尾段包括硬件规定的CRC值。这些CRC值会在连接的信道上面改变种子值，以防不正确的校正。一般将有效数据部分的前6个字节设为海明距离（Hamming Distance）。

（4）帧尾部分。只含有单个的数据域，即CRC部分，包括帧头CRC和数据帧的CRC。

（七）FlexRay通信模式

（1）FlexRay的通信是在周期循环中进行的。一个通信循环始终包括静态段（ST）和网络闲置时间（NIT），还可能包括动态段（DYN）、符号窗口（SW）。ST和DYN由时槽slot构成，通过时槽传输帧信息，时槽经固定的周期而重复。

①静态段（ST）。采用时分多址TDMA技术实现时间触发。所有时槽的大小相同；在运行期间，该时槽的分配不能修改，静态部分传送的信息在通信开始时就应该组合好，传输数据的最大量不能超过固定长度。

②动态段（DYN）。采用更灵活的时分多址技术FTDMA，使用小时槽mini-slot作为访问动态部分的通信媒介。各个信息利用信息ID（报文ID）中定义好的优先级竞争带宽。如果在小时槽中出现了总线访问，时槽就会按照需要的时间来扩展，因而总线的带宽是动态可变动的。

（2）FlexRay通信模式的优点。静态段可以保证对总线的访问是确定性的。但是通过对节点和信息分配时槽的方法来固定分配总线带宽，就导致了总线带宽利用率低，而且灵活性差，不利于以后节点的扩充。动态段采用时间触发的方式传输事件信息，保证一些具有搞优先权的数据能够在总线忙时也有机会发送信息，这样各个节点可以共享这部分带宽，而且带宽可动态分配、灵活性好。这就在保证总线访问的确定性的同时，弥补了静态段传输的不足。

（3）FlexRay总线信号。

①Idle_LP：低功率状态。

②Idle：无通信状态。

③Data_1：逻辑高。

④Data_1：逻辑低，如图1-55所示（注意在Data_1和Data_0之间不允许有冲突）。

（八）FlexRay时钟同步

时间同步机制如下。

（1）如果使用基于TDMA的通信协议，则通信媒介的访问在时间域中控制。因此，每个节点都必须保持时间同步。

（2）时钟偏差可分为相位和频率偏差。相位偏差是两个时钟在某一特定时间的绝对差别。频率偏差是相位偏差随着时间推移的变化。它反映了相位偏差在特定时间的变化。FlexRay使用一种综合方法，同时实施相位纠正和频率纠正。

（3）相位偏差通过静态部分的定时机制，每个节点都知道消息应当何时到达。如果消息比预计时间早到或晚到，将能测量得出实际时间与预定时间之间的偏差。该偏差代表了传输和接收节点之间的时钟偏差。借助获得的测量值，可用容错平均算法计算出每个节点的纠正值。

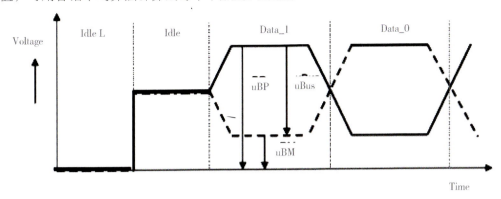

图1-55

（4）在频率纠正中，需要使用两个通信循环的测量值，如图1-56所示。这些测量值之间的差值反映每个通信循环中的时钟偏差变化。它通常用于计算双循环结束时的纠正值。

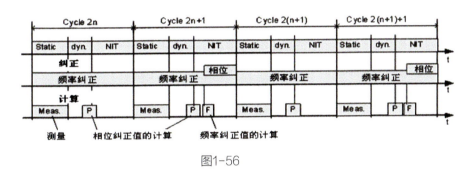

图1-56

（九）CAN和FlexRay比较表如表1-3所示

表1-3

序号	项目	CAN	FlexRay
1	波特率	1Mb/s	10Mb/s
2	通道	1ch	2/1ch（optional）
3	拓扑结构	总线	总线和星
4	节点	16个	22/64个
6	通信	事件触发	事件触发+时间触发
7	ID长度	11/29bits	11bits
8	负载长度	8bytes	256bytes
9	帧类型	数据帧、远程帧、错误帧、过载帧	数据帧
15	网络管理	软件	硬件
17	总线长度	40m/1M	22m

（十）总线系统的总结（表1-4）

表1-4

	LIN总线	CAN总线	FlexRay™总线	MOST总线
传输方式	串行/电气	串行/电气	串行/电气	串行/光纤
介质	单线铜铅1条 LIN数据线路	双线铜铅 CAN-H数据线路 CAN-L数据线路	双线铜铅 BP：正总线数据线路 BM：负总数据线路线	1条光纤
总线访问		事件控制信息，确定优先次序	信息的固定窗（时隙）	

二、奔驰W222 FlexRay总线

（一）FlexRay介绍性信息

（1）FlexRay总线介绍性信息。

①FlexRay取代了以前的底盘CAN总线。

②FlexRay是一种使用双芯绞线的串行总线系统。

③新技术（尤其在底盘区域）以及不同的辅助系统（具备实时处理功能和不断增加的数据量）提高了对总线系统的要求。通过FlexRay总线系统来满足这些不断增加的要求。因此，FlexRay总线系统取代了以前的底盘CAN总线。

④底盘FlexRay是一种调整、确定性的（定义的和可重现的）容错总线系统。它具有高度的灵活性和可扩展性。

⑤底盘是一种串行总线系统，它的最高传输率为10Mb/s。与CAN总线一样，信息传输并非基于事件驱动，而是在预先定义的时窗（时隙）内。这意味着固定时窗被指定到控制单元，在这个过程中它们可以传输信息。信息在静态和动态片段中传输。

⑥静态片段具有等长的时窗，而动态片段具有不同长度的时隙。时隙的长度取决于控制单元是否传输有用信息以及信息量。

（2）如果一个控制单元在时窗内未传输有用信息，那么另一个控制单元传输更多的信息。整个这一过程使总线负荷降低。

（3）FlexRay总线的结构。

①FlexRay总线系统的结构与CAN总线的结构不同。

②通过FlexRay，分成几条支路的控制单元采用星形连接方式。使用发射器/接收器单元，通过对支路进行链接，从而在EZS控制单元中形成总线系统。在FlexRay 1～7的结构插图中确定这些支路（支路5未被占用）。

③与总线连接的控制单元被称为节点。它们分为通用节点、中心节点和终端节点。

④中心节点位于通用节点与终端节点之间，它的阻值为2596Ω。

⑤终端节点总是配有一个102Ω的终端电阻器。

⑥将所有支路加在一起，这会导致总电阻约为50Ω。

（二）冷启动节点

（1）在整个系统中，所有的控制单元都能唤醒睡眠模式下的总线系统。然而在唤醒后，只有某些控制单元被授权传输"唤醒模式"以开始同步。

（2）定义的冷启动节点或冷启动控制单元CS是控制单元RZS、EPS和ESP。

（3）为了使FlexRay总线工作，必须至少连接2个冷启动控制单元（包括终端电阻器）并进行供电。

（4）通过激活的FlexRay总线，控制单元根据固定的计划在时窗内进行传输，如表1-5所示。在总线空闲

表1-5

FlexRay总线支路	已连接的控制单元
支路1	N68（电动动力转向控制单元）
支路2	N80（转向柱套管模块控制单元） N30/4（电控车辆稳定行驶系统（ESP）控制单元） N127（传动系统控制单元）
支路3	A40/13（多功能立体摄像机）
支路4	N51/3（空气悬挂（AIRMATIC）控制单元）或ABC
支路6	N62/1（雷达传感器控制单元）
支路7	B29（前部远程雷达传感器）

期间，传输均匀的信号以保持同步。

（三）FlexRay结构（图1-57）

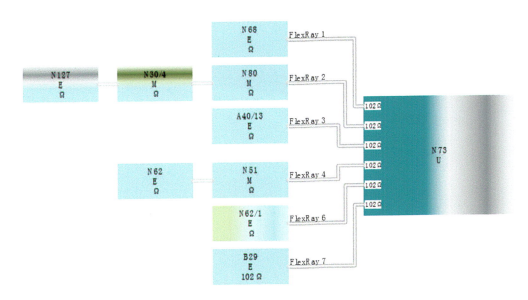

A40/13.多功能立体摄像头　B29.前部远程雷达传感器　N30/4.电子车辆稳定系统（ESP）　N51.主动车身控制单元　N62.驻车系统控制单元　N62/1.雷达传感器控制单元　N68.电动助力转向系统（EPS）　CS:冷启动SG　N73.电子点火锁（EZS）　N80.转向柱模块（N80）　N127.动力系统控制单元（CPC）　E.终端节点　M.中心节点　U.通用节点　FlexRay支路1～7Ω.每个控制单元/节点的阻抗，对于E=102Ω，对于M=2596Ω

图1-57

（四）一般性FlexRay基本原则

（1）传输通过双绞电导线进行。

（2）为防止信号反射，在一定范围中切断电气导线及其终端电阻。

（3）通过1.9V（BM）和3.1V（BP）电压传输信号。

（4）若两根电气导线的电压为2.5V，则总线处于怠速运行中。

（5）为了节约能源，也可以将0V电压用于两根电气导线。

在物理层，FlexRay根据uBP和uBM的不同电压，使用不同的信号BP和BM进行通信。4个信号代表了FlexRayTM总线的各种状态如图1-58所示。

Idle_L：低功率状态。

Idle：无通信状态。

Data_1：逻辑高。

Data_0：逻辑低。

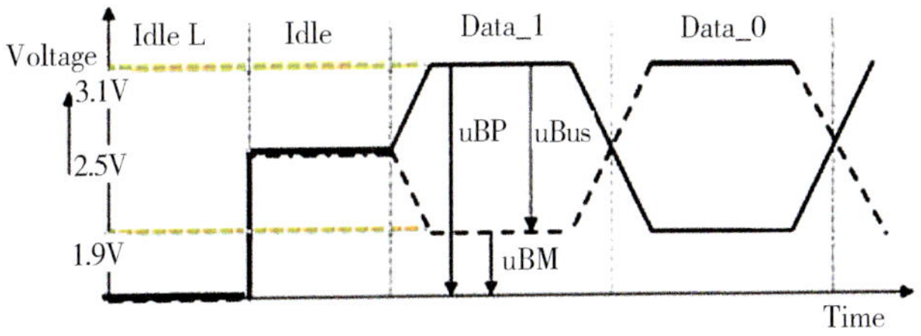

（五）FlexRay波形

FlexRay波形如图1-59～图1-64所示。

图1-58

三、奔驰W205 FlexRay

为了确保FlexRay总线的正确功能，控制单元N73（电子点火开关控制单元）、N30/4（电控车辆稳定行驶系统控制单元）或N68（电动动力转向控制单元）中至少有两个必须是正常的。FlexRay总线支路如表1-6所示，奔驰W205 FlexRay如图1-65所示。

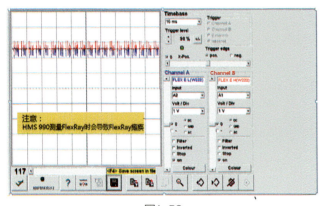

图1-59

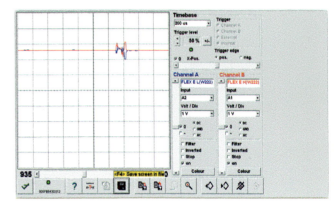

图1-60

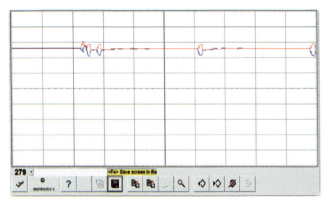

图1-61

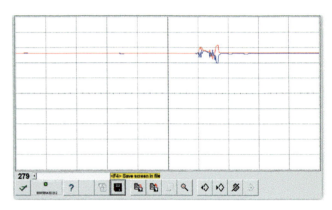

图1-62

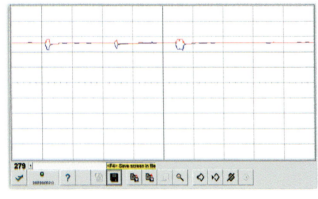

图1-63

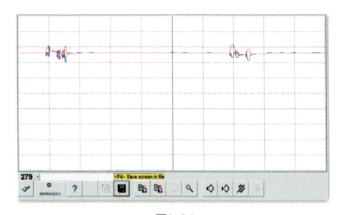

图1-64

表1-6

FlexRay总线支路	已连接的控制单元
支路1	N62/1（雷达传感器控制单元）
	A89（限距控制系统（DISTRONIC）控制单元）
支路2	N127（传动系统控制单元）
	N62（驻车定位系统（PARKTRONIC）控制单元）
支路3	A40/13（多功能立体摄像机）
支路4	N80（转向柱套管模块控制单元）
	N30/4（电控车辆稳定行驶控制单元）
	N68（电动动力转向控制单元）
支路5	N51/3（空气悬架（AIRMATIC）控制单元）

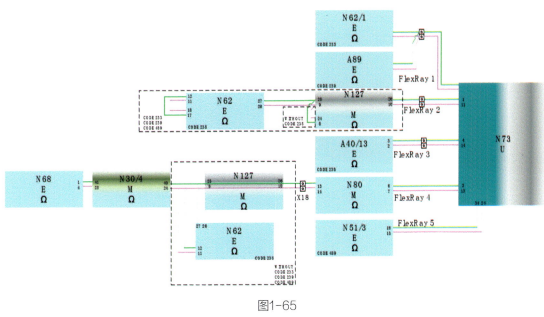

图1-65

四、诊断

（一）FlexRay故障类型

（1）FlexRay超时故障。

①由于FlexRay输入信号消失而设置了一个FlexRay超时故障码。

②对此的原因可能不仅是发射控制单元，也可能是FlexRay网络连接。

③例如：与控制单元A的通信存在故障。

（2）FlexRay同步丢失故障。

①为了确保FlexRay总线的正确功能，控制单元N73（电子点火开关控制单元、N30/4（电控稳定行驶系统控制单元）或N68（电动动力转向控制单元）中至少有两个必须是正常的。

②控制单元N73（电子点火开关控制单元）、N30/4（电控车辆稳定行驶系统控制单元）和N68（电动动力转向控制单元）之间的同步失败。

③N30/4（电控稳定系统控制单元）和N68（电动转向控制单元）。

（3）功能性FlexRay故障。

①功能性的FlexRay故障码由于一个FlexRay支路的总线故障而被设置。

②FlexRay总线的网关这时存储了一个FlexRay支路的故障。

③例如：与FlexRay（支路1）的通信存在功能故障。

（二）诊断说明

（1）诊断说明。

①可以使用XENTRY诊断系统对FlexRay™总线进行诊断。如果发生故障，对相应的故障码进行设置。

②与CAN总线一样，可以进行电阻测量以用于诊断。电阻必须符合FlexRay™总线的结构方框图，并且总电阻必须在50Ω左右。

③必须确保至少有2个冷启动控制单元工作。

（2）重要说明。有关使用XENTRY诊断系统对S级车辆进行诊断，请遵守2013年3月19日发行的宣传册：

"随着2013年中期新款S级车辆（车型系列222）的上市，维修车间中的诊断必须要满足新的要求。针对这些车辆的整体诊断，将会引入新的通信协议（系统编号170 000之前的compact3 w、basic2和compact4系统不支持）。因此，只可以使用系统编号170 000之后的compact4系统和新的XENTRY Connect"。

（三）W205 FlexRay

与底盘FlexRay总线系统的通信存在功能故障。可能的补救措施如下。

（1）检测从部件X18（驾驶室线束和车架底板总成电气连接器）到控制单元N80（转向柱模块控制单元）的导线和插头是否断路。

（2）根据相应的电路图检测从控制单元N80（转向柱模块控制单元）到N73（电子点火控制单元）的导线和插头是否断路。

（3）根据相应的电路图检测从控制单元N127（传动系统控制单元）到控制单元N30/4（电控车辆稳定行驶控制单元）的导线和插头，如图1-66所示。

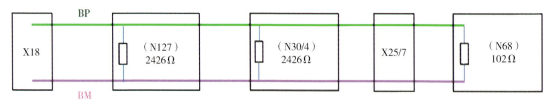

图1-66

（4）根据相应的电路图检测从控制单元N30/4（电控车辆稳定行驶系统控制单元）到控制单元N68（电动动力转向控制单元）的导线和插头。

（5）如果检测电气导线时未确定有故障，则更换控制单元N30/4（电控车辆稳定行驶系统控制单元）和/或N68（电动动力转向控制单元）。

沿N68（电动转向助力控制单元）方向测量（图1-67）。

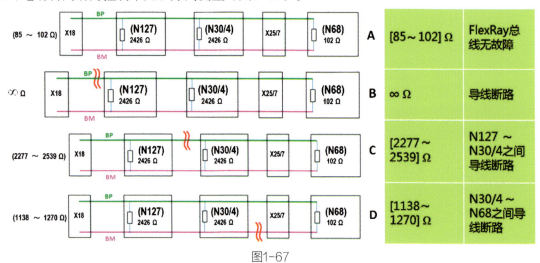

图1-67

沿控制单元N73（电子点火开关控制单元）方向测量（图1-68）。

五、FlexRay故障诊断方法

目前车间对FlexRay的故障诊断，基本是通过测量供电、线路及节点电阻来判断故障点。有的故障通过上述的测量，并不能确定故障，这时不知如何往下做。本文根据实际案例，对于不同节点控制单元故障，总结了判断中间节点控制单元、末端节点控制单元、通用节点控制单元故障的一些诊断方法。

在W222车型上，FlexRay BUS有6条支路，通用节点（U）控制单元每个支路的电阻为102Ω，中间节点控制单元（M）电阻为2596Ω，6个末端节点控制单元（E），每个末端节点（E）控制单元电阻也为102Ω，如图1-69所示。

图1-70所示是我们在V205实车上测量出来的FlexRay实际结构。中间节点控制单元的电阻实际测量时可能会有误差，比2496Ω小一点，小几十欧姆是不会影响系统工作的。注意：有的控制单元在W222上是末端节

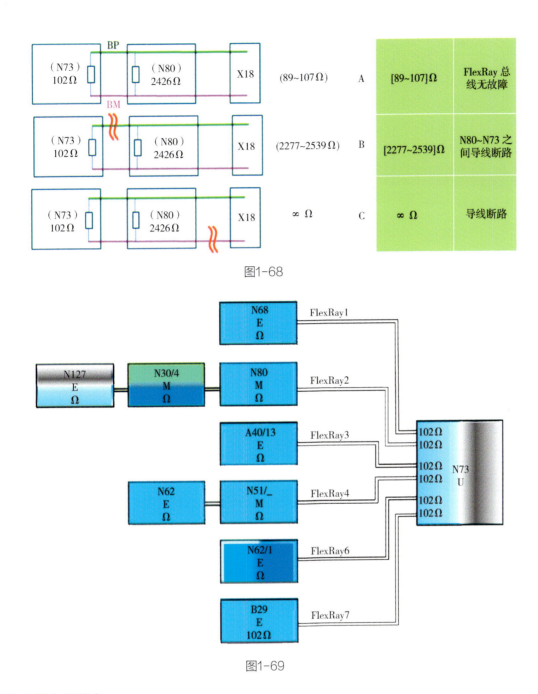

图1-68

图1-69

点，但在V205上是中间节点。

　　每个控制单元都可唤醒系统，在唤醒后，只有冷启动控制单元（Cold-start）授权进行唤醒模式的数据同步。系统工作条件：至少要有两个冷启动控制单元、终端电阻、线路连接、控制单元供电正常，如图1-71所示。

　　假设中间节点控制单元（M）有故障，可断开可能有故障的M控制单元插头，直接跨过该M控制单元，看系统是否正常工作，用该方法来排除M控制单元故障，如图1-72所示。

　　假设末端节点控制单元有故障，可用断开末端节点控制单元N68（E）插头，用电阻器在末端FlexRay线上接102Ω电阻，看系统是否工作，以此来排除末端电脑E是否是故障源，如图1-73所示。

　　假设通用节点控制电脑N73（U）有故障：

　　（1）确认整个FlexRay的线路通断是否正常。

　　（2）每个节点控制单元的电阻是否正常。

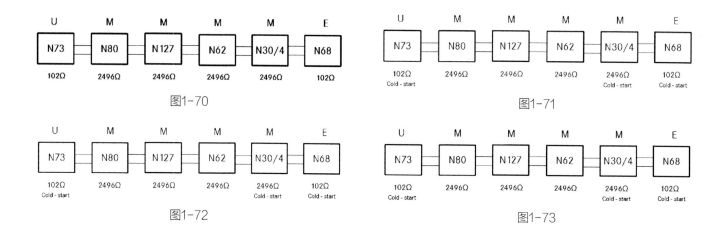

图1-70

图1-71

图1-72

图1-73

（3）确认未端控制单元N68是否正常，确认N68的供电正常，断开N30/4插头，找到N30/4到N68的FlexRay针脚，找一台同款车，直接将故障车的N68两根FlexRay线跨接到测试车，如果测试车Star-D可读到N68，说明N68正常。

（4）将正常的N68跨过所有M节点控制单元，如果Star-D还不能和N68通信，说明N73故障，如图1-74所示。

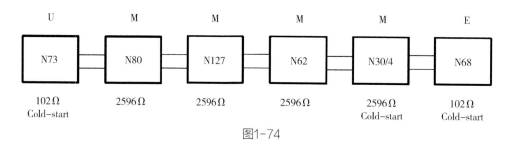

图1-74

跨接N68示意，如图1-75所示。

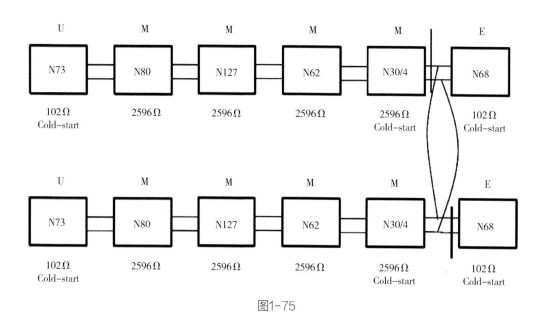

图1-75

第二章

奔驰车系车载网络拓扑图

第一节　2012—2018年奔驰B级轿车（W246）

整车网络拓扑图如图2-1所示，图注如表2-1所示。

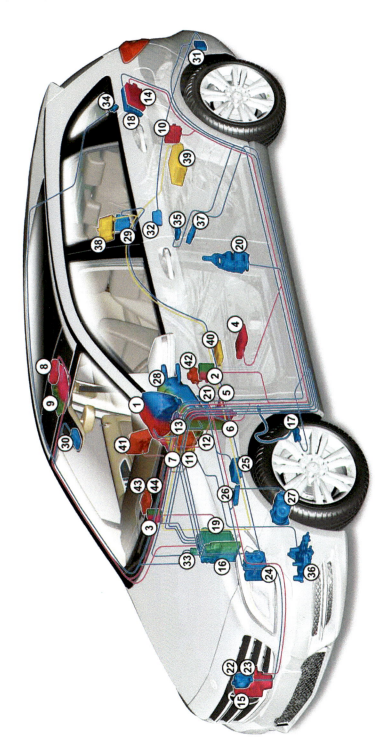

图2-1

局域互联网（LIN）总线

多媒体传输系统（MOST）环

智能信息控制器网络（CAN）

传动系统传感器控制器区域网络（CAN）

前端控制器区域网络（CAN）

诊断控制器区域网络（CAN）

车内控制器区域网络（CAN）

底盘控制器区域网络（CAN）

传动系统控制器区域网络（CAN）

表2-1

车内控制器区域网络（CAN）

索引	说明
1	仪表
2	左前车门控制单元
3	右前车门控制单元
4	驾驶员座椅调整器
5	乘客侧座椅调整器
6	SAM控制单元（CBC）
7	COMAND
8	全景滑动天窗控制模块
9	内部保护，双向保护控制单元
10	拖车识别控制单元
11	收音机
12	自动空调
13	电子点火锁
14	专用车辆多功能控制单元
15	STH控制单元

传动系统传感器控制器区域网络（CAN）

索引	说明
16	ME-SFI（ME）发动机控制单元
17	NO$_x$传感器控制单元

底盘控制器区域网络（CAN）

索引	说明
1	仪表
13	电子点火锁
16	ME-SFI（ME）发动机控制单元
19	CDI发动机控制单元
20	左前可逆紧急张紧器拉钩
21	右前可逆紧急张紧器拉钩
22	车距控制单元
23	碰撞预防辅助系统控制单元
24	电子稳定程序
25	辅助约束系统控制单元
26	驻车控制系统控制单元
27	电子动力转向系统控制单元
28	转向柱模块[SCM（MRM）]
29	电子驻车制动控制单元

诊断控制器区域网络（CAN）

索引	说明
13	电子点火锁
18	紧急电话系统控制单元

前端控制器区域网络（CAN）

索引	说明
13	电子点火锁
30	多功能照相
31	左后雷达传感器
32	右后雷达传感器
33	前照灯控制单元
34	倒车照相单元
35	轮胎压力监控单元

传动系统控制器区域网络（CAN）

索引	说明
16	ME-SFI（ME）发动机控制单元
17	CDI发动机控制单元
36	双离合器自动变速器控制单元
37	燃油系统控制单元

智能信息控制器网络（CAN）

索引	说明
7	COMAND
11	收音机
41	收音机/COMAND显示
42	收音机/COMAND控制面板
43	导航模块
44	导航模块托架

多媒体传输系统（MOST）环

索引	说明
7	COMAND
11	收音机
38	SDAR/HDtuner（Canada）or 数字收音机（DAB）
39	声音系统放大器控制单元
40	多媒体输入端口

局域互联网（LIN）总线

索引	说明
2	左前车门控制单元
3	右前车门控制单元
6	SAM控制单元
9	内部保护，双向保护控制单元
12	空调
16	ME-SFI（ME）发动机控制单元
19	CDI发动机控制单元
28	转向控制模块
33	前照灯控制单元

第二节 2014—2018年奔驰C级轿车（W205）

整车网络拓扑图如图2-2所示，图注如表2-2所示。

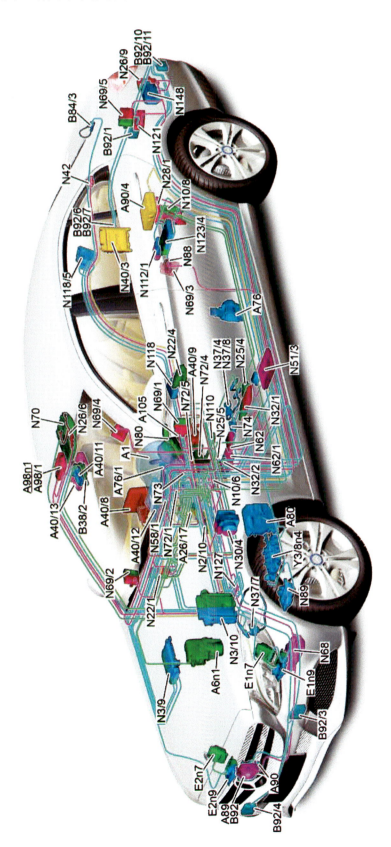

图2-2

表2-2

远程信息处理系统 CAN

索引	说明
A26/17	主机
A40/8	Audio/COMAND 显示屏
A40/9	Audio/COMAND 操作单元
A105	触摸板

车内 CAN

索引	说明
A98/1	滑动天窗控制模块
A98n1	全景滑动天窗控制单元
N10/6	前部信号采集及促动控制模组（SAM）控制单元
N10/8	后部信号采集及促动控制模组（SAM）控制单元
N22/1	恒温控制系统控制单元
N26/6	EDW/防拖车保护/车内保护控制单元
N26/9	专用车辆多功能控制单元
N28/1	拖车识别装置控制单元
N32/1	驾驶员座椅控制单元
N32/2	前排乘客座椅控制单元
N42	摄像机盖板控制单元
N69/1	左前门控制单元
N69/2	右前门控制单元
N69/3	左后门控制单元
N69/4	右后门控制单元
N69/5	无钥匙启动（KEYLESS GO）控制单元
N73	电子点火开关控制单元
N121	行李箱盖控制系统控制单元
N121/1	掀开式尾门控制系统控制单元

发动机 CAN

索引	说明
N3/9	CDI 控制单元（针对柴油发动机）
N3/10	ME 控制单元（针对汽油发动机）
N127	驱动系统控制单元

驱动系统 CAN

索引	说明
A80	直接选挡（DIRECT SELET）智能伺服模块
N3/9	CDI 控制单元（针对柴油发动机）
N3/10	ME 控制单元（针对汽油发动机）
N89	变速器油辅助油泵控制单元
N118	燃油泵控制单元
Y3/8n4	全集成化变速器控制系统的控制单元

诊断 CAN

索引	说明
N73	电子点火开关控制单元
N112/1	远程信息服务通信模块
N123/4	紧急呼叫系统控制单元

动态行驶 CAN

索引	说明
N2/10	辅助防护装置控制单元
N30/4	电控车辆稳定行驶系统（ESP）控制单元

用户接口 CAN

索引	说明
A1	仪表盘
A26/17	主机
A40/12	平视显示器
A76	左前反向安全带拉紧器
A76/1	右前反向安全带拉紧器
B84/3	倒车摄像机
N73	电子点火开关控制单元
N88	轮胎充气压力监控控制单元
N148	360° 摄像机控制单元

驱动系统传感器 CAN

索引	说明
N3/9	CDI 控制单元（针对柴油发动机）
N3/10	ME 控制单元（针对汽油发动机）
N37/4	氧氮化物传感器控制单元
N37/7	柴油微粒滤清器下游的氮氧化物传感器控制单元
N37/8	SCR 催化转换器下游的氮氧化物传感器控制单元
N74	炭黑颗粒传感器控制单元
N118/5	AdBlue® 雾状尿素水溶液控制单元

MOST 环

索引	说明
A26/17	主机
A90/4	调谐器单元
N40/3	音响系统放大器控制单元

外围设备 CAN

索引	说明
A40/11	单目多功能摄像机
A90	碰撞预防辅助系统（COLLISION PREVENTION ASSIST）控制单元
B92/6	后保险杠右外侧内置雷达测距传感器
B92/11	后保险杠左外侧内置雷达测距传感器
E1n9	左侧大灯控制单元
E2n9	右侧大灯控制单元
N73	电子点火开关控制单元

雷达 CAN 1

索引	说明
B92/3	前保险杠左侧雷达测距传感器
B92/4	前保险杠右侧雷达测距传感器
N62/1	雷达测距传感器控制单元

雷达 CAN 2

索引	说明
B92/1	后保险杠中部雷达测距传感器
B92/7	后保险杠右外侧雷达测距传感器
B92/10	后保险杠左外侧雷达测距传感器
N62/1	雷达测距传感器控制单元

以太网

索引	说明
A26/17	主机

底盘FlexRay

索引	说明
A40/13	立体式多功能摄像机
A89	限距控制（Distronic）电子控制单元
B92	前部远距离雷达测距传感器
N30/4	电控车辆稳定行驶系统（ESP）控制单元
N51/3	空气悬挂系统（AIRMATIC）控制单元
N62	驻车系统控制单元
N62/1	雷达测距传感器控制单元
N68	电子动力转向控制单元
N73	电子点火开关控制单元
N80	转向柱模块控制单元

LIN 总线

索引	说明
A6n1	驻车暖风控制单元
A9/5	电动制冷剂压缩机
A40/9	Audio/COMAND 操作单元
B38/2	带辅助功能的雨量和光线传感器
E1n7	LED 左前外部照明灯促动模块
E1n9	左侧大灯控制单元
E2n7	LED 右前外部照明灯促动模块
E2n9	右侧大灯控制单元
N2/10	辅助防护装置控制单元
N10/6	前部信号采集及促动控制模组（SAM）控制单元
N10/8	后部信号采集及促动控制模组（SAM）控制单元
N22/1	恒温控制系统控制单元
N22/4	后排恒温控制系统操作单元
N25/4	前排乘客座椅加热控制单元
N25/5	驾驶员座椅加热控制单元
N58/1	前部恒温控制系统操作单元
N70	车顶控制板控制单元
N72/1	上部操作面板控制单元
N72/4	下部左侧操作面板
N72/5	下部右侧操作面板
N110	重量传感系统控制单元
N123/4	紧急呼叫系统控制单元

方块图如图2-3～图2-5所示，图注如表2-3～表2-5所示。

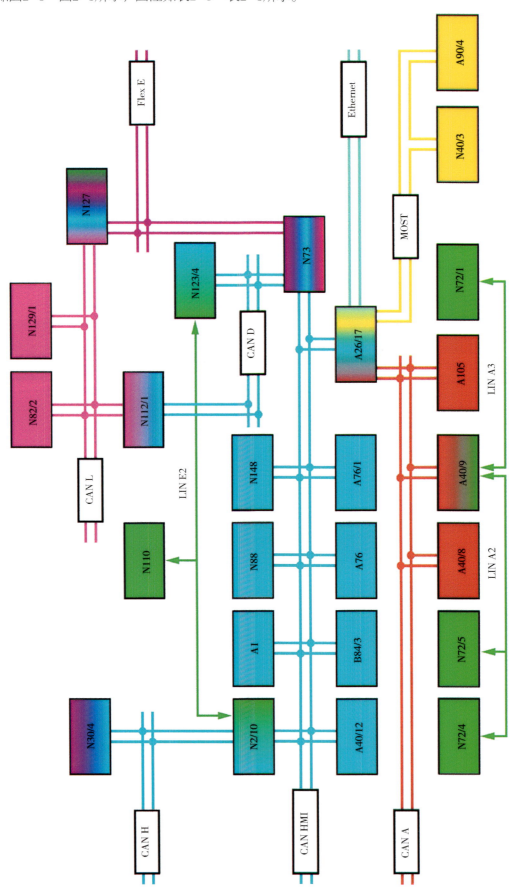

图2-3

表2-3

索引	说明
A1	仪表盘
A26/17	主机
A40/8	Audio/COMAND显示屏
A40/9	Audio/COMAND操作单元
A40/12	平视显示器[针对代码（463）平视显示器]
A76	左前反向安全带拉紧器[针对代码（299）PRE-SAFE® 系统]
A76/1	右前反向安全带拉紧器[针对代码（299）PRE-SAFE® 系统]
A90/4	调谐器单元[针对代码（536）SIRIUS 卫星收音机或代码（537）数字收音机（DAB）或代码（863）电视调谐器]
A105	触摸板[针对代码（318）触摸板]
B84/3	倒车摄像机[针对代码（218）倒车摄像机]
CAN A	远程信息处理系统 CAN
CAN D	诊断 CAN
CAN H	动态行驶 CAN
CAN HMI	用户接口 CAN
CAN L	混合动力 CAN
Ethernet	以太网
Flex E	底盘 FlexRay
LIN A2	电话键盘 LIN
LIN A3	下部操作面板（UBF）LIN

索引	说明
LIN E2	座椅占用 LIN
MOST	多媒体传输系统
N2/10	辅助防护装置控制单元
N30/4	电控车辆稳定行驶系统（ESP）控制单元
N40/3	音响系统放大器控制单元[针对代码（810）音响系统]
N72/1	上部操作面板控制单元
N72/4	下部左侧操作面板
N72/5	下部右侧操作面板
N73	电子点火开关控制单元
N82/2	蓄电池管理系统控制单元
N88	轮胎充气压力监控控制单元[针对代码（475）轮胎充气压力监控（高级）]
N110	重量传感系统（WSS）控制单元[针对代码（U10）SBE－座椅占用识别传感器]
N112/1	远程信息服务通信模块[针对代码（B54）KOM 模块]
N123/4	紧急呼叫系统控制单元[针对代码（348）紧急呼叫系统/辅助系统]
N127	驱动系统控制单元
N129/1	功率电子装置控制单元
N148	360° 摄像机控制单元[针对代码（501）环视摄像机]

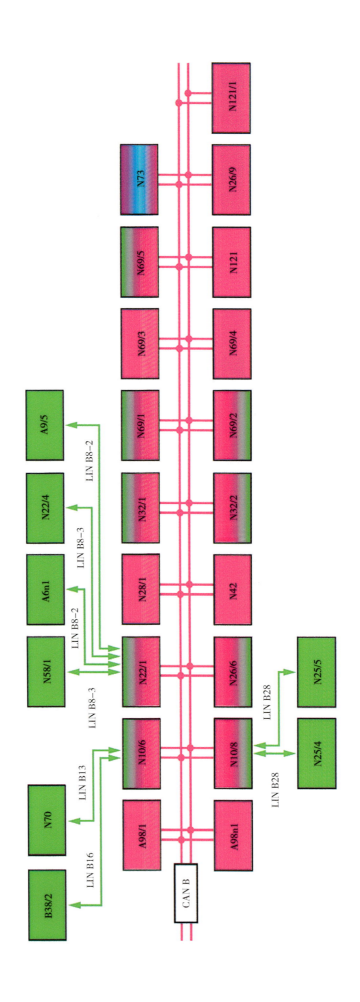

图2-4

38

表2-6

车内控制器区域网络（CAN）

索引	说明
A98n1	全景式滑动天窗控制单元
A98/1	滑动天窗控制模块
M40	多仿型座椅气动泵
N10/6	前部信号采集及促动控制模组（SAM）控制单元
N10/8	后部SAM控制单元
N22/1	恒温控制系统控制单元
N26/9	专用车辆多功能控制单元
N28/1	拖车识别装置控制单元
N32/1	驾驶员座椅控制单元
N32/2	前排乘客座椅控制单元
N32/15	左前多仿型座椅控制单元
N32/16	右前多仿型座椅控制单元
N69/1	左前门控制单元
N69/2	右前门控制单元
N69/3	左后门控制单元
N69/4	右后门控制单元
N69/5	无钥匙启动（KEYLESS GO）控制单元
N70	车顶控制板控制单元
N73	电子点火开关控制单元
N121	行李箱盖控制系统控制单元
N121/1	掀开式尾门控制系统控制单元
N162	环境氛围照明系统控制单元

LIN 总线

索引	说明
A6n1	驻车暖风控制单元
A40/9	Audio/COMAND 操作单元
B38/2	带辅助功能的雨量和光线传感器
N2/10	辅助防护装置控制单元
N5	扶手加热器控制单元
N22/4	后座空调操作单元
N25/4	前排乘客座椅加热控制单元
N25/5	驾驶员座椅加热控制单元
N25/17	前部座椅加热控制单元
N32/31	左前座椅靠背按摩功能控制单元
N32/32	右前座椅靠背按摩功能控制单元
N32/43	左前座垫按摩功能控制单元
N32/44	右前座垫按摩功能控制单元
N58/1	智能气候控制操作单元
N72/1	上部操作面板控制单元
N72/4	下部左侧操作面板
N72/5	下部右侧操作面板
N110	重量传感系统控制单元（WSS）
N112/9	紧急呼叫系统控制单元

动态行驶控制器区域网络（CAN）

索引	说明
N2/10	辅助防护装置控制单元
N30/4	电控车辆稳定行驶系统（ESP）控制单元

雷达 CAN

索引	说明
B92/2	前保险杠左侧外部雷达传感器
B92/5	前保险杠右侧外部雷达传感器
B92/7	后保险杠右外侧雷达测距传感器
B92/10	后保险杠左外侧雷达测距传感器
N62/4	智能驾驶控制单元

发动机控制器区域网络（CAN）

索引	说明
N3/9	CDI控制单元（针对柴油发动机）
N3/10	ME控制单元（针对汽油发动机）
N127	传动系统控制单元

传动系控制器区域网络（CAN）

索引	说明
N118	燃油泵控制单元
N127	传动系统控制单元
Y3/8n4	全集成化变速器控制单元

诊断控制器区域网络（CAN）

索引	说明
N73	电子点火开关控制单元
N112/9	紧急呼叫系统控制单元

用户界面控制器区域网络（CAN）

索引	说明
A1	仪表盘
A26/17	主机
A40/12	平视显示器
A76	左前双向安全带紧急拉紧器
A76/1	右前反向安全带拉紧器
B84/3	倒车摄像机
N2/10	辅助防护装置控制单元
N73	电子点火开关控制单元
N88	轮胎压力监测系统控制单元

以太网

索引	说明
A26/17	主机

驱动系统传感器 CAN

索引	说明
N3/9	CDI 控制单元（针对柴油发动机）
N3/10	ME 控制单元（针对汽油发动机）
N37/7	柴油微粒滤清器下游的氮氧化物传感器控制单元
N37/8	选择性催化还原（SCR）催化转换器下游的氮氧化物传感器控制单元
N74	炭烟颗粒传感器控制单元
N118/5	AdBlue® 控制单元

车载智能信息系统控制器区域网络（CAN）

索引	说明
A26/17	主机
A40/8	Audio/COMAND 显示屏
A40/9	Audio/COMAND 操作单元
A105	触摸板
N123/8	移动电话托座控制单元

外围设备 CAN

索引	说明
A40/11	单目多功能摄像机
A108	主动式制动辅助控制单元
B92/6	后保险杠右外侧内置雷达测距传感器
B92/11	后保险杠左外侧内置雷达测距传感器
E1n9	左侧大灯控制单元
E1n11	左前照明单元 LED 矩阵控制单元
E2n9	右侧大灯控制单元
E2n11	右前照明单元 LED 矩阵控制单元

多媒体传输系统（MOST）环

索引	说明
A26/17	主机
A90/4	调谐器单元
N40/3	音响系统功率放大器控制单元（带代码 810）
N40/7	高级音响系统功率放大器控制单元（带代码 811）
N143	电视调谐器控制单元

底盘 FlexRay

索引	说明
A40/13	立体式多功能摄像机
A108/1	DISTRONIC 车距引导装置控制单元
B92/12	近程及远程雷达传感器
N30/4	电控车辆稳定行驶系统（ESP）控制单元
N51/3	空气悬架系统（AIR BODY CONTROL）控制单元
N51/8	AIR BODY CONTROL 增强版控制单元
N62	驻车系统控制单元
N62/4	智能驾驶控制单元
N68	电动动力转向控制单元
N73	电子点火开关控制单元
N80	转向柱套管模块控制单元
N127	传动系统控制单元

方块图如图2-7～图2-9所示，图注如表2-7～表2-9所示。

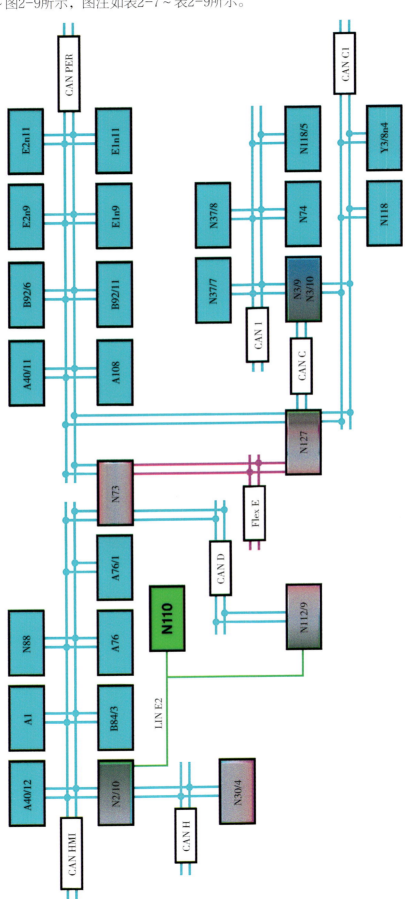

图2-7

45

表2-7

索引	说明
A1	仪表盘
A40/11	单目多功能摄像头[带代码 513（交通标志辅助系统）或代码 22P（车道辅助组件）或代码 P35（照明组件）或代码 23P（驾驶辅助组件增强版）除外]
A40/12	平视显示器[带代码 463（平视显示器）]
A76	左前双向安全带紧急拉紧器
A76/1	右前反向安全带拉紧器
A108	主动式制动辅助控制单元[带代码 258（碰撞预防辅助系统）]
B84/3	后视摄像头[带代码 218（后视摄像头）]
B92/6	后保险杠右侧外部集成式雷达传感器[带代码 22P（车道辅助组件）]
B92/11	后保险杠左侧外部集成式雷达传感器[带代码 22P（车道辅助组件）]
E1n9	左侧大灯控制单元[带代码 631（静态 LED 大灯，左行交通）或代码 632（静态 LED 大灯，右行交通）或代码 P35（照明组件）]
E1n11	左前照明单元 LED 矩阵控制单元[带代码 P35（照明组件）]
E2n9	右侧大灯控制单元[带代码 631（静态 LED 大灯，左行交通）或代码 632（静态 LED 大灯，右行交通）或代码 P35（照明组件）]
E2n11	右前照明单元 LED 矩阵控制单元[带代码 P35（照明组件）]
N2/10	辅助防护装置控制单元
N3/9	CDI 控制单元（柴油发动机）
N3/10	ME 控制单元（汽油发动机）
N30/4	电控车辆稳定行驶系统（ESP）控制单元

索引	说明
N37/7	柴油微粒滤清器下游的氮氧化物传感器控制单元｛发动机 642、654，带代码 U77[BLUETEC 柴油废气净化装置（SCR）]｝
N37/8	选择性催化还原（SCR）催化转化器下游的氮氧化物传感器控制单元｛发动机 642、654，带代码 U77[BLUETEC 柴油废气净化装置（SCR）]｝
N73	电子点火开关控制单元
N74	炭烟颗粒传感器控制单元（发动机 654）
N88	轮胎压力监测系统控制单元[带代码 475（轮胎压力监测系统）]
N110	重量传感系统（WSS）控制单元[带代码 U10（自动前排乘客安全气囊关闭）]
N112/9	紧急呼叫系统控制单元
N118	燃油泵控制单元
N118/5	AdBlue® 控制单元[带代码 U77（BLUETEC 柴油废气净化装置（SCR）]或代码 U79[第三代 BLUETEC 柴油废气净化装置（SCR）]
N127	传动系统控制单元
Y3/8n4	全集成化变速器控制单元
CAN C	发动机 CAN
CAN C1	驱动系 CAN
CAN D	诊断 CAN
CAN H	行驶动态 CAN
CAN HMI	用户界面 CAN
CAN I	驱动传感器 CAN
CAN PER	外围设备 CAN
Flex E	底盘 FlexRay
LIN E2	座椅占用 LIN

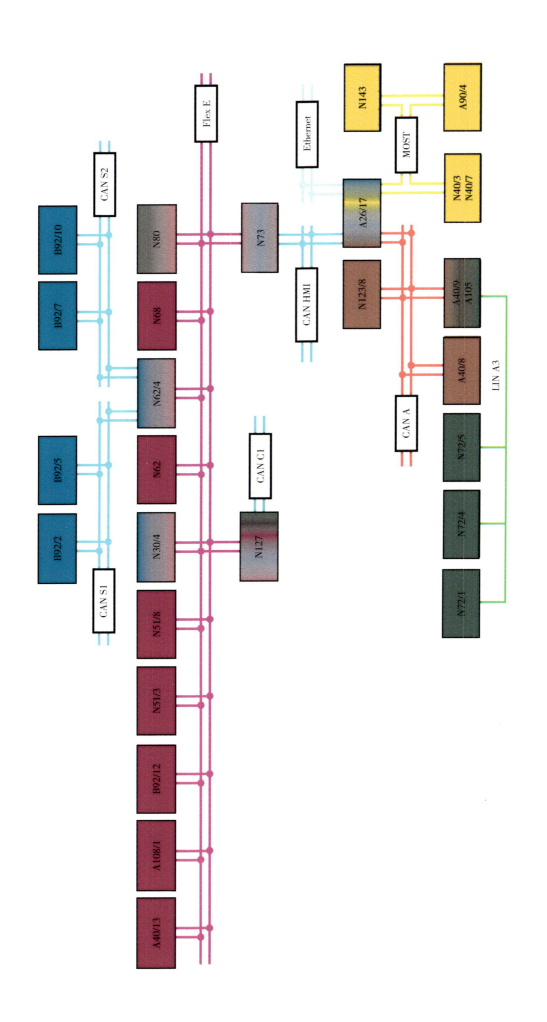

图2-8

47

表2-8

索引	说明
A26/17	主机
A40/8	Audio/COMAND 显示屏
A40/9	Audio/COMAND 操作单元
A40/13	立体多功能摄像头[带代码 23P（驾驶辅助组件增强版）]
A90/4	调谐器单元[带代码 536（SIRIUS 卫星收音机）或代码 537[数字广播（DAB）]]
A105	触摸板（带代码 448（触摸板））
A108/1	DISTRONIC 车距引导装置控制单元[带代码 239（DISTRONIC PLUS）]
B92/2	前保险杠左侧外部雷达传感器[带代码 23P（驾驶辅助组件增强版）]
B92/5	前保险杠右侧外部雷达传感器[带代码 23P（驾驶辅助组件增强版）]
B92/7	后保险杠右侧外部雷达传感器[带代码 23P（驾驶辅助组件增强版）]
B92/10	后保险杠左侧外部雷达传感器[带代码 23P（驾驶辅助组件增强版）]
B92/12	近程和远程雷达传感器[带代码 23P（驾驶辅助组件增强版）]
N30/4	电控车辆稳定行驶系统（ESP）控制单元
N40/3	音响系统功率放大器控制单元[带代码 810（音响系统）]
N40/7	高级音响系统功率放大器控制单元[带代码 811（高级音响系统）]
N51/3	AIR BODY CONTROL 控制单元[带代码 489（AIR BODY CONTROL）]
N51/8	AIR BODY CONTROL 增强版控制单元[带代码 489（AIR BODY CONTROL）]

索引	说明
N62	驻车系统控制单元[带代码 235（带 PARKTRONIC 的主动式驻车辅助系统）或代码 P44（驻车组件）]
N62/4	智能驾驶控制单元[带代码 23P（驾驶辅助组件增强版）]
N68	电动动力转向控制单元
N72/1	上部操作面板控制单元
N72/4	下部左侧操作面板
N72/5	下部右侧操作面板
N73	电子点火开关控制单元
N80	转向柱套管模块控制单元
N123/8	移动电话托座控制单元[带代码 896（通过移动电话进入车辆和驾驶认可）或代码 897（无线移动电话充电）]
N127	传动系统控制单元
N143	电视调谐器控制单元[带代码 531（COMAND APS）和代码 865（电视调谐器）]
CAN A	车载智能信息系统 CAN
CAN C1	驱动系 CAN
CAN HMI	用户界面 CAN
CAN S1	前部雷达 CAN[带代码 23P（驾驶辅助组件增强版）]
CAN S2	后部雷达 CAN[带代码 23P（驾驶辅助组件增强版）]
Ethernet	以太网
Flex E	底盘 FlexRay
MOST	多媒体传输系统
LIN A3	下部控制板 LIN

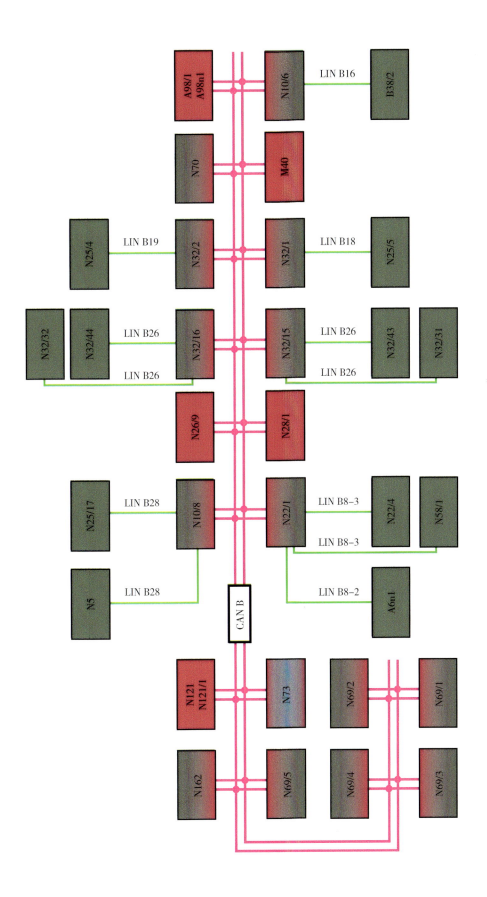

图2-9

表2-9

索引	说明
A6n1	驻车加热器控制单元[带代码 228（驻车加热器）]
A98n1	全景式滑动天窗控制单元[带代码 413（全景式滑动天窗）]
A98/1	滑动天窗控制模块[带代码 414（滑动天窗）]
B38/2	带辅助功能的雨量和光线传感器
M40	多仿型座椅气动泵[（带代码 432（左右侧驾驶动态多仿型座椅）]或代码 406（后座区多仿型座椅）
N5	扶手加热器控制单元[带代码 906（前部扶手加热器或代码 907（后部扶手加热器）]
N10/6	前部信号采集及促动控制模组（SAM）控制单元
N10/8	后部 SAM 控制单元
N22/1	恒温控制系统控制单元
N22/4	后座空调操作单元[带代码 581（自动智能气候控制）]
N25/4	前排乘客座椅的座椅加热控制单元[带代码 902（用于驾驶员和前排乘客的座椅加热增强版）]
N25/5	驾驶员座椅的座椅加热控制单元[带代码 902（用于驾驶员和前排乘客的座椅加热增强版）]
N25/17	前部座椅加热控制单元[带代码 401（用于驾驶员和前排乘客的空调座椅）或代码 873（用于驾驶员和前排乘客的座椅加热），除了代码 221（左侧电动可调式驾驶员座椅）、代码 222（右侧电动可调式前座椅）和代码 275（记忆组件）]
N26/9	特种车辆多功能控制单元[带代码 965（出租车/租用车辆－预安装）]
N28/1	挂车识别装置控制单元[带代码 550（牵引装置）]
N32/1	驾驶员座椅控制单元[带代码 221（左侧电动可调式驾驶员座椅）或代码 275（记忆组件）]

索引	说明
N32/2	前排乘客座椅控制单元[带代码 222（右侧电动可调式前座椅）或代码275（记忆组件）]
N32/15	左前多仿型座椅控制单元[带代码 432（左右侧驾驶动态多仿型座椅）]
N32/16	右前多仿型座椅控制单元[带代码 432（左右侧驾驶动态多仿型座椅）]
N32/31	左前座椅靠背按摩功能控制单元[带代码 432（左右侧驾驶动态多仿型座椅）]
N32/32	右前座椅靠背按摩功能控制单元[带代码 432（左右侧驾驶动态多仿型座椅）]
N32/43	左前座垫按摩功能控制单元[带代码 432（左右侧驾驶动态多仿型座椅）]
N32/44	右前座垫按摩功能控制单元[带代码 432（左右侧驾驶动态多仿型座椅）]
N58/1	智能气候控制操作单元
N69/1	左前门控制单元
N69/2	右前门控制单元
N69/3	左后门控制单元
N69/4	右后门控制单元
N69/5	无钥匙启动（KEYLESS GO）控制单元
N70	车顶控制板控制单元
N73	电子点火开关控制单元
N121	行李箱盖控制系统控制单元[带代码 881（行李箱盖遥控关闭）]
N121/1	掀开式尾门控制系统控制单元[带代码 890（掀开式尾门便捷装载）]
N162	环境氛围照明系统控制单元[带代码 877（环境氛围照明系统）]
CAN B	车内 CAN
LIN B8-2	空调 LIN 2
LIN B8-3	空调操作局域互联网（LIN）
LIN B16	雨量和光线传感器 LIN
LIN B18	驾驶员座椅 LIN
LIN B19	前排乘客座椅 LIN
LIN B26	按摩元件 LIN
LIN B28	暖风 LIN

整车网络拓扑图如图2-10所示，图注如表2-10所示。

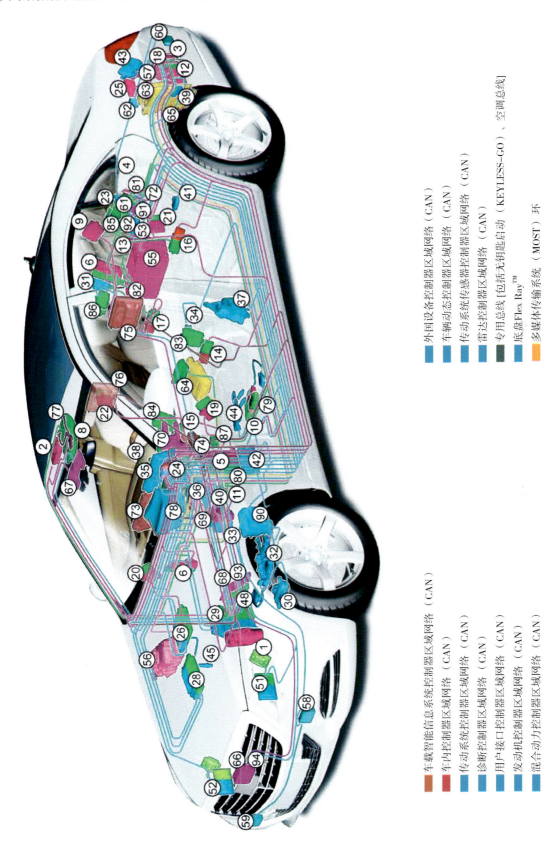

图2-10

外围设备控制器区域网络（CAN）

车辆动态控制器区域网络（CAN）

传动系统传感器控制器区域网络（CAN）

雷达总线控制器区域网络（CAN）

专用总线（包括无钥匙启动（KEYLESS-GO），空调总线）

底盘Flex Ray™

多媒体传输系统（MOST）环

车载智能信息系统控制器区域网络（CAN）

车内控制器区域网络（CAN）

传动系统控制器区域网络（CAN）

诊断控制器区域网络（CAN）

用户接口控制器区域网络（CAN）

发动机控制器区域网络（CAN）

混合动力控制器区域网络（CAN）

表2-10

车内控制器区域网络（CAN）

索引	说明
1	辅助加热器控制单元
2	全景式滑动天窗控制模块
3	多仿型座椅气动泵
4	主动式安全带锁扣控制单元
5	前侧信号采集及促动控制模组（SAM）控制单元
6	后侧信号采集及促动控制模组（SAM）控制单元
8	防盗警报系统（ATA）/防拖车保护/车内保护系统控制单元
9	挂车识别控制单元
10	驾驶员座椅控制单元
11	前排乘客座椅控制单元
12	右后座椅控制单元
13	左后座椅控制单元
14	左前多仿型座椅控制单元
15	右前多仿型座椅控制单元
16	左后多仿型座椅控制单元
17	右后多仿型座椅控制单元
18	摄像头护盖控制单元
19	左前车门控制单元
20	右前车门控制单元
21	左后车门控制单元
22	右后车门控制单元
23	无钥匙启动（KEYLESS-GO）控制单元
24	电子点火开关（EZS）控制单元
25	行李箱盖控制系统控制单元

传动系统控制器区域网络（CAN）

索引	说明
26	共轨喷射系统柴油机（CDI）发动机控制单元（OM 642）
28	电控多端顺序燃料喷注/点火系统（ME-SFI）控制单元（M278）
29	电控多端顺序燃料喷注/点火系统（ME-SFI）控制单元（M276）
30	辅助变速器油泵控制单元
31	燃油系统控制单元
32	全集成化变速器控制（VGS）
90	直接选挡（DIRECT SELECT）智能伺服模块

车辆动态控制器区域网络（CAN）

索引	说明
33	电控车辆稳定行驶系统（ESP）控制单元
34	横摆率、横向和纵向加速度传感器

用户接口控制器区域网络（CAN）

索引	说明
24	电子点火开关（EIS）控制单元
35	仪表盘
36	驾驶室管理及数据系统（COMAND）控制单元
37	左前双向安全带紧急收紧器
38	右前双向安全带紧急收紧器
39	后视摄像头
40	辅助防护系统控制单元
41	轮胎压力监测器控制单元
42	夜视辅助系统控制单元
43	360°摄像头控制单元

传动系统传感器控制器区域网络（CAN）

索引	说明
26	共轨喷射系统柴油机（CDI）发动机控制单元（OM 642）
28	电控多端顺序燃料喷注/点火系统（ME-SFI）控制单元（M 278）
29	电控多端顺序燃料喷注/点火系统（ME-SFI）控制单元（M 276）
44	选择性催化还原（SCR）催化转换器下游的氮氧化合物传感器控制单元
45	柴油微粒滤清器下游的氮氧化合物传感器控制单元
24	电子点火开关（EZS）
91	AdBlue® 雾状尿素水溶液控制单元

诊断控制器区域网络（CAN）

索引	说明
24	电子点火开关（EIS）控制单元
54	紧急呼叫系统控制单元
92	车载智能信息服务通信模块

发动机控制器区域网络（CAN）

索引	说明
26	共轨喷射系统柴油机（CDI）发动机控制单元（OM 642）
28	电控多端顺序燃料喷注/点火系统（ME-SFI）发动机控制单元（M 278）
29	电控多端顺序燃料喷注/点火系统（ME-SFI）发动机控制单元（M 276）
48	传动系统控制单元

混合动力控制器区域网络（CAN）

索引	说明
48	传动系统控制单元
55	蓄电池管理系统控制单元(在车型222.057/157中)
56	电力电子控制单元（在车型222.057/157中）
92	车载智能信息服务通信模块

雷达控制器区域网络（CAN）1

索引	说明
57	雷达传感器控制单元
58	左前保险杠雷达传感器
59	右前保险杠雷达传感器

雷达控制器区域网络（CAN）2

索引	说明
57	雷达传感器控制单元
60	左后保险杠雷达传感器
61	右后保险杠雷达传感器
62	后保险杠中央雷达传感器

底盘 FlexRay™

索引	说明
24	电子点火开关（EZS）控制单元
33	电控车辆稳定行驶系统（ESP）
57	雷达传感器控制单元
66	前部远距离雷达传感器
67	立体探测多功能摄像头
68	主动悬挂控制系统（ABC）控制单元
69	电动动力转向系统控制单元
70	转向柱套管模块控制单元
72	驻车系统控制单元
93	空气悬挂系统（AIRMATIC）控制单元

外围设备控制器区域网络（CAN）

索引	说明
24	电子点火开关（EIS）控制单元
48	传动系统控制单元
53	电动驻车制动器控制单元
74	音频/驾驶室管理及数据系统（COMAND）控制面板
75	左后显示屏
76	右后显示屏
94	碰撞预防辅助系统控制单元（代码258）

专用总线

索引	说明
5	前侧信号采集及促动控制模组（SAM）控制单元
6	后侧信号采集及促动控制模组（SAM）控制单元
7	自动空调（AAC）
8	车内保护系统、防拖车保护控制单元
10	驾驶员座椅控制单元
11	前排乘客座椅控制单元
12	右后座椅控制单元
13	左后座椅控制单元
14	驾驶员多仿型座椅控制单元
15	前排乘客多仿型座椅控制单元
16	左后多仿型座椅控制单元
17	右后多仿型座椅控制单元
19	左前车门控制单元
20	右前车门控制单元
21	左后车门控制单元
22	右后车门控制单元
23	无钥匙启动（KEYLESS-GO）控制单元
26	共轨喷射系统柴油机（CDI）发动机控制单元（OM 642）
28	电控多端顺序燃料喷注/点火系统（ME-SFI）发动机控制单元（M 278）
29	电控多端顺序燃料喷注/点火系统（ME-SFI）发动机控制单元（M 276）
33	电控车辆稳定行驶系统（ESP）控制单元
48	传动系统控制单元
51	左侧大灯控制单元
52	右侧大灯控制单元
70	转向柱管模块控制单元
77	车顶控制板控制单元
78	上部控制面板控制单元
79	驾驶员座椅加热器控制单元
80	前排乘客座椅加热器控制单元
81	左后座椅加热器控制单元
82	右后座椅加热器控制单元
83	驾驶员按摩功能控制单元
84	前排乘客按摩功能控制单元
85	左后座椅按摩功能控制单元
86	右后座椅按摩功能控制单元
87	重量传感系统（WSS）控制单元（美国版）

车载智能信息系统控制器区域网络（CAN）

索引	说明
36	驾驶室管理及数据系统（COMAND）控制单元
73	音频/驾驶室管理及数据系统（COMAND）显示屏
74	音频/驾驶室管理及数据系统（COMAND）控制面板
75	左后显示屏
76	右后显示屏

多媒体传输系统（MOST）环

索引	说明
36	驾驶室管理及数据系统（COMAND）控制单元
63	调谐器单元
64	后排座椅娱乐系统控制单元
65	音响系统放大器控制单元

第五节 2014—2018年奔驰GLA汽车（X156）

整车网络拓扑图如图2-11所示，图注如表2-11所示。

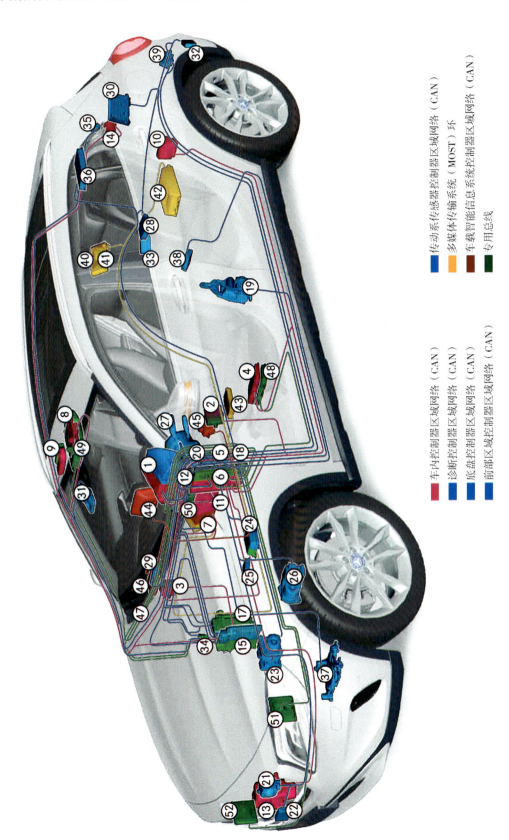

传动系传感器控制器区域网络（CAN）
多媒体传输系统（MOST）环
车载智能信息系统控制器区域网络（CAN）
专用总线

车内控制器区域网络（CAN）
诊断控制器区域网络（CAN）
底盘控制器区域网络（CAN）
前部区域控制器区域网络（CAN）

图2-11

表2-11

车内控制器区域网络（CAN）

索引	说明
1	仪表盘（KI）
2	左前车门控制单元
3	右前车门控制单元
4	驾驶员座椅控制单元（带记忆组件）
5	前排乘客座椅控制单元
6	中央车身控制器（CBC）控制单元
7	驾驶室管理及数据系统（COMAND）（未显示：Audio 20）
8	全景式滑动天窗
9	车内控制单元，防拖车保护
10	挂车识别控制单元
11	自动空调控制单元（KLA）
12	电子点火开关（EZS）
13	固定加热器控制单元
14	行李舱/掀开式尾门控制单元

传动系传感器控制器区域网络（CAN）

索引	说明
17	发动机电子设备（ME）发动机控制单元（汽油发动机）
18	氮氧化物传感器控制单元（M270）
21	柴油共轨直接喷射（CDI）发动机控制单元（柴油发动机）
56	传动系统控制单元（针对发动机651.930）

诊断控制器区域网络（CAN）

索引	说明
12	电子点火开关（EZS）
29	车载智能信息服务通信模块
30	紧急呼叫系统控制单元MI

底盘控制器区域网络（CAN）

索引	说明
1	仪表盘（KI）
12	电子点火开关（EZS）
15	发动机电子设备（ME）发动机控制单元（针对M270）
17	柴油共轨直接喷射（CDI）发动机控制单元（针对OM651）
19	左前可逆式安全带紧急拉紧器
20	右前可逆式安全带紧急拉紧器
21	限距控制系统（DISTRONIC）控制单元
22	碰撞预防辅助系统控制单元
23	电控车辆稳定行驶系统（ESP®）
24	辅助防护装置控制单元
25	驻车系统控制单元（代码220），驻车定位系统（PARKTRONIC）或主动式驻车辅助系统（代码235）
26	电子动力转向控制单元（EPS）
27	转向柱管模块（MRM）
28	电动驻车制动器控制单元

前部区域控制器区域网络（CAN）

索引	说明
12	电子点火开关（EZS）
31	多功能摄像头
32	左后雷达传感器
33	右后雷达传感器
34	大灯控制单元
35	后视摄像头
36	轮胎压力监测系统控制单元

多媒体传输系统（MOST）环

索引	说明
7	驾驶室管理及数据系统（COMAND）（未显示：Audio20）
40	数字广播（DAB）
41	卫星数字广播（SDAR）
42	音响系统放大器控制单元
43	多媒体接口

车载智能信息系统控制器区域网络（CAN）

索引	说明
7	驾驶室管理及数据系统（COMAND）（未显示：Audio20）
44	音频/驾驶室管理及数据系统（COMAND）操作单元
45	音频/驾驶室管理及数据系统（COMAND）显示屏
46	导航模块
47	导航模块托架

专用总线

索引	说明
2	左前车门控制单元
3	右前车门控制单元
6	中央车身控制器（CBC）控制单元
9	车内控制单元，防拖车保护
11	自动空调（KLA）
12	电子点火开关
15	发动机电子设备（ME）发动机控制单元（M270）
17	柴油共轨直接喷射（CDI）发动机控制单元（OM651）
24	辅助防护装置控制单元
27	转向柱套管模块（MRM）
34	大灯控制单元
48	驾驶员座椅控制单元（不带记忆组件）
49	车顶控制板控制单元
50	上部控制面板控制单元
51	左前促动控制模组 LED
52	右前促动控制模组 LED

整车网络拓扑图如图2-12所示，图注如表2-12所示。

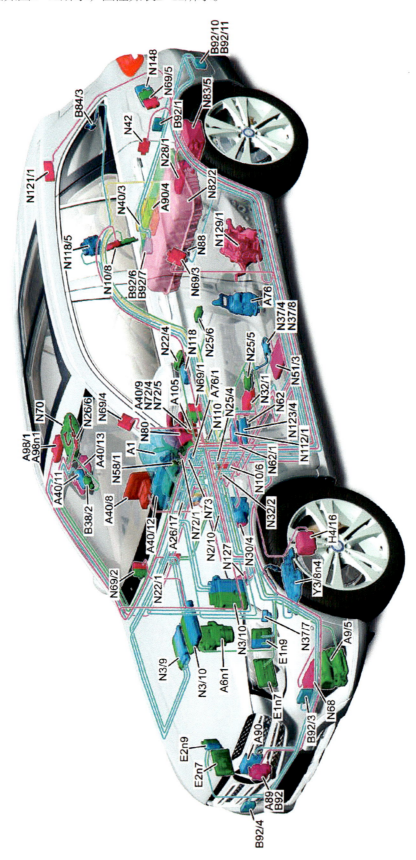

图2-12

表2-12

雷达 CAN 2

索引	说明
B92/1	后保险杠中部雷达测距传感器
B92/7	后保险杠右外侧雷达测距传感器
B92/10	后保险杠左外侧雷达测距传感器
N62/1	雷达测距传感器控制单元

车内控制器区域网络（CAN）

索引	说明
A98/1	滑动天窗控制模块
A98n1	全景式滑动天窗控制单元
N10/6	前部信号采集及促动控制模组（SAM）控制单元
N10/8	后部信号采集及促动控制模组（SAM）控制单元
N22/1	恒温控制系统控制单元
N26/6	EDW/防拖车保护/车内保护控制单元
N28/1	拖车识别装置控制单元
N32/1	驾驶员座椅控制单元
N32/2	前排乘客座椅控制单元
N42	摄像头盖板控制单元
N69/1	左前门控制单元
N69/2	右前门控制单元
N69/3	左后门控制单元
N69/4	右后门控制单元
N69/5	无钥匙启动（KEYLESS GO）控制单元
N73	电子点火开关控制单元
N121/1	掀开式尾门控制系统控制单元

传动系控制器区域网络（CAN）

索引	说明
N3/9	CDI 控制单元（针对柴油发动机）
N3/10	ME 控制单元（针对汽油发动机）
N118	燃油泵控制单元
N127	传动系统控制单元
Y3/8n4	全集成化变速器控制单元

车载智能信息系统控制器区域网络（CAN）

索引	说明
A26/17	主机
A40/8	Audio/COMAND 显示屏
A40/9	Audio/COMAND 操作单元
A105	触摸板

以太网

索引	说明
A26/17	主机

驱动系统传感器 CAN

索引	说明
N3/9	CDI 控制单元（针对柴油发动机）
N3/10	ME 控制单元（针对汽油发动机）
N37/4	氧氮化物传感器控制单元
N37/7	柴油微粒滤清器下游的氮氧化物传感器控制单元
N37/8	选择性催化还原（SCR）催化转换器下游的氮氧化物传感器控制单元
N118/5	AdBlue® 控制单元

诊断控制器区域网络（CAN）

索引	说明
N73	电子点火开关控制单元
N112/1	远程信息服务通信模块
N123/4	紧急呼叫系统控制单元

动态行驶控制器区域网络（CAN）

索引	说明
N2/10	辅助防护装置控制单元
N30/4	电控车辆稳定行驶系统（ESP）控制单元

LIN总线

索引	说明
A6n1	驻车暖风控制单元
A9/5	电动制冷剂压缩机
A40/9	Audio/COMAND 操作单元
B38/2	带辅助功能的雨量和光线传感器
E1n7	左前 LED 外部照明灯促动模块
E1n9	左侧大灯控制单元
E2n7	右前 LED 外部照明灯促动模块
E2n9	右侧大灯控制单元
N2/10	辅助防护装置控制单元
N10/6	前部信号采集及促动控制模组（SAM）控制单元
N10/8	后部信号采集及促动控制模组（SAM）控制单元
N22/1	恒温控制系统控制单元
N22/4	后排恒温控制系统操作单元
N25/4	前排乘客座椅加热控制单元
N25/5	驾驶员座椅加热控制单元
N25/6	后座椅加热控制单元
N32/1	驾驶员座椅控制单元
N32/2	前排乘客座椅控制单元
N58/1	前部智能气候控制操作单元
N70	车顶控制板控制单元

索引	说明
N72/1	上部操作面板控制单元
N72/4	下部左侧操作面板
N72/5	下部右侧操作面板
N110	重量传感系统控制单元
N123/4	紧急呼叫系统控制单元

多媒体传输系统（MOST）环

索引	说明
A26/17	主机
A90/4	调谐器单元
H4/16	声音发生器
N40/3	音响系统功率放大器控制单元

混合动力（CAN）

索引	说明
N82/2	蓄电池管理系统控制单元
N83/5	充电装置
N129/1	功率电子装置控制单元

用户界面控制器区域网络（CAN）

索引	说明
A1	仪表盘
A26/17	主机
A40/12	平视显示器
A76	左前双向安全带紧急拉紧器
A76/1	右前反向安全带拉紧器
B84/3	倒车摄像机
N2/10	辅助防护装置控制单元
N73	电子点火开关控制单元
N88	轮胎压力监测系统控制单元
N148	360° 摄像头控制单元

发动机控制器区域网络（CAN）

索引	说明
N3/9	CDI 控制单元（针对柴油发动机）
N3/10	ME 控制单元（针对汽油发动机）
N127	传动系统控制单元

雷达 CAN 1

索引	说明
B92/3	前保险杠左侧雷达测距传感器
B92/4	前保险杠右侧雷达测距传感器
N62/1	雷达测距传感器控制单元

底盘 FlexRay

索引	说明
A40/13	立体式多功能摄像机
A89	限距控制（DISTRONIC）电动控制单元
B92	前部远程雷达传感器
N30/4	电控车辆稳定行驶系统（ESP）控制单元
N51/3	空气悬架系统（AIR BODY CONTROL）控制单元
N62	驻车系统控制单元
N62/1	雷达测距传感器控制单元
N68	电动动力转向控制单元
N73	电子点火开关控制单元
N80	转向柱套管模块控制单元

外围设备 CAN

索引	说明
A40/11	单目多功能摄像机
A90	碰撞预防辅助系统（COLLISION PREVENTION ASSIST）控制单元
B92/6	后保险杠右外侧内置雷达测距传感器
B92/11	后保险杠左外侧内置雷达测距传感器
E1n9	左侧大灯控制单元
E2n9	右侧大灯控制单元
N73	电子点火开关控制单元
N127	传动系统控制单元

第七节 2011—2015年奔驰M级汽车（W166）

整车网络拓扑图如图2-13所示，图注如表2-13所示。

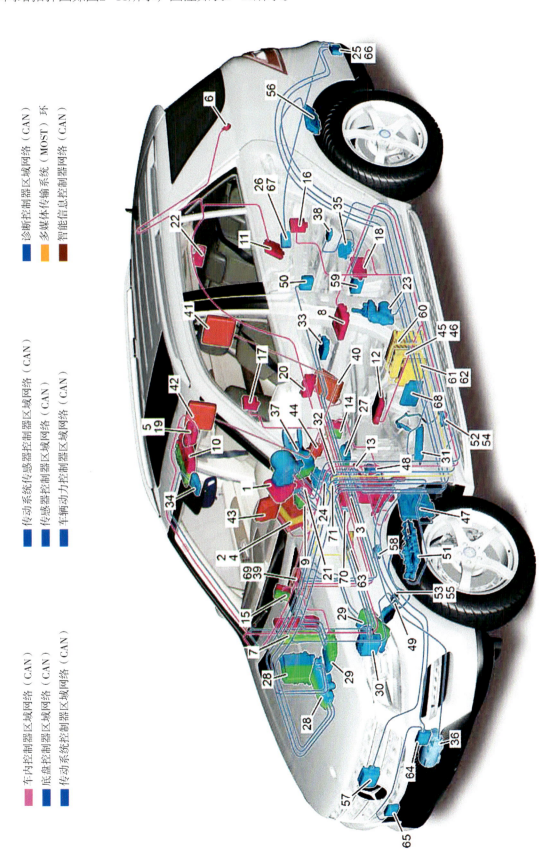

图2-13

诊断控制器区域网络（CAN）
多媒体传输系统（MOST）环
智能信息控制器网络（CAN）

传动系统传感器控制器区域网络（CAN）
传感器控制器区域网络（CAN）
车辆动力控制器区域网络（CAN）

车内控制器区域网络（CAN）
底盘控制器区域网络（CAN）
传动系统控制器区域网络（CAN）

表2-13

车内控制器区域网络（CAN）

索引	说明
1	仪表板
2	收音机
3	固定加热器控制单元
4	COMAND控制单元
5	全景滑动天窗控制模块
7	SAM控制单元
8	后端控制单元
9	空调控制和操作单元
10	ATA/双向保护/内部保护控制单元
11	拖车识别控制单元
12	驾驶员座椅控制单元
13	前乘客座椅控制单元
14	左前车门控制单元
15	右前车门控制单元
16	左后车门控制单元
17	右后车门控制单元
18	无钥匙控制单元
19	滑动天窗控制单元
20	后控制板控制单元
21	电子点火锁控制单元
22	举开门控制单元

底盘控制器区域网络（CAN）1

索引	说明
21	电子点火锁控制单元
23	左前可逆紧急张紧器拉钩
24	右前可逆紧急张紧器拉钩
25	左后保险杠智能雷达传感器
26	右后保险杠智能雷达传感器
27	辅助约束系统控制单元
28	CDI控制单元（柴油）
29	ME-SFI控制单元（汽油）
30	电子稳定程序控制单元
31	AIRMATIC控制单元
32	车辆和雷达传感器系统控制单元
33	电子驻车制动控制单元
37	转向柱套管模块控制单元
68	ACTIVE CURVE SYSTEM控制单元

底盘控制器区域网络（CAN）2

索引	说明
1	仪表
6	倒车照相机
21	电子点火锁控制单元
34	多功能照相机
35	驻车制动系统控制单元
36	电子动力转向控制单元
38	轮胎压力监控控制单元
70	前照灯控制单元
71	夜视控制单元

智能信息控制器网络（CAN）

索引	说明
2	收音机
4	COMAND控制单元
39	导航模块支架
40	DVD播放器
41	左后显示
42	右后显示
43	收音机/COMAND显示
44	收音机/COMAND控制面板
45	TV调谐器
46	数字TV调谐器
69	导航模块

传动系统控制器区域网络（CAN）

索引	说明
28	CDI控制单元（柴油发动机）
29	ME-SFI控制单元（汽油发动机）
47	直接换挡智能伺服模块
48	分动箱控制单元
49	自动变速器辅助油泵控制单元
50	燃油系统控制单元
51	自动变速器控制单元

诊断控制器区域网络（CAN）

索引	说明
21	电子点火锁控制单元
59	紧急电话系统控制单元

传动系统传感器控制器区域网络（CAN）

索引	说明
28	CDI控制单元（柴油发动机）
29	ME-SFI控制单元（汽油发动机）
52	左NO_x传感器控制单元（M276.9，带分层操作）
53	右NO_x传感器控制单元（M276.9，带分层操作）
54	柴油微粒过滤器下游NO_x传感器控制单元
55	SCR催化转换器下游NO_x传感器控制单元
56	Adblue控制单元

车辆动力控制器区域网络（CAN）

索引	说明
30	电子稳定程序控制单元
32	视频和雷达传感器控制单元
57	车距控制电子控制器单元
58	偏航率，横向和纵向加速度传感器

多媒体传输系统（MOST）环

索引	说明
2	收音机
4	COMAND控制单元
45	TV调谐器
46	数字TV调谐器
60	声音系统放大器控制单元
61	数字收音机广播控制单元
62	卫星数字收音机控制单元
63	媒体接口控制单元

传感器控制器区域网络（CAN）

索引	说明
32	视频和雷达传感器控制单元
64	左前保险杠车距控制系统传感器
65	右前保险杠车距控制系统传感器
66	左后保险杠雷达传感器
67	右后保险杠雷达传感器

第八节 2012—2015年奔驰GL级汽车（X166）

整车网络拓扑图如图2-14所示，图注如表2-14所示。

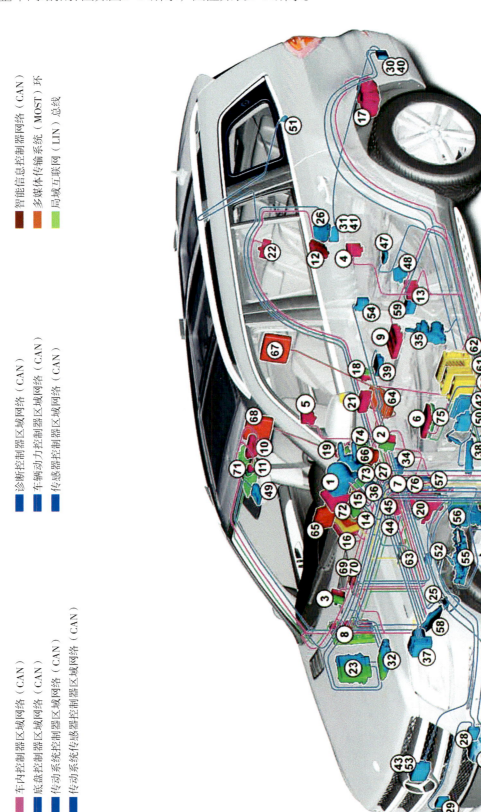

图2-14

智能信息控制器网络（CAN）
多媒体传输系统（MOST）环
局域互联网（LIN）总线

诊断控制器区域网络（CAN）
车辆动力控制器区域网络（CAN）
传感器控制器区域网络（CAN）

车内控制器区域网络（CAN）
底盘控制器区域网络（CAN）
传动系统控制器区域网络（CAN）
传动系统传感器控制器区域网络（CAN）

表2-14

车内控制器区域网络（CAN）

索引	说明
1	仪表板
16	收音机
16	COMAND控制器单元
20	固定加热器控制单元
10	滑动天窗控制单元
10	全景滑动天窗控制模块
17	多仿型座椅气动泵
8	SAM控制单元
9	后端控制单元
14	空调控制和操作单元
11	ATA/双向保护/内部保护控制单元
12	拖车识别控制单元
6	驾驶员座椅控制单元
7	前乘客座椅控制单元
18	驾驶员多仿型座椅控制单元
19	前乘客多仿型座椅控制单元
2	左前车门控制单元
3	右前车门控制单元
4	左后车门控制单元
5	右后车门控制单元
13	无钥匙控制单元
21	RCP控制单元
15	电子点火锁控制单元
22	举开门控制单元

底盘控制器区域网络（CAN）1

索引	说明
35	左前可逆紧急张紧器拉钩
36	右前可逆紧急张紧器拉钩
43	碰撞预防协助控制器单元
40	左后保险杠智能雷达传感器
41	右后保险杠智能雷达传感器
39	电子驻车制动控制单元
34	辅助约束系统控制单元
32	ME-SFI控制单元（汽油）
23	CDI控制单元（柴油）
37	电子稳定程序控制单元
38	AIRMATIC控制单元
42	主动侧倾稳定控制单元
27	视频和雷达传感器控制单元
15	电子点火锁控制单元
33	转向柱套管模块控制单元

底盘控制器区域网络（CAN）2

索引	说明
1	仪表
49	多功能照相机
51	倒车照相机
21	电子点火锁控制单元
45	夜视控制单元
47	驻车制动系统控制单元
46	电子动力转向控制单元
44	前照灯控制单元
15	电子点火锁控制单元
48	轮胎压力监控控制单元

传动系统控制器区域网络（CAN）

索引	说明
56	直接换挡智能伺服模块
54	燃油系统控制单元
57	分动箱控制单元
23	CDI控制单元（柴油发动机）
32	ME-SFI控制单元（汽油发动机）
58	自动变速器辅助油泵控制单元
55	自动变速器控制单元

传动系统传感器控制器区域网络（CAN）

索引	说明
26	CDI控制单元（柴油发动机）
32	ME-SFI控制单元（汽油发动机）
24	左NO_x传感器控制单元
25	右NO_x传感器控制单元
24	柴油微粒过滤器下游NO_x传感器控制单元
25	SCR催化转换器下游NO_x传感器控制单元
26	Adblue控制单元

诊断控制器区域网络（CAN）

索引	说明
59	紧急电话系统控制单元
15	电子点火锁控制单元

车辆动力控制器区域网络（CAN）

索引	说明
53	车距控制电子控制器单元
52	偏航率，横向和纵向加速度传感器
37	电子稳定程序控制单元
27	视频和雷达传感器控制单元

传感器控制器区域网络（CAN）

索引	说明
28	左前保险杠车距控制系统传感器
29	右前保险杠车距控制系统传感器
30	左后保险杠雷达传感器
31	右后保险杠雷达传感器
32	视频和雷达传感器控制单元

智能信息控制器网络（CAN）

索引	说明
16	收音机
70	导航模块支架
16	COMAND控制单元
64	DVD播放器
67	左后显示
68	右后显示
65	收音机/COMAND显示
66	收音机/COMAND控制面板
61	TV调谐器
61	数字TV调谐器
69	导航模块

多媒体传输系统（MOST）环

索引	说明
16	收音机
16	COMAND控制单元
61	TV调谐器
61	数字TV调谐器
63	媒体接口控制单元
62	声音系统放大器控制单元
60	数字收音机广播控制单元
60	卫星数字收音机控制单元

局域互联网（LIN）总线

索引	说明
74	重量感测系统控制单元（WSS）
8	SAM控制单元
14	自动空调控制和操作单元
11	ATA/双向保护/内部保护控制单元
32	ME-SFI控制单元（汽油发动机）
23	CDI控制单元（柴油发动机）
6	驾驶员座椅控制单元
18	驾驶员多仿型座椅控制单元
2	左前车门控制单元
3	右前车门控制单元
71	顶棚控制面板控制单元
44	前照灯控制单元

第九节　2010—2017年奔驰G级汽车（W463）

整车网络拓扑图如图2-15所示，图注如表2-15所示。

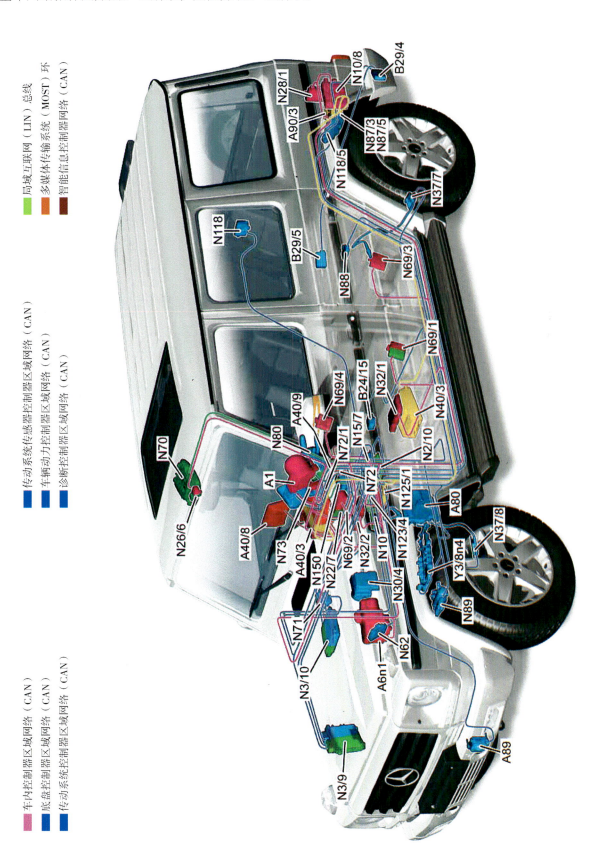

图2-15

表2-15

车内控制器区域网络（CAN）

索引	说明
A1	仪表板
A40/3	COMAND控制器单元
A6n1	固定加热器控制单元
N10	SAM控制单元
N10/8	后端控制单元
N22/7	空调控制和操作单元
N26/6	ATA/双向保护/内部保护控制单元
N28/1	拖车识别控制单元
N32/1	驾驶员座椅控制单元
N32/2	前乘客座椅控制单元
N69/1	左前车门控制单元
N69/2	右前车门控制单元
N69/3	左后车门控制单元
N69/4	右后车门控制单元
N73	电子点火锁控制单元

底盘控制器区域网络（CAN）1

索引	说明
B29/4	左后保险杠智能雷达传感器
B29/5	右后保险杠智能雷达传感器
N2/10	辅助约束系统控制单元
N3/10	ME-SFI控制单元（汽油）
N3/9	CDI控制单元（柴油）
N30/4	电子稳定程序控制单元
N73	电子点火锁控制单元
N80	转向柱套管模块控制单元

底盘控制器区域网络（CAN）2

索引	说明
A1	仪表
N62	驻车制动系统控制单元
N71	前照灯范围调整控制单元
N73	电子点火锁控制单元
N88	轮胎压力监控控制单元

传动系统控制器区域网络（CAN）

索引	说明
N118	燃油系统控制单元
N15/7	分动箱控制单元
N150	直接换挡接口
N3/9	CDI控制单元（柴油发动机）
N3/10	ME-SFI控制单元（汽油发动机）
N89	自动变速器辅助油泵控制单元
Y3/8n4	自动变速器控制单元
A80	直接换挡智能伺服模块

传动系统传感器控制器区域网络（CAN）

索引	说明
N118/5	Adblue控制单元
N3/9	CDI控制单元（柴油发动机）
N3/10	ME-SFI控制单元（汽油发动机）
N37/7	柴油微粒过滤器下游NO_X传感器控制单元
N37/8	SCR催化转换器下游NO_X传感器控制单元

车辆动力控制器区域网络（CAN）

索引	说明
A89	车距控制电子控制器单元
B24/15	偏航率，横向和纵向加速度传感器
N30/4	电子稳定程序控制单元

诊断控制器区域网络（CAN）

索引	说明
N123/4	紧急电话系统控制单元
N73	电子点火锁控制单元

局域互联网（LIN）总线

索引	说明
N10	SAM控制单元
N2/10	辅助约束系统控制单元
N22/7	自动空调控制和操作单元
N22/6	ATA/双向保护/内部保护控制单元
N3/10	ME-SFI控制单元（汽油发动机）
N3/9	CDI控制单元（柴油发动机）
N69/1	左前车门控制单元
N69/2	右前车门控制单元
N70	顶棚控制面板控制单元
N72	下部控制面板控制单元
N72/1	上部控制面板控制单元
N80	转向柱套管模块控制单元

多媒体传输系统（MOST）环

索引	说明
A40/3	COMAND控制单元
A90/3	TV调谐器
N125/1	媒体接口控制单元
N40/3	声音系统放大器控制单元
N87/3	数字收音机广播控制单元
N87/5	卫星数字收音机控制单元

智能信息控制器网络（CAN）

索引	说明
A40/3	COMAND控制单元
A40/8	收音机/COMAND显示
A40/9	收音机/COMAND控制面板
A90/3	TV调谐器

整车网络拓扑图如图2-16所示，图注如表2-16所示。

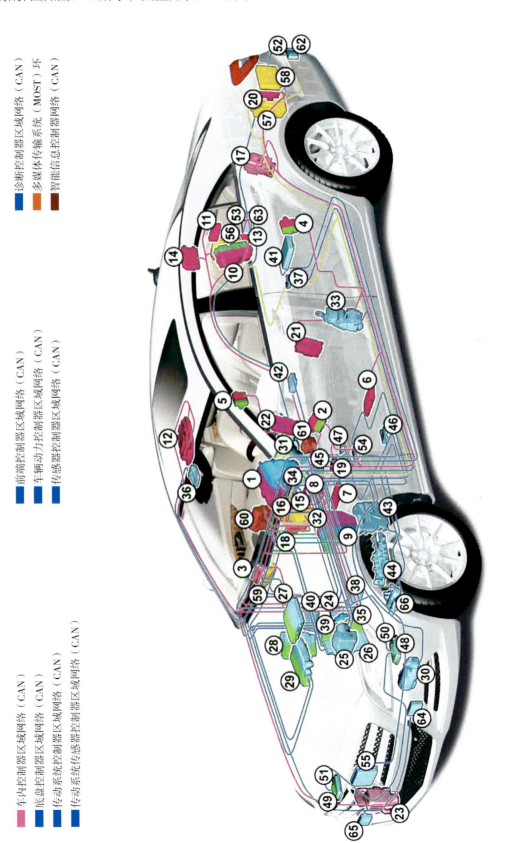

图2-16

车内控制器区域网络（CAN）
底盘控制器区域网络（CAN）
传动系统控制器区域网络（CAN）
传动系统传感器控制器区域网络（CAN）

前端控制器区域网络（CAN）
车辆动力控制器区域网络（CAN）
传感器控制器区域网络（CAN）

诊断控制器区域网络（CAN）
多媒体传输系统（MOST）环
智能信息控制器网络（CAN）

表2-16

车内控制器区域网络（CAN）

索引	说明
1	仪表板
2	左前车门控制单元
3	右前车门控制单元
4	左后车门控制单元
5	右后车门控制单元
6	驾驶员座椅调整器
7	前乘客座椅调整器
8	转向盘加热控制单元
9	带保险丝和继电器模块的前SAM控制单元
10	带保险丝和继电器模块的后SAM控制单元
11	后备箱盖控制单元
12	顶棚控制面板控制单元
13	后座椅加热控制单元
14	无钥匙控制单元
15	空调控制和操作单元
16	电子点火锁控制单元
17	多仿型座椅气动泵
18	COMAND控制器单元
19	重量感测系统控制单元（WSS）
20	倒车照相机控制单元
21	左前多仿型座椅控制单元
22	右前多仿型座椅控制单元
23	固定加热器控制单元

诊断控制器区域网络（CAN）

索引	说明
9	带保险丝和继电器模块的前SAM控制单元
41	紧急电话系统控制单元（USA）

底盘控制器区域网络（CAN）

索引	说明
1	仪表板
9	带保险丝和继电器模块的前SAM控制单元
16	电子点火锁控制单元
24	视频和雷达传感器控制单元
25	电子稳定程序
26	ME-SFI控制单元（M276）
27	ME-SFI控制单元（M157或M278）
28	CDI控制单元（OM642）
29	CDI控制单元（OM651）
30	机电转向（EPS）控制单元
31	转向柱套管模块（MRM）
32	约束系统控制单元
33	左前可逆紧急张紧器拉钩
34	右前可逆紧急张紧器拉钩
35	AIRMATIC控制单元
36	多功能照相机
37	轮胎压力监控控制单元
38	驻车系统控制单元
39	变速器控制单元（M157）
40	夜视系统控制单元
66	变速器油辅助泵控制单元

传动系统控制器区域网络（CAN）

索引	说明
26	ME-SFI控制单元（M276）
27	ME-SFI控制单元（M157或M278）
28	CDI控制单元（OM642）
29	CDI控制单元（OM651）
39	变速器控制单元（M157）
42	燃油系统控制单元
43	直接换挡智能伺服模块（722.9变速器）
44	自动变速器控制单元（722.9变速器）
45	直接换挡接口（M157）

传动系统传感器控制器区域网络（CAN）

索引	说明
26	ME-SFI控制单元（M276）
46	左氮氧化物控制单元（M276）
47	右氮氧化物控制单元（M276）

前端控制器区域网络（CAN）

索引	说明
9	带保险丝和继电器模块的前SAM控制单元
48	左氙气前照灯控制单元
49	右氙气前照灯控制单元
50	左前照灯控制单元
51	右前照灯控制单元
52	左后保险杠智能雷达传感器
53	右后保险杠智能雷达传感器

车辆动力控制器区域网络（CAN）

索引	说明
24	视频和雷达传感器控制单元
25	电子稳定程序控制单元
54	偏航率，横向和纵向加速度传感器
55	车距控制电子控制器单元

传感器控制器区域网络（CAN）

索引	说明
24	视频和雷达传感器控制单元
62	左后保险杠雷达传感器
63	右后保险杠雷达传感器
64	左前保险杠车距控制系统传感器
65	右前保险杠车距控制系统传感器

多媒体传输系统（MOST）环

索引	说明
18	COMAND控制单元
56	TV调谐器
57	声音系统放大器控制单元
58	数字收音机广播控制单元
59	媒体接口控制单元

智能信息控制器网络（CAN）

索引	说明
18	COMAND控制单元
56	TV调谐器
60	收音机/COMAND显示
61	收音机/COMAND控制面板

第十一节　奔驰E级轿车（W207）

整车网络拓扑图如图2-17所示，图注如表2-17所示。

媒体定向系统传输（MOST）
远程信息处理（CAN）

前端（CAN）
车辆动态（CAN）
诊断（CAN）

车内（CAN）
底盘（CAN）
传动系统（CAN）

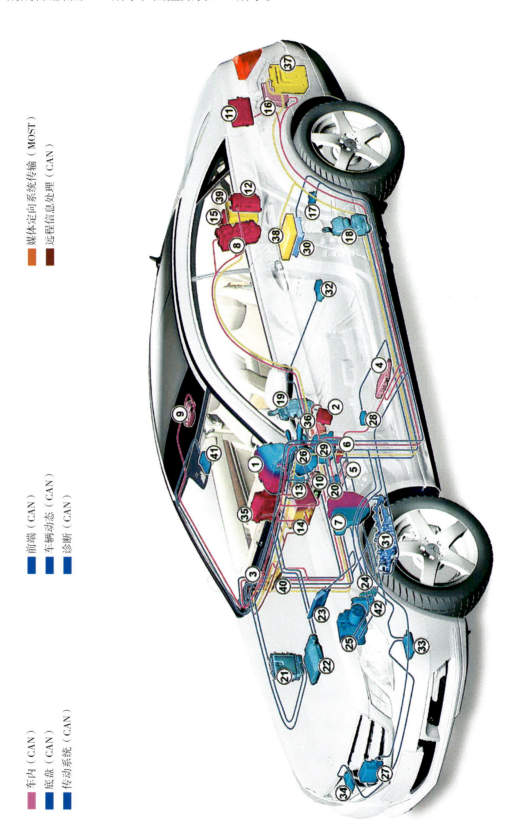

图2-17

表2-17

车内 CAN

索引	说明
1	仪表盘
2	左前车门控制单元
3	右前车门控制单元
4	驾驶员座椅控制单元
5	前排乘客座椅控制单元
6	重量传感系统（WSS）（美国版）
7	带保险丝和继电器模块的前侧 SAM 控制单元
8	带保险丝和继电器模块的后侧 SAM 控制单元
9	全景式滑动天窗控制模块[装配带车顶滑动天窗的全景式玻璃滑动天窗/ 代码（413）]
10	自动空调控制和操作单元
11	后排控制单元
12	无钥匙启动控制单元[装配无钥匙启动/ 代码（889）]
13	电子点火开关控制单元
14	收音机、带 APS 的收音机或COMAND 控制单元
15	挂车识别控制单元[装配拖车挂钩/ 代码（550）]
16	后视摄像头（日本版）

底盘 CAN

索引	说明
1	仪表盘
7	带保险丝和继电器模块的前侧 SAM 控制单元
13	电子点火开关控制单元
17	轮胎气压监测器
18	左前可逆式安全带紧急拉紧器
19	右前可逆式安全带紧急拉紧器
20	辅助防护装置控制单元
21	CDI 控制单元（OM 642）
22	ME-SFI（ME）控制单元（M272, M273）
23	自动减震适应系统控制单元[装配带运动模式的车辆动态组件/ 代码（483）]
24	驻车定位系统控制单元[日本版/ 代码（498）或高级驻车辅助系统/ 代码（230）]
25	电控车辆稳定行驶系统控制单元
26	转向柱套管模块控制单元
41	多功能摄像头[装配自适应远光灯辅助系统/ 代码（608）]

车辆动态 CAN

索引	说明
25	电控车辆稳定行驶系统控制单元
27	DTR 控制单元[装配增强型限距控制系统/ 代码（233）]
28	转向速度传感器
42	雷达传感器控制单元[装配增强型限距控制系统/ 代码（233）]

传动系统 CAN

索引	说明
21	CDI 控制单元（OM 642）
22	ME-SFI（ME）控制单元（M272, M 273）
29	电子换挡杆模块控制单元
31	全集成化变速器控制单元（装配变速器 722.9）
32	燃油泵控制单元

前端 CAN

索引	说明
7	带保险丝和继电器模块的前侧SAM 控制单元
33	左侧氙气大灯控制单元
34	右侧氙气大灯控制单元

诊断 CAN

索引	说明
7	带保险丝和继电器模块的前侧SAM 控制单元
30	紧急呼叫系统控制单元（美国版）

远程信息处理 CAN

索引	说明
14	收音机、带 APS 的收音机或COMAND 控制单元
35	音频/COMAND 显示屏
36	音频/COMAND 控制面板

媒体定向系统传输（MOST）

索引	说明
14	收音机、带APS的收音机或COMAND控制单元
37	音响系统放大器控制单元[装配音响系统/ 代码（810）]
38	数字式收音机控制单元（英国版）或高清收音机（美国版）
39	电视组合调谐器（模拟/数字）[装配数字/模拟电视调谐器/ 代码（863）]
40	媒体界面控制单元[装配媒体界面/ 代码（518）]

整车网络拓扑图如图2-18所示，图注如表2-18所示。

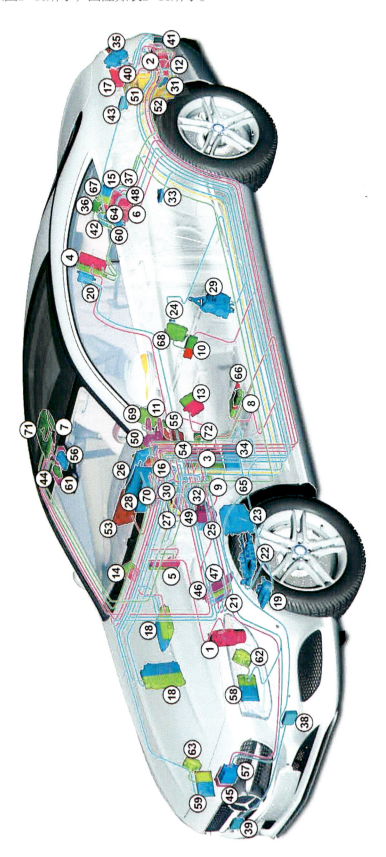

图2-18

表2-18

车内 CAN

索引	说明
1	驻车加热控制单元
2	多仿型座椅气动泵
3	前部信号采集及促动控制模组（SAM）控制单元
4	后部信号采集及促动控制模组（SAM）控制单元
5	智能气候控制单元
6	后座区控制单元
7	防盗报警系统（EDW）/防拖车装置/车内活动传感器控制单元
8	驾驶员座椅控制单元
9	前排乘客座椅控制单元
10	左前多仿型座椅控制单元
11	右前多仿型座椅控制单元
12	摄像头盖板控制单元
13	左前车门控制单元
14	右前车门控制单元
15	无钥匙启动（KEYLESS GO）控制单元
16	电子点火开关控制单元
17	行李箱盖控制系统控制单元
61	带辅助功能的雨量和光线传感器
64	扶手加热装置控制单元
65	前排乘客座椅加热装置控制单元
66	驾驶员座椅加热装置控制单元
67	后座区座椅加热装置控制单元
68	左前座椅按摩功能控制单元
69	右前座椅按摩功能控制单元
70	前部智能气候控制操作单元
71	上方控制面板控制单元

以太网

索引	说明
27	驾驶室管理及数据系统（COMAND）控制单元

驱动系统传感器 CAN

索引	说明
18	ME 控制单元（配发动机 157AMG、278 时布置在中部，配发动机 279 AMG 时布置在右侧）

用户接口 CAN

索引	说明
16	电子点火开关控制单元
26	仪表盘
27	驾驶室管理及数据系统（COMAND）控制单元
28	平视显示器
29	左前双向安全带紧急拉紧器
30	右前双向安全带紧急拉紧器
31	后视摄像头
32	辅助防护装置控制单元
33	轮胎压力监测系统控制单元
34	夜视辅助系统控制单元
35	360° 摄像头控制单元
72	重量传感系统（WSS）控制单元

诊断 CAN

索引	说明
16	电子点火开关控制单元
36	车载智能信息服务通信模块
37	紧急呼叫系统控制单元
72	重量传感系统（WSS）控制单元

发动机 CAN

索引	说明
18	ME 控制单元（配发动机 157AMG、278 时布置在中部，配发动机 279 AMG 时布置在右侧）
21	驱动系统控制单元

雷达 CAN 1

索引	说明
38	前保险杠左侧雷达传感器
39	前保险杠右侧雷达传感器
40	雷达传感器控制单元

雷达 CAN 2

索引	说明
40	雷达传感器控制单元
41	后保险杠左侧雷达传感器
42	后保险杠右侧雷达传感器
43	后保险杠中部雷达传感器

MOST 环

索引	说明
27	驾驶室管理及数据系统（COMAND）控制单元
51	调谐器装置
52	音响系统放大器控制单元

底盘 FlexRay™

索引	说明
16	电子点火开关控制单元
21	驱动系统控制单元
25	电控车辆稳定行驶系统（ESP）控制单元
40	雷达传感器控制单元
44	立体式多功能摄像头
45	前部远距离雷达传感器
46	主动车身控制控制单元
47	空气悬挂系统（AIRMATIC）控制单元
48	驻车系统控制单元
49	电子动力转向控制单元
50	转向柱套管模块控制单元

动态行驶 CAN

索引	说明
24	转速传感器、横向加速度和纵向加速度传感器
25	电控车辆稳定行驶系统（ESP）控制单元

驱动系统 CAN

索引	说明
18	ME 控制单元（配发动机 157AMG、278 时布置在中部，配发动机 279 AMG 时布置在右侧）
19	变速器油辅助油泵控制单元
20	燃油泵控制单元
21	驱动系统控制单元
22	全集成化变速器控制系统控制单元
23	直接选挡（DIRECT SELET）智能伺服模块

远程信息处理系统 CAN

索引	说明
27	驾驶室管理及数据系统（COMAND）控制单元
53	音频/驾驶室管理及数据系统（COMAND）显示屏
54	音频/驾驶室管理及数据系统（COMAND）操作单元
55	触摸板

外围设备 CAN

索引	说明
16	电子点火开关控制单元
21	驱动系统控制单元
56	单目多功能摄像头
57	碰撞预防辅助系统控制单元
58	左侧大灯控制单元
59	右侧大灯控制单元
60	电动驻车制动器控制单元
62	左前 LED 外部照明灯促动控制模组
63	右前 LED 外部照明灯促动控制模组

LIN 总线

索引	说明
61	带辅助功能的雨量和光线传感器
62	左前 LED 外部照明灯促动控制模组
63	右前 LED 外部照明灯促动控制模组
64	扶手加热装置控制单元
65	前排乘客座椅加热装置控制单元
66	驾驶员座椅加热装置控制单元
67	后座区座椅加热装置控制单元
68	左前座椅按摩功能控制单元
69	右前座椅按摩功能控制单元
70	前部智能气候控制操作单元
71	上方控制面板控制单元
72	重量传感系统（WSS）控制单元

整车网络拓扑图如图2-19所示，图注如表2-19所示。

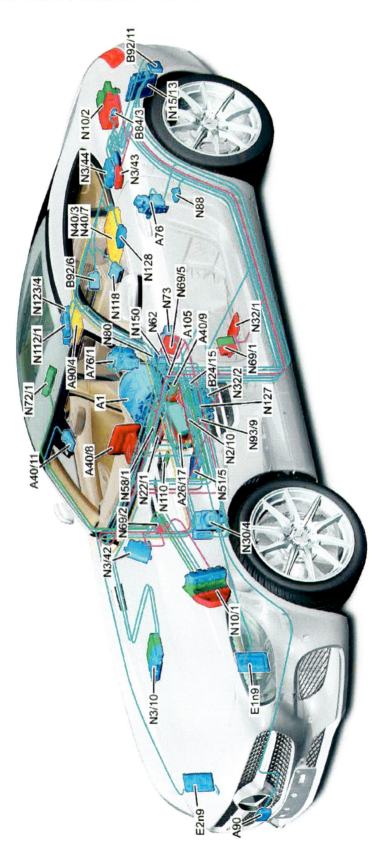

图2-19

表2-19

车载智能信息系统控制器区域网络（CAN）

索引	说明
A26/17	主机
A40/8	音频/驾驶室管理及数据系统（COMAND）显示屏
A40/9	音频/驾驶室管理及数据系统（COMAND）操作单元
A105	触摸屏

动态行驶控制器区域网络（CAN）

索引	说明
N3/42	主动式发动机支承控制单元
N3/44	主动式变速器支承控制单元
B24/15	转速、横向/纵向加速度传感器
N30/4	电控车辆稳定行驶系统（ESP®）控制单元

底盘控制器区域网络（CAN）1

索引	说明
N3/42	主动式发动机支承控制单元
N3/44	主动式变速器支承控制单元
A76	左侧双向安全带紧急拉紧器
A76/1	右侧双向安全带紧急拉紧器
A90	碰撞预防辅助系统增强版（COLLISION PREVENTION ASSIST PLUS）控制单元
B92/6	后保险杠右外侧内置雷达测距传感器
B92/11	后保险杠左外侧内置雷达测距传感器
N2/10	辅助防护装置控制单元
N10/1	前部信号采集及促动控制模组（SAM）控制单元
N30/4	电控车辆稳定行驶系统（ESP®）控制单元
N51/5	自动减震适应系统控制单元
N73	电子点火开关控制单元
N80	转向柱套管模块控制单元
N93/9	AMG网关控制单元
N127	传动系统控制单元
N128	电子驻车制动器控制单元

AMG控制器区域网络（CAN）（带代码P71）

索引	说明
N3/42	主动式发动机支承控制单元
N3/43	AMG底盘控制单元
N3/44	主动式变速器支承控制单元

底盘控制器区域网络（CAN）2

索引	说明
A40/11	多功能摄像头
E1n9	左侧大灯控制单元
E2n9	右侧大灯控制单元
N10/1	前部信号采集及促动控制模组（SAM）控制单元
N62	驻车系统控制单元
N93/9	AMG网关控制单元

车内控制器区域网络（CAN）

索引	说明
N3/42	主动式发动机支承控制单元
N3/44	主动式发动机支承控制单元
N10/1	前部信号采集及促动控制模组（SAM）控制单元
N10/2	后部信号采集及促动控制模组（SAM）控制单元
N22/1	智能气候控制单元
N32/1	驾驶员座椅控制单元
N32/2	前排乘客座椅控制单元
N69/1	左侧车门控制单元
N69/2	右侧车门控制单元
N69/5	无钥匙启动（KEYLESS GO）控制单元
N73	电子点火开关控制单元
N93/9	AMG网关控制单元

诊断控制器区域网络（CAN）

索引	说明
N10/1	前部信号采集及促动控制模组（SAM）控制单元
N112/1	车载智能信息服务通信模块
N123/4	紧急呼叫系统控制单元

发动机控制器区域网络（CAN）

索引	说明
N3/10	发动机电子设备（ME）控制单元
N127	传动系统控制单元

用户界面控制器区域网络（CAN）

索引	说明
A1	仪表盘
A26/17	主机
B84/3	后视摄像头
N88	轮胎压力监测系统控制单元
N93/9	AMG网关控制单元

以太网

索引	说明
A26/17	主机
N72/1	上部操作面板控制单元

传动系控制器区域网络（CAN）

索引	说明
N3/42	主动式发动机支承控制单元
N3/44	主动式变速器支承控制单元
N15/13	双离合器变速器控制单元
N93/9	AMG网关控制单元
N118	燃油泵控制单元
N150	直接选挡接口

多媒体传输系统（MOST）环

索引	说明
A26/17	主机
A90/4	调谐器装置
N40/3	音响系统放大器控制单元
N40/7	高级音响系统前置放大器控制单元

专用总线

索引	说明
A40/9	音频/驾驶室管理及数据系统（COMAND）操作单元
N2/10	辅助防护装置控制单元
N3/10	发动机电子设备（ME）控制单元
N10/1	前部信号采集及促动控制模组（SAM）控制单元
N10/2	后部信号采集及促动控制模组（SAM）控制单元
N22/1	自动空调
N58/1	前部智能气候控制操作单元
N69/1	左前车门控制单元
N69/2	右前车门控制单元
N72/1	上部操作面板控制单元
N80	转向柱套管模块控制单元
N110	重量传感系统（美国/加拿大市场）

第十四节　奔驰AMG C63汽车（W205）

网络直连方块图如图2-20所示，图注如表2-20所示。

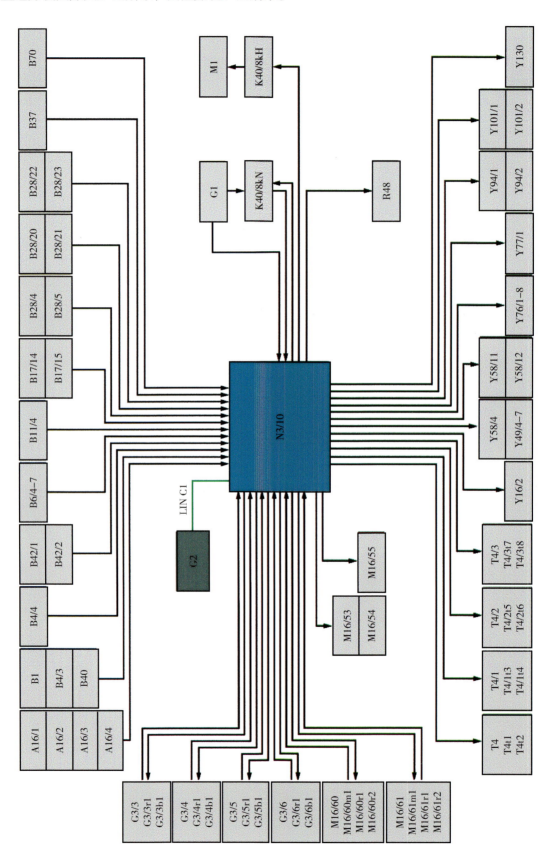

图2-20

表2-20

索引	说明
A16/1	爆震传感器1
A16/2	爆震传感器2
A16/3	爆震传感器3
A16/4	爆震传感器4
B1	发动机油温传感器
B4/3	燃油箱压力传感器
B4/4	净化压力传感器
B6/4	左侧进气凸轮轴霍尔传感器
B6/5	右侧进气凸轮轴霍尔传感器
B6/6	左侧排气凸轮轴霍尔传感器
B6/7	右侧排气凸轮轴霍尔传感器
B11/4	冷却液温度传感器
B17/14	左侧增压空气温度传感器
B17/15	右侧增压空气温度传感器
B28/4	空气滤清器后的压力传感器，左侧汽缸列
B28/5	空气滤清器后的压力传感器，右侧汽缸列
B28/20	左侧节气门前的压力传感器
B28/21	右侧节气门前的压力传感器
B28/22	左侧节气门后的压力传感器
B28/23	右侧节气门后的压力传感器
B37	加速踏板传感器
B40	机油传感器
B42/1	右侧燃油压力及温度传感器
B42/2	左侧燃油压力及温度传感器
B70	曲轴霍尔传感器
G1	车载电网蓄电池
G2	发电机
G3/3	催化转换器上游的左侧氧传感器
G3/3b1	催化转换器上游的左侧氧传感器传感元件
G3/3r1	催化转换器上游的左侧氧传感器加热器
G3/4	催化转换器上游的右侧氧传感器
G3/4b1	催化转换器上游的右侧氧传感器传感元件
G3/4r1	催化转换器上游的右侧氧传感器加热器
G3/5	催化转换器下游的左侧氧传感器
G3/5b1	催化转换器下游的左侧氧传感器传感元件
G3/5r1	催化转换器下游的左侧氧传感器加热器
G3/6	催化转换器下游的右侧氧传感器
G3/6b1	催化转换器下游的右侧氧传感器传感元件
G3/6r1	催化转换器下游的右侧氧传感器加热器
K40/8kN	继电器，端子87M
K40/8kH	继电器，端子50，启动机
LIN C1	传动系LIN
M1	启动机
M16/53	左侧废气风门伺服电机
M16/54	右侧废气风门伺服电机

索引	说明
M16/55	中部废气风门伺服电机
M16/60	左侧节气门调节器
M16/60m1	左侧节气门伺服电机
M16/60r1	左侧实际值电位计1
M16/60r2	左侧实际值电位计2
M16/61	右侧节气门调节器
M16/61m1	右侧节气门伺服电机
M16/61r1	右侧实际值电位计1
M16/61r2	右侧实际值电位计2
N3/10	发动机电子设备控制单元
R48	冷却液节温器加热元件
T4	点火线圈，汽缸1+2
T4t1	点火线圈，汽缸1
T4t2	点火线圈，汽缸2
T4/1	点火线圈，汽缸3+4
T4/1t3	点火线圈，汽缸3
T4/1t4	点火线圈，汽缸4
T4/2	点火线圈，汽缸5+6
T4/2t5	点火线圈，汽缸5
T4/2t6	点火线圈，汽缸6
T4/3	点火线圈，汽缸7+8
T4/3t7	点火线圈，汽缸7
T4/3t8	点火线圈，汽缸8
Y16/2	暖风系统截止阀
Y49/4	左侧进气凸轮轴伺服电磁阀
Y49/5	右侧进气凸轮轴伺服电磁阀
Y49/6	左侧排气凸轮轴伺服电磁阀
Y49/7	右侧排气凸轮轴伺服电磁阀
Y58/4	活性炭罐截止阀
Y58/11	左侧净化转换阀
Y58/12	右侧净化转换阀
Y76/1	燃油喷油嘴，汽缸1
Y76/2	燃油喷油嘴，汽缸2
Y76/3	燃油喷油嘴，汽缸3
Y76/4	燃油喷油嘴，汽缸4
Y76/5	燃油喷油嘴，汽缸5
Y76/6	燃油喷油嘴，汽缸6
Y76/7	燃油喷油嘴，汽缸7
Y76/8	燃油喷油嘴，汽缸8
Y77/1	增压调节压力转换器
Y94/1	左侧油量控制阀
Y94/2	右侧油量控制阀
Y101/1	旁通空气转换阀
Y130	发动机油泵阀

CAN网络连接方块图如图2-21所示，图注如表2-21所示。

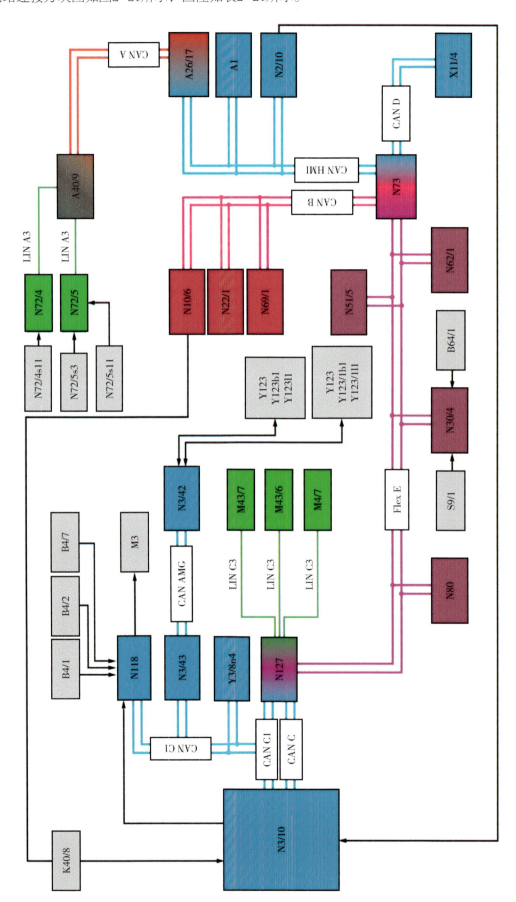

图2-21

表2-21

索引	说明
A1	仪表盘
A26/17	主机
A40/9	音频/COMAND操作单元
B4/1	油箱液位传感器，燃油液位指示器，左侧
B4/2	油箱液位传感器，燃油液位指示器，右侧
B4/7	燃油压力传感器
B64/1	制动真空传感器
CAN A	车载智能信息系统CAN
CAN AMG	CAN AMG
CAN B	车内CAN
CAN C	发动机CAN
CAN C1	传动系CAN
CAN D	诊断CAN
CAN HMI	用户接口CAN
Flex E	底盘FlexRay
K40/8	继电器，端子15，发动机舱
LIN A3	下部控制板LIN
LIN C3	传动系LIN
M3	燃油泵
M4/7	风扇电机
M43/6	低温回路循环泵1
M43/7	低温回路循环泵2
N2/10	辅助防护装置控制单元
N3/10	发动机电子设备控制单元
N3/42	主动式发动机支承控制单元
N3/43	AMG底盘控制单元

索引	说明
N10/6	前部SAM控制单元
N22/1	智能气候控制系统控制单元
N30/4	电控车辆稳定行驶系统控制单元
N51/5	AIRMATIC控制单元[针对代码（483）动态行驶组件2.0，包括ADS+，以及针对代码（489）（AIRMATIC）]
N62/1	雷达传感器控制单元（针对代码（23P）驾驶辅助组件）
N69/1	左前车门控制单元
N72/4	左下部控制板
N72/4s11	操纵选择开关
N72/5	下部右侧操作面板
N72/5s3	ECO启动/停止功能按钮
N72/5s11	操纵选择开关
N73	电子点火开关控制单元
N80	转向柱套管模块控制单元
N118	燃油泵控制单元
N127	传动系统控制单元
S9/1	制动灯开关
X11/4	诊断连接器
Y3/8n4	全集成化变速器控制系统控制单元
Y123	主动式发动机支座
Y123b1	主动式发动机支座
Y123l1	主动式发动机支座
Y123/1b1	主动式发动机支座
y123/1l1	主动式发动机支座

整车网络拓扑图如图2-22和图2-23所示，图注如表2-22所示。

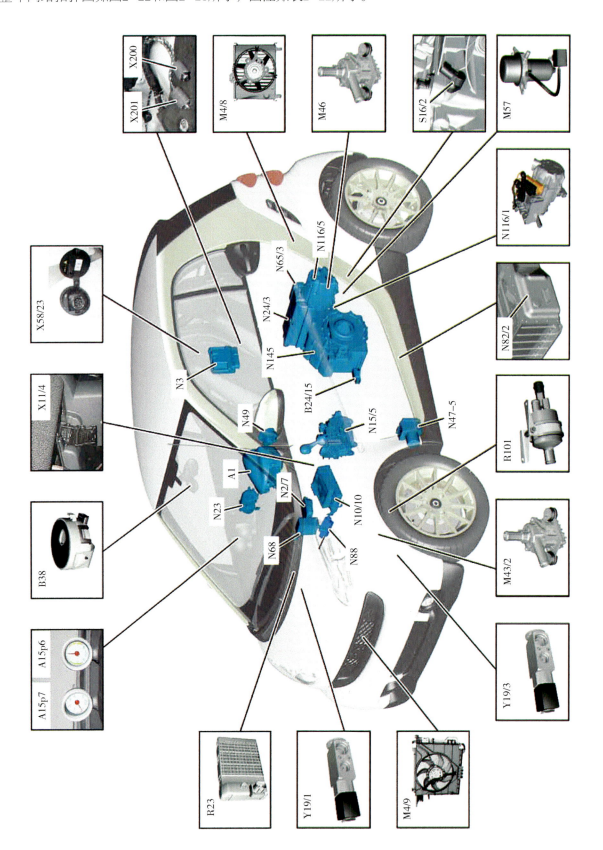

图2-22

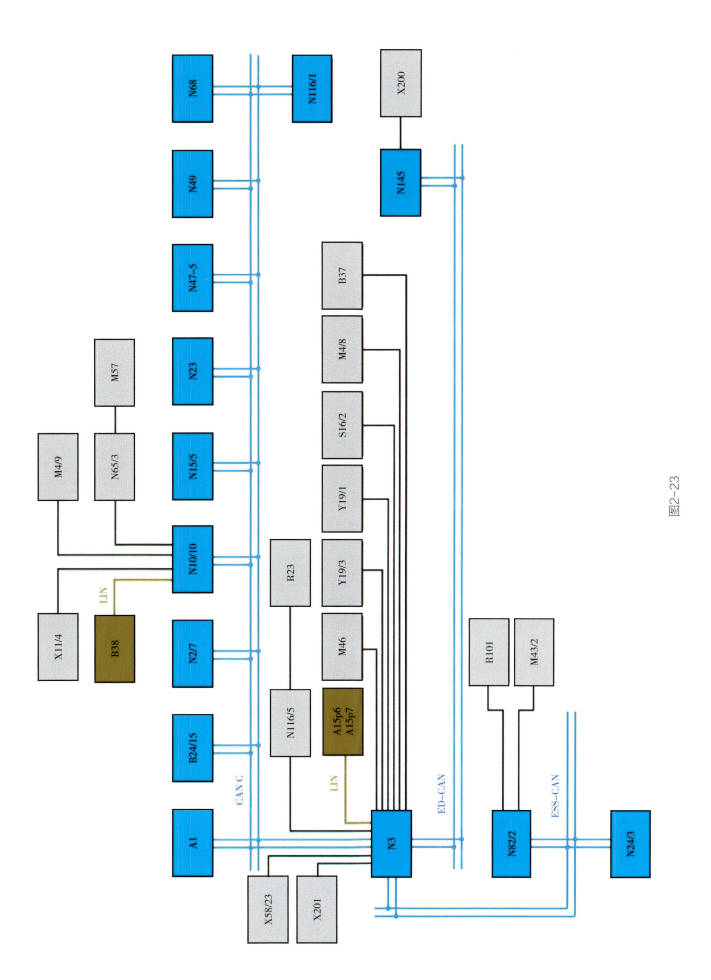

图2-23

表2-22

索引	说明
A1	仪表板
A15p6	高压电池能量流
A15p7	高压电池充电水平指示灯
B24/15	偏航率，横向加速度传感器
B37	加速踏板
B38	雨量传感器/灯光传感器
M4/8	电子驱动和高压充电器风扇电机
M4/9	高压电池和内部风扇电机
M43/2	蓄电池冷却系统冷却液泵
M46	电子驱动冷却液泵
M57	制动助力真空泵
N2/7	约束系统控制单元
N3	车辆电子控制单元EVCM
N10/10	SAM控制单元
N15/5	电子换挡杆位置模块
N23	加热/空调操作单元
N24/3	高压充电器控制单元
N47-5	ESP控制单元
N49	转向角传感器
N65/3	制动助力真空泵控制单元

索引	说明
N68	转向辅助控制单元
N82/2	蓄电池能量管理系统控制单元
N88	轮胎气压监测器（RDK）控制单元
N116/1	制冷剂压缩机控制单元（EAC）
N116/5	高压电分配器控制单元（PDU）
N145	电机控制单元EDCM
R23	高压PTC加热器
R101	高压蓄电池加热器助推器
S16/2	制动爪开关
X11/4	数据诊断接头
X58/23	充电器插入销
X200	EVCM数据链路插接器（6针）
X201	EDCM数据链路插接器（9针）
Y19/1	内部空调膨胀阀
Y19/3	蓄电池空调膨胀阀
CAN C	传动系统CAN
ED-CAN	电子传动CAN
ESS-CAN	能量储存系统CAN
LIN	本地连接网络

整车网络拓扑图如图2-24所示，图注如表2-23所示。

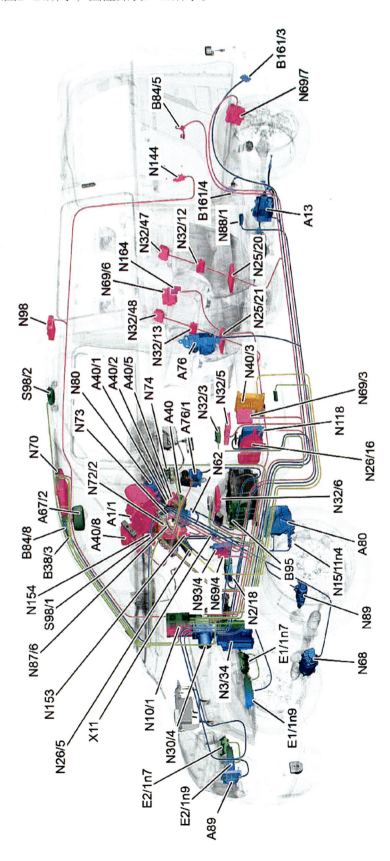

图2-24

表2-23

索引	说明
A1/1	组合仪表（KI）控制单元
A13	电动停车制动（EFB）控制单元
A40	中央操作单元[COU（ZBE）]控制单元
A40/1	左下部控制面板[LCPL（UBFL）]控制单元
A40/2	右下部控制面板[LCPL（UBFL）]控制单元
A40/5	触摸板控制单元
A40/8	音响/驾驶室管理和数据系统（COMAND）显示器控制单元
A67/2	自动调光内后视镜/镜子计价器
A76	左前可逆紧急拉紧牵引器
A76/1	右前可逆紧急拉紧牵引器
A80	用于直接选挡（DIRECT SELECT）的智能伺服模块（ISM）
A89	限距控制系统（DTR）控制单元
B38/3	湿度传感器/光纤传感器/雨传感器/日光传感器
B84/5	倒车影像（RFK）控制单元
B84/8	多功能摄像头（MFK）控制单元
B95	电池传感器
B161/3	左后盲点辅助系统雷达传感器
B161/4	右后盲点辅助系统雷达传感器
E1/1n7	左前大灯LED驱动模块
E1/1n9	左前大灯控制单元
E2/1n7	右前大灯LED驱动模块
E2/1n9	右前大灯控制单元
N10/1	信息采集和激活模块（SAM）控制单元
N15/11n4	全集成式变速器控制（VGS）控制单元
N2/18	辅助约束系统（SRS）控制单元
N3/34	ME-SFI[ME]控制单元
N25/20	左侧第1排后座调节，带记忆功能控制单元
N25/21	右侧第1排后座调节，带记忆功能控制单元
N26/5	ELV控制单元
N26/16	参数化专有模块（PSM）控制单元
N30/4	电子稳定程序（ESP）控制单元

索引	说明
N32/3	驾驶员座椅加热/通风控制单元
N32/5	驾驶员座椅调节，带记忆功能控制单元
N32/6	前排乘客座椅调节，带记忆功能控制单元
N32/12	左侧第1排后座舒适度控制单元
N32/13	右侧第1排后座舒适度控制单元
N32/47	左侧第1排后座按摩功能控制单元
N32/48	右侧第1排后座按摩功能控制单元
N40/3	音响系统扩音器控制单元
N62	驻车定位系统控制单元（PTS）
N68	电动助力转向（ES）控制单元
N69/3	左前门控制单元
N69/4	右前门控制单元
N69/6	右滑门（E-LSTR）控制单元
N69/7	左滑门（E-LSTL）控制单元
N70	头顶控制面板[OCP（DBE）]控制单元
N72/2	上部控制面板[UCP（OBF）]控制单元
N73	电子点火锁（EZS）控制单元
N74	驾驶员辅助系统操作面板控制单元
N80	转向柱套管模块（MRM）控制单元
N87/6	收音机[音响/驾驶室管理和数据系统（COMAND）]
N88/1	轮胎压力监控（RDK）控制单元
N89	变速器油辅助油泵控制单元
N93/4	用户界面CAN的入口
N98	全景滑动天窗（PSD）控制单元
N118	燃油系统控制单元（FSCU）
N144	摄像头盖（KAB）控制单元
N153	360°摄像头控制单元
N154	自动空调（KLA）控制单元
N164	控制器区域网络分离器控制单元
S98/1	前加热器/空调操作单元开关
S98/2	后加热器/空调操作单元开关
X11	诊断连接器N72/2上部控制面板[UCP（OBF）控制单元

第三章

宝马车系车载网络拓扑图

第一节　2011—2018年宝马1系轿车（F20）

整车网络拓扑图如图3-1所示，图注如表3-1所示。

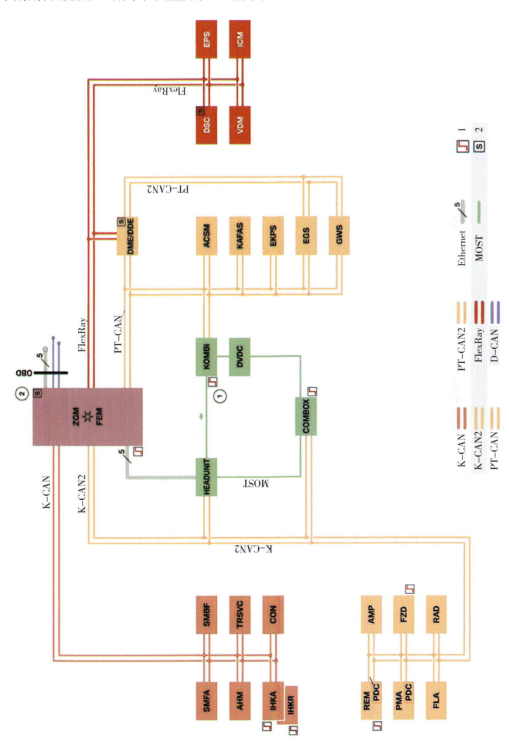

图3-1

表3-1

索引	说明
1	有唤醒权限的控制单元
2	用于 FlexRay 总线系统启动和同步的启动节点控制单元
ACSM	高级碰撞和安全模块
AHM	挂车模块
AMP	高保真音响放大器
COMBOX	Combox（Combox 紧急呼叫，Combox 多媒体）
CON	控制器
D-CAN	诊断控制器区域网络
DDE	数字式柴油机电子系统
DME	数字式发动机电子系统
DSC	动态稳定控制系统
DVDC	DVD 换碟机
EGS	变速器电子控制系统
EKPS	电子燃油泵控制系统
EPS	电子助力转向系统（电动机械式助力转向系统）
Ethernet	用于局域数据网络的有线数据网络技术
FEM	前部电子模块
FLA	远光灯辅助系统
FlexRay	用于行驶动态管理系统的快速总线系统
FZD	车顶功能中心
GWS	选挡开关
HEADUNIT	主控单元(车辆信息计算机或基本型主控单元)

索引	说明
ICM	集成式底盘管理系统
IHKA	自动恒温空调
IHKR	手动恒温空调
K-CAN	车身控制器区域网络
K-CAN2	车身控制器区域网络 2
KAFAS	基于摄像机原理的驾驶员辅助系统
KOMBI	组合仪表（MOST 仅限与 SA 6WA 一起提供）
MOST	多媒体传输系统
OBD	车载诊断（诊断插座）
PDC	驻车距离监控系统（车辆带有 SA 5DP 驻车操作辅助系统时集成在驻车操作辅助系统控制单元内，否则集成在后部电子模块控制单元内）
PMA	驻车操作辅助系统
PT-CAN	动力传动系控制器区域网络
PT-CAN2	动力传动系控制器区域网络 2
RAD	收音机
REM	后部电子模块
SMBF	前乘客座椅模块
SMFA	驾驶员座椅模块
TRSVC	全景摄像机控制单元
VDM	垂直动态管理系统
ZGM	中央网关模块

FlexRay网络拓扑图如图3-2所示，图注如表3-2所示。

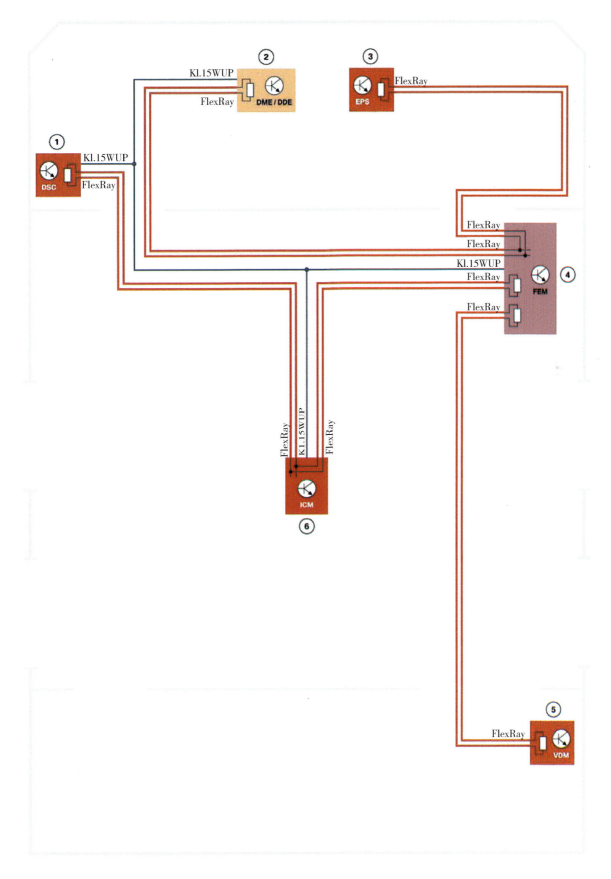

图3-2

表3-2

索引	说明
1	动态稳定控制系统 DSC
2	数字式发动机电子系统 DME 或数字式柴油机电子系统 DDE
3	电子助力转向系统（电动机械式助力转向系统）EPS
4	前部电子模块 FEM
5	垂直动态管理系统 VDM
6	集成式底盘管理系统 ICM

第二节 2015—2018年宝马2系（F45）

整车网络拓扑图如图3-3所示，图注如表3-3所示。

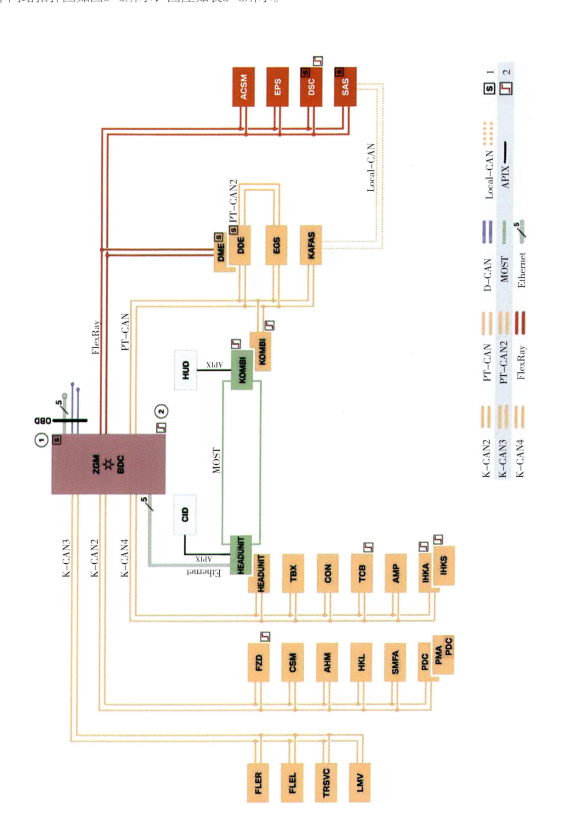

图3-3

表3-3

索引	说明
1	用于FlexRay总线系统启动和同步的启动节点控制单元
2	有唤醒权限的控制单元
ACSM	碰撞和安全模块
AHM	挂车模块
AMP	音响放大器
APIX	汽车高速传输总线
BDC	车身域控制器
CID	中央信息显示屏
CON	控制器
CSM	汽车共享模块
D-CAN	诊断控制器区域网络
DDE	数字式柴油机电子系统
DME	数字式发动机电子系统
DSC	动态稳定控制系统
EGS	变速器电子控制系统
EPS	电子助力转向系统
Ethernet	用于局域数据网络的有线数据网络技术
FLEL	左侧前部车灯电子装置
FLER	右侧前部车灯电子装置
FlexRay	用于汽车的快速预定容错总线系统
FZD	车顶功能中心
HEADUNIT	Headunit

索引	说明
HKL	行李箱盖举升装置
HUD	平视显示屏
lHKS	手动恒温空调
lHKA	自动恒温空调
K-CAN	车身控制器区域网络
K-CAN2	车身控制器区域网络2
K-CAN3	车身控制器区域网络3
K-CAN4	车身控制器区域网络4
KAFAS	基于摄像机的驾驶员辅助系统
KOMBI	组合仪表
LMV	纵向力矩分配
Local-CAN	局部控制器区域网络
MOST	多媒体传输系统
PDC	驻车距离监控系统
PMA	驻车操作辅助系统
PT-CAN	动力传动控制器区域网络
PT-CAN2	动力传动控制器区域网络2
SAS	选装配置系统
SMFA	驾驶员座椅模块
TBX	触控盒
TCB	远程通信系统盒
TRSVC	用于倒车摄像机和侧视系统的控制单元
ZGM	中央网关模块

第三节 2014—2018年宝马3系（F35、F30、F30H）

F35整车网络拓扑图如图3-4所示，图注如表3-4所示。

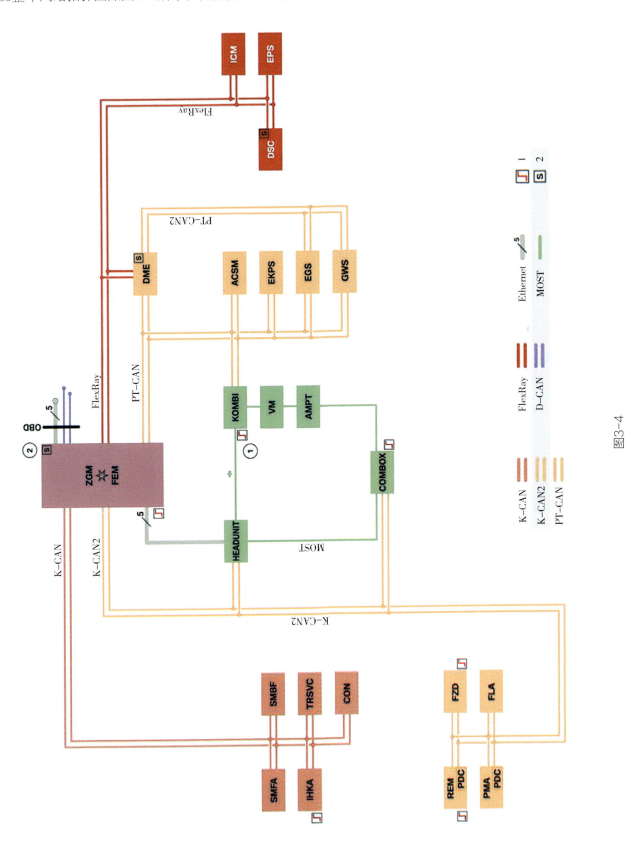

图3-4

表3-4

索引	说明
1	有唤醒权限的控制单元
2	用于 FlexRay 总线系统启动和同步的启动节点控制单元
ACSM	高级碰撞和安全模块
AMPT	顶级高保真音响放大器
COMBOX	Combox（Combox 紧急呼叫，Combox 多媒体）
CON	控制器
D-CAN	诊断控制器区域网络
DME	数字式发动机电子系统
DSC	动态稳定控制系统
EGS	变速器电子控制系统
EKPS	电子燃油泵控制系统
EPS	电子助力转向系统（电动机械式助力转向系统）
Ethernet	用于局域数据网络的有线数据网络技术
FEM	前部电子模块
FLA	远光灯辅助系统
FlexRay	用于汽车的快速预定容错总线系统
FZD	车顶功能中心
GWS	换挡开关
HEADUNIT	主控单元

索引	说明
ICM	集成式底盘管理系统
IHKA	自动恒温空调
K-CAN	车身控制器区域网络
K-CAN2	车身控制器区域网络 2
KOMBI	组合仪表（MOST 仅限与 SA 6WA 一起提供）
MOST	多媒体传输系统
OBD	车载诊断（诊断插座）
PDC	驻车距离监控系统（车辆带有 SA 5DP 驻车操作辅助系统时集成在驻车操作辅助系统控制单元内，否则集成在后部电子模块控制单元内）
PMA	驻车操作辅助系统
PT-CAN	动力传动系控制器区域网络
PT-CAN2	动力传动系控制器区域网络 2
REM	后部电子模块
SMFA	驾驶员座椅模块
SMBF	前乘客座椅模块
TRSVC	全方位视角摄像机控制单元
VM	视频模块
ZGM	中央网关模块

F30整车网络拓扑图如图3-5所示，图注如表3-5所示。

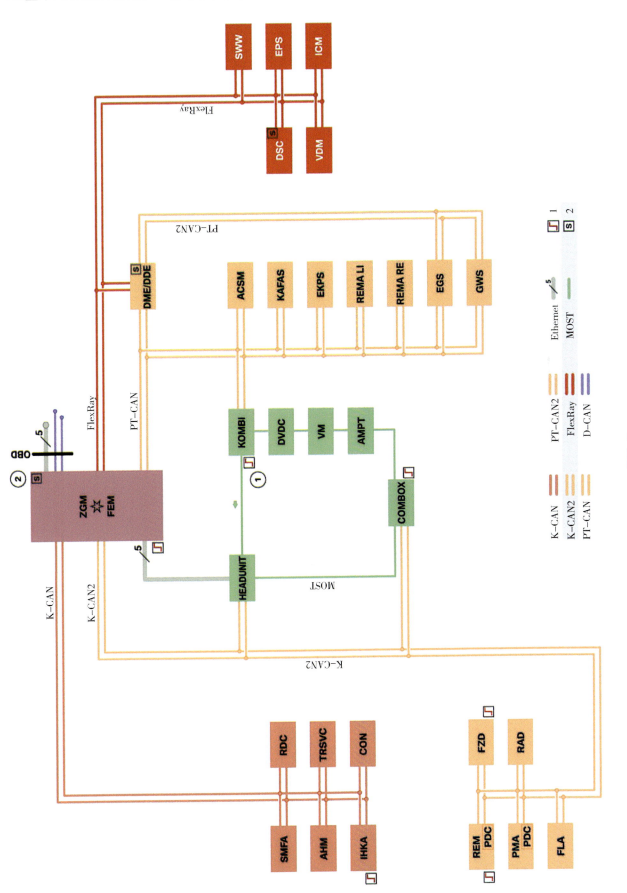

图3-5

表3-5

索引	说明
1	有唤醒权限的控制单元
2	启动和同步FlexRay 总线系统的启动节点控制装置
ACSM	高级碰撞和安全模块（ACSM）
AHM	挂车模块
AMPT	高保真音响放大器
COMBOX	Combox（Combox 紧急呼叫、Combox 多媒体）
CON	控制器
D-CAN	诊断控制器区域网
DDE	数字式柴油机电子系统
DME	数字式发动机电子系统（DME）
DSC	动态稳定性控制系统
DVDC	DVD 换碟机
EGS	电子变速器控制系统
EKPS	电子燃油泵控制系统
EPS	电子助力转向系统（电动机械式助力转向系统）
Ethernet	用于局域数据网络的有线数据网络技术
FEM	前部电子模块
FLA	远光灯辅助系统
FlexRay	用于汽车的快速预设容错总线系统
FZD	车顶功能中心
GWS	换挡开关
HEADUNIT	主控单元（车辆信息计算机或基本型主控单元）
ICM	集成式底盘管理系统

索引	说明
IHKA	自动恒温空调
K-CAN	车身控制器区域网络
K-CAN2	车身控制器区域网络2
KAFAS	基于摄像机原理的驾驶员辅助系统
KOMBI	组合仪表（MOST 仅限与SA6WA 一起提供）
MOST	多媒体传输系统
OBD	车载诊断（诊断插座）
PDC	驻车距离监控系统（车辆带有SA 5DP 驻车操作辅助系统时集成在驻车操作辅助系统控制单元中，否则集成在后部电子模块控制单元内）
PMA	驻车操作辅助系统
PT-CAN	动力传动系统控制器区域网络
PT-CAN2	动力传动系统控制器区域网络2
RAD	收音机
RDC	轮胎压力控制单元（仅限美国版）
REM	后部电子模块
REMALI	左侧可逆电动安全带收卷装置
REMARE	右侧可逆电动安全带收卷装置
SMFA	驾驶员座椅模块
SWW	变道警告装置
TRSVC	全景摄像机控制单元
VM	视频模块
VDM	垂直动态管理系
ZGM	中央网关模块

F30 FlexRay整车网络拓扑图如图3-6所示，图注如表3-6所示。

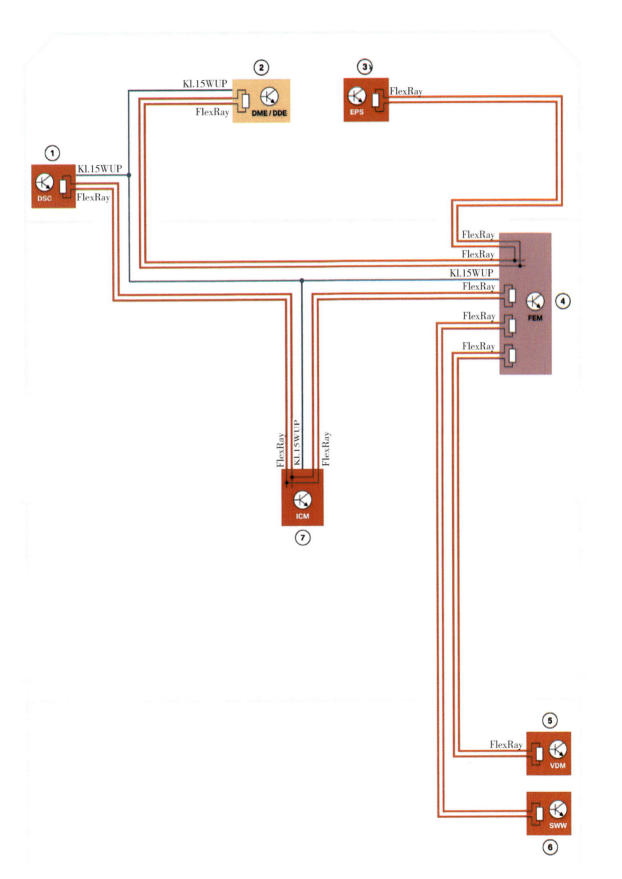

图3-6

表3-6

索引	说明
1	动态稳定控制系统（DSC）
2	数字式发动机电子系统（DME）或数字式柴油机电子系统（DDE）
3	电子助力转向系统（电动机械助力转向系统）（EPS）
4	前部电子模块（FEM）
5	垂直动态管理系统（VDM）
6	变道警告装置（SWW）
7	集成式底盘管理系统（ICM）

F30H整车网络拓扑图如图3-7所示，图注如表3-7所示。

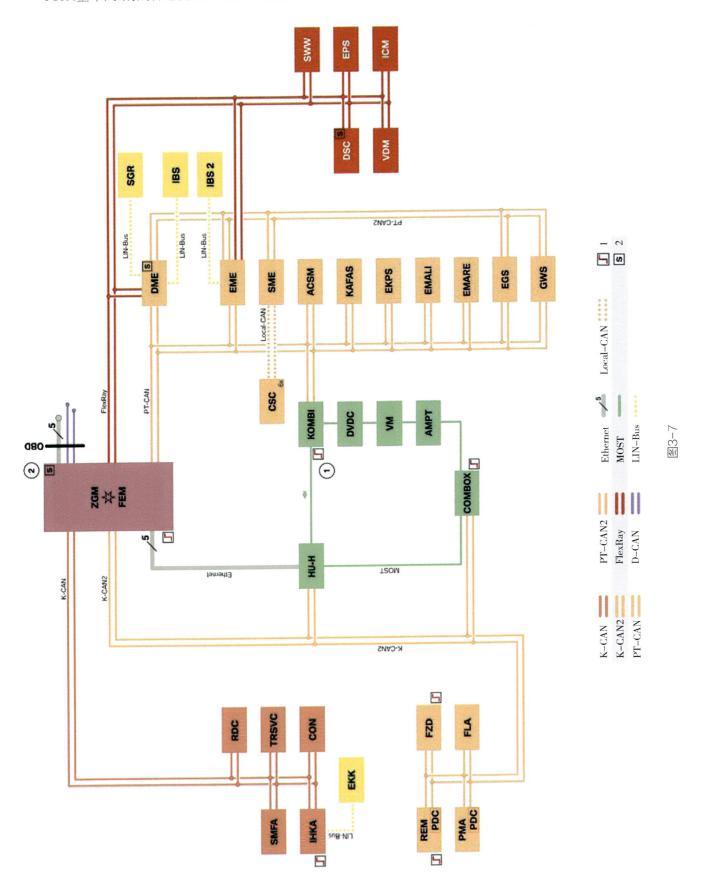

图3-7

101

表3-7

索引	说明
1	有唤醒权限的控制单元
2	启动节点：用于 FlexRay 总线系统启动和同步的控制单元
ACSM	高级碰撞和安全模块
AMPT	顶级高保真音响放大器
COMBOX	Combox（Combox 紧急呼叫，Combox 多媒体）
CON	控制器
CSC	电池监控电子装置（电池监控电路 CSC）
D-CAN	诊断控制器区域网络
DME	数字式发动机电子系统
DSC	动态稳定控制系统
DVDC	DVD 换碟机
EGS	变速器电子控制系统
EKK	电动制冷剂压缩机
EKPS	电子燃油泵控制系统
EMALI	左侧电动安全带收卷装置
EMARE	右侧电动安全带收卷装置
EME	电动机电子装置
EPS	电子助力转向系统(电动机械式助力转向系统)
Ethernet	用于局域数据网络的有线数据网络技术
FEM	前部电子模块
FLA	远光灯辅助系统
FlexRay	用于汽车的快速实时容错总线系统
FZD	车顶功能中心
GWS	换挡开关
HU-H	高级主控单元
ICM	集成式底盘管理系统

索引	说明
IBS	智能型蓄电池传感器
IBS2	智能型蓄电池传感器 2
IHKA	自动恒温空调
K-CAN	车身控制器区域网络
K-CAN2	车身控制器区域网络 2
KAFAS	基于摄像机原理的驾驶员辅助系统
KOMBI	组合仪表
LIN-Bus	局域互联网总线
Local-CAN	局域控制器区域网络
MOST	多媒体传输系统
OBD	诊断插座
PDC	驻车距离监控系统
PMA	驻车操作辅助系统
PT-CAN	动力传动系控制器区域网络
PT-CAN2	动力传动系控制器区域网络 2
RDC	轮胎压力监控系统
REM	后部电子模块
SGR	启动发电机
SME	蓄能器管理电子装置
SMFA	驾驶员座椅模块
SWW	换车道警告系统
TRSVC	用于倒车摄像机、俯视系统和侧视系统的控制单元
VDM	垂直动态管理系统
VM	视频模块
ZGM	中央网关模块

F18整车网络拓扑图如图3-8所示，图注如表3-8所示。

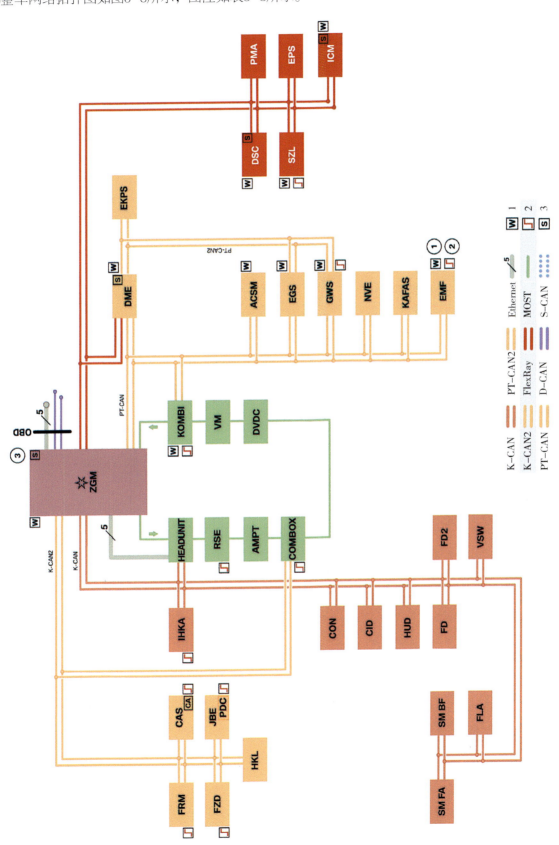

图3-8

表3-8

索引	说明
1	可唤醒式控制单元
2	有唤醒权限的控制单元
3	用于FlexRay总线系统启动和同步的启动节点控制单元
ACSM	高级碰撞和安全模块（碰撞和安全模块）
AMPT	顶级高保真音响放大器
CAS	便捷登车及启动系统
CID	中央信息显示屏
CON	控制器
D-CAN	诊断控制器区域网络
DME	数字式发动机电子系统
DSC	动态稳定控制系统
DVD	DVD换碟机
EGS	变速器电子控制系统
EKPS	电子燃油泵控制系统
EMF	电动机械式驻车制动器
Ethernet	用于局域数据网络的有线数据网络技术
FD	后座区显示屏
FD2	后座区显示屏2
FLA	远光灯辅助系统
FlexRay	用于汽车的快速预定容错总线系统
FRM	脚部空间模块
FZD	车顶功能中心
GWS	换挡开关

索引	说明
HEADUNIT	CIC或CIC Basic II
HKL	行李箱盖举升装置
HUD	平视显示屏
ICM	集成式底盘管理系统
IHKA	自动恒温空调
JBE	接线盒电子装置
KAFAS	基于摄像机原理的驾驶员辅助系统
K-CAN	车身控制器区域网络
K-CAN2	车身控制器区域网络2（500kb/s）
KOMBI	组合仪表
MOST	多媒体传输系统
MOST Port	多媒体传输系统直接存取接口
NVE	夜视系统电子装置
PDC	驻车距离监控系统
PT-CAN	动力传动系控制器区域网络
PT-CAN2	动力传动系控制器区域网络2
OBD	诊断插座
RSE	后座区娱乐系统
SMBF	前乘客座椅模块
SMFA	驾驶员座椅模块
SZL	转向柱开关中心
VM	视频模块
VSW	视频开关
ZGM	中央网关模块

F18PHEV整车网络拓扑图如图3-9所示，图注如表3-9所示。

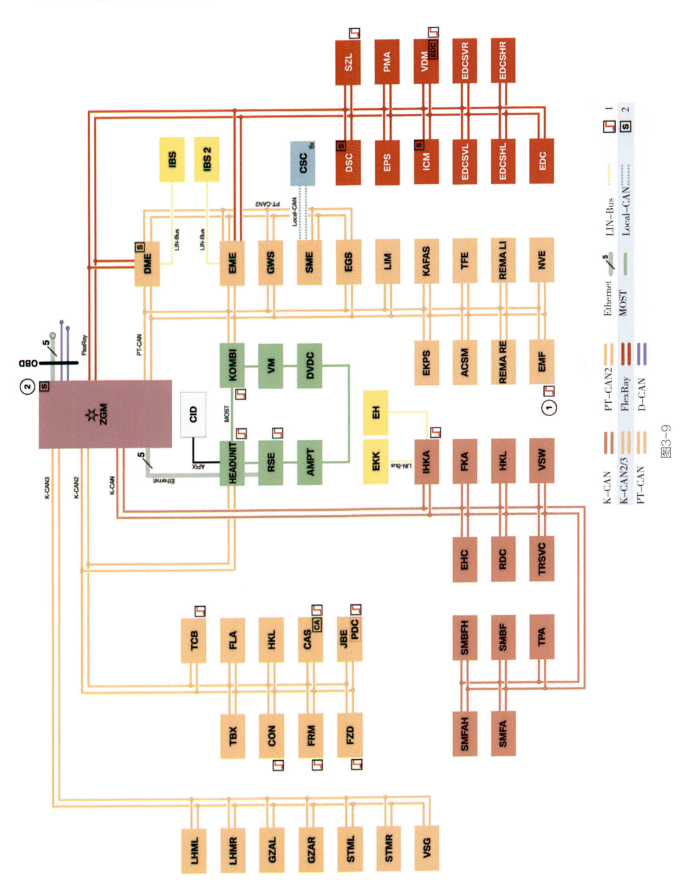

图3-9

表3-9

索引	说明
1	具有唤醒能力的控制单元
2	启动节点：用于启动和同步FlexRay总线系统的控制单元
ACSM	碰撞安全模块
AMPT	顶级高保真放大器
CAS	便捷进入及启动系统
CON	控制器
CSC	电池监控电子装置
D-CAN	诊断控制器区域网络
DME	数字式发动机电子伺服控制系统
DSC	动态稳定控制系统
DVDC	DVD光盘转换匣
EDC SHL	左后卫星式电子减震控制系统
EDC SHR	右后卫星式电子减震控制系统
EDC SVL	左前卫星式电子减震控制系统
EDC SVR	右前卫星式电子减震控制系统
EGS	电子变速器控制系统
EKK	电动制冷压缩机
EKPS	电子燃油泵控制系统
EME	电机-电子伺服控制系统
EMF	电动机械式驻车制动器
EPS	电动助力转向系统
Ethernet	局域数据网的有线数据网络技术
FLA	远光灯辅助系统
FKA	后座区自动空调
FlexRay	快速实时且容错的车用总线系统
FRM	脚部空间模块
FZD	车顶功能中心
GWS	换挡开关
HEADUNIT	主机
HKL	后行李箱盖提升装置
ICM	一体式底盘管理系统
IBS	智能型蓄电池传感器
IBS 2	智能型蓄电池传感器2
IHKA	自动恒温空调
JBE	接线盒电子装置
K-CAN	车身控制器区域网络

索引	说明
K-CAN2	车身控制器区域网络2
K-CAN3	车身控制器区域网络3
KAFAS	基于摄像机的驾驶员辅助系统
KOMBI	组合仪表
LHML	左侧LED大灯控制模块
LHMR	右侧LED大灯控制模块
LIM	充电接口模块
LIN Bus	总线局域互联网总线
Local CAN	本地控制器局域网络
MOST	多媒体传输系统
NVE	电子夜视装置
OBD	诊断插座
PDC	驻车距离报警系统
PT-CAN	传动系控制器区域网络
PT-CAN2	传动系控制器区域网络2
RDC	轮胎压力监控系统
REMA LI	左侧可逆电动自动收卷器
REMA RE	右侧可逆电动自动收卷器
RSE	后座区视听设备
SMBF	前乘客侧座椅模块
SMBFH	前乘客侧后部座椅模块
SME	电池电子管理系统
SMFA	驾驶员侧座椅模块
SMFAH	驾驶员侧后部座椅模块
STML	左侧大灯驱动模块
STMR	右侧大灯驱动模块
TBX	触控盒
TCB	远程通信盒
TFE	油箱压力电子控制系统
SZL	转向柱开关中心
TRSVC	倒车摄像头、俯视功能和侧视功能控制单元
VDM	垂直动态管理系统
VM	视频模块
VSG	虚拟发声器
VSW	视频开关
ZGM	中央网关模块

F10H整车网络拓扑图如图3-10所示，图注如表3-10所示。

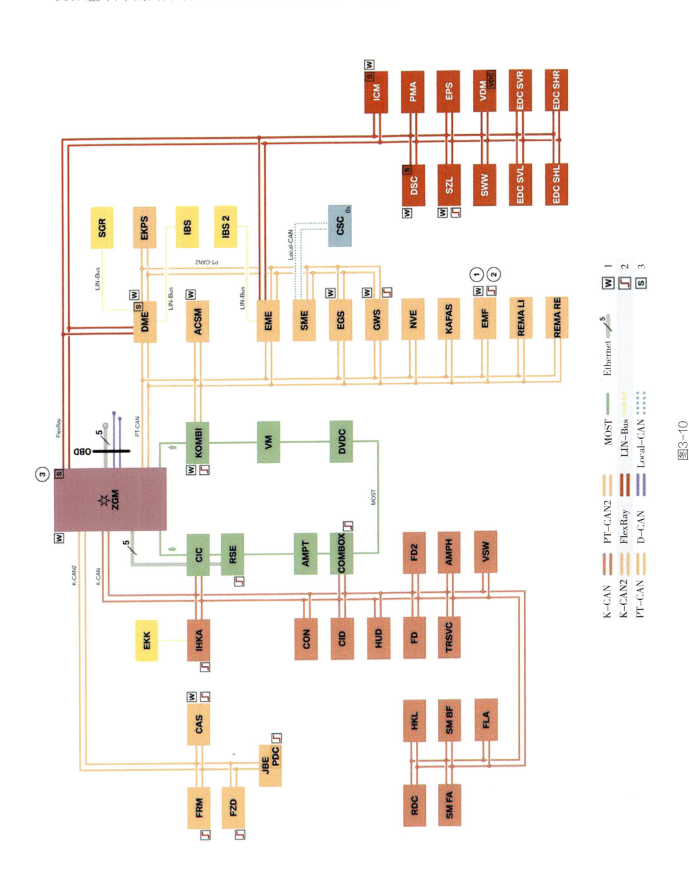

图3-10

表3-10

索引	说明
1	可唤醒式控制单元
2	有唤醒权限的控制单元
3	启动节点：用于 FlexRay 总线系统启动和同步的控制单元
ACSM	高级碰撞和安全模块
AMPH	高保真音响放大器
AMPT	顶级高保真音响放大器
CAS	便捷登车及启动系统
CID	中央信息显示屏
CIC	车辆信息计算机
COMBOX	Combox（Combox紧急呼叫，Combox多媒体）
CON	控制器
CSC	电池监控电子装置（电池监控电路 CSC）
D-CAN	诊断控制器区域网络
DME	数字式发动机电子系统
DSC	动态稳定控制系统
DVDC	DVD 换碟机
EDC SHL	左后电子减震器控制系统卫星式控制单元
EDC SHR	右后电子减震器控制系统卫星式控制单元
EDC SVL	左前电子减震器控制系统卫星式控制单元
EDC SVR	右前电子减震器控制系统卫星式控制单元
EGS	变速器电子控制系统
EKK	电动制冷剂压缩机
EKPS	电子燃油泵控制系统
EME	电动机电子装置
EMF	电动机械式驻车制动器
EPS	电子助力转向系统（电动机械式助力转向系统）
Ethernet	用于局域数据网络的有线数据网络技术
FD	后座区显示屏
FD2	后座区显示屏 2
FLA	远光灯辅助系统
FlexRay	用于汽车的快速实时容错总线系统
FRM	脚部空间模块
FZD	车顶功能中心

索引	说明
GWS	换挡开关
HKL	行李箱盖举升装置
HUD	平视显示屏
ICM	集成式底盘管理系统
IBS	智能型蓄电池传感器
IBS 2	智能型蓄电池传感器 2
IHKA	自动恒温空调
JBE	接线盒电子装置
K-CAN	车身控制器区域网络
K-CAN2	车身控制器区域网络 2
KAFAS	基于摄像机原理的驾驶员辅助系统
KOMBI	组合仪表
LIN-Bus	局域互联网总线
Local-CAN	局域控制器区域网络
MOST	多媒体传输系统
NVE	夜视系统电子装置
OBD	诊断插座
PDC	驻车距离监控系统
PT-CAN	动力传动系控制器区域网络
PT-CAN2	动力传动系控制器区域网络 2
RDC	轮胎压力监控系统
REMA LI	左侧可逆电动安全带收卷装置
REMA RE	右侧可逆电动安全带收卷装置
RSE	后座区娱乐系统
SGR	启动发电机
SMBF	前乘客座椅模块
SME	蓄能器管理电子装置
SMFA	驾驶员座椅模块
SWW	换车道警告系统
SZL	转向柱开关中心
TRSVC	用于倒车摄像机、俯视系统和侧视系统的控制单元
VDM	垂直动态管理系统
VM	视频模块
VSW	视频开关
ZGM	中央网关模块

整车网络拓扑图如图3-11所示，图注如表3-11所示。

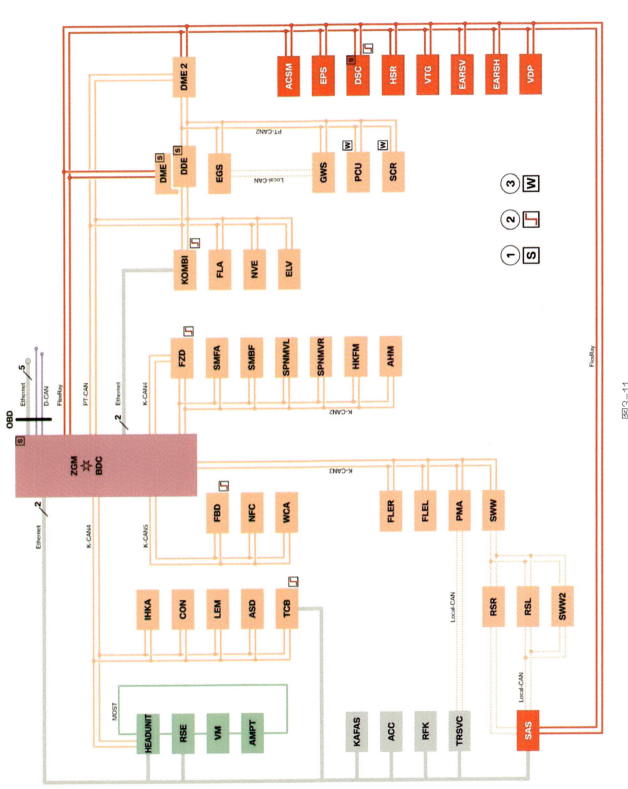

图3-11

表3-11

索引	说明
ACC	主动定速巡航控制系统
ACSM	碰撞和安全模块
AHM	挂车模块
AMPT	顶级高保真音响放大器
ASD	仿真声效设计
BDC	车身域控制器
CON	控制器
DDE	数字式柴油机电子系统
DME	数字式发动机电子系统
DME2	数字式发动机电子系统2
DSC	动态稳定控制系统
EARSH	后部电动主动式侧翻稳定装置
EARSV	前部电动主动式侧翻稳定装置
EGS	变速器电子控制系统
ELV	电动转向锁
EPS	电子助力转向系统（电动机械式助力转向系统）
FBD	遥控信号接收器
FLA	远光灯辅助系统
FLER	右侧前部车灯电子装置
FLEL	左侧前部车灯电子装置
FZD	车顶功能中心
GWS	换挡开关
HEADUNIT	头部单元
HKFM	行李箱盖功能模块
HSR	后桥侧偏角控制系统
IHKA	自动恒温空调
KAFAS	基于摄像机的驾驶员辅助系统
KOMBI	组合仪表

索引	说明
LEM	灯光效果管理系统
NFC	近距离通信系统
NVE	夜视系统电子装置
PCU	电源控制单元
PMA	驻车操作辅助系统
RFK	倒车摄像机
RSE	后座区娱乐系统
RSL	左侧雷达传感器（避让绕行辅助系统）
RSR	右侧雷达传感器（避让绕行辅助系统）
SAS	选装配置系统
SCR	选择性催化剂还原
SMBF	前乘客座椅模块
SMFA	驾驶员座椅模块
SPNMVL	左前座椅气动模块
SPNMVR	右前座椅气动模块
SWW	车道变更警告系统（主控单元）
SWW2	车道变更警告系统（副控单元）
TCB	远程通信系统盒
TRSVC	顶部后方侧视摄像机
VDP	垂直动态管理平台
VM	视频模块
VTG	分动器
WCA	无线充电盒
ZGM	中央网关模块
1	用于 FlexRay 总线系统启动和同步的启动节点控制单元
2	有唤醒权限的控制单元
3	还与总线端 15WUP 连接的控制单元

FlexRay整车网络拓扑图如图3-12所示，图注如表3-12所示。

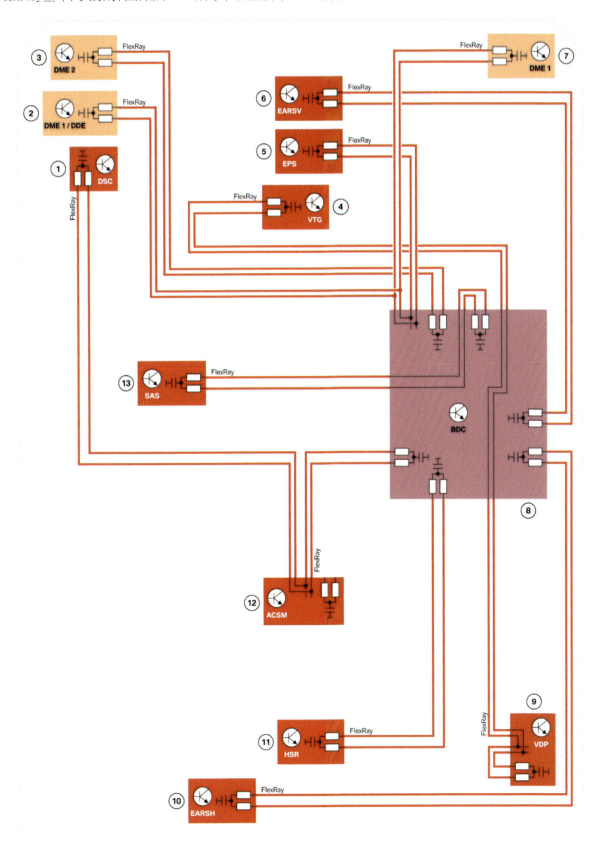

图3-12

表3-12

索引	说明
1	动态稳定控制系统 DSC
2	数字式发动机电子系统 DME/数字式柴油机电子系统 DDE（仅限 4 缸/6 缸发动机）
3	数字式发动机电子系统 DME2（仅限 8 缸/12 缸发动机）
4	分动器 VTG
5	电子助力转向系统（电动机械式助力转向系统）EPS
6	前部电动主动式侧翻稳定装置 EARSV
7	数字式发动机电子系统 DME1（仅限 8 缸/12 缸发动机）
8	车身域控制器 BDC
9	垂直动态管理平台 VDP
10	后部电动主动式侧翻稳定装置 EARSH
11	后桥侧偏角控制系统 HSR
12	碰撞和安全模块 ACSM
13	选装配置系统 SAS

整车网络拓扑图如图3-13所示，图注如表3-13所示。

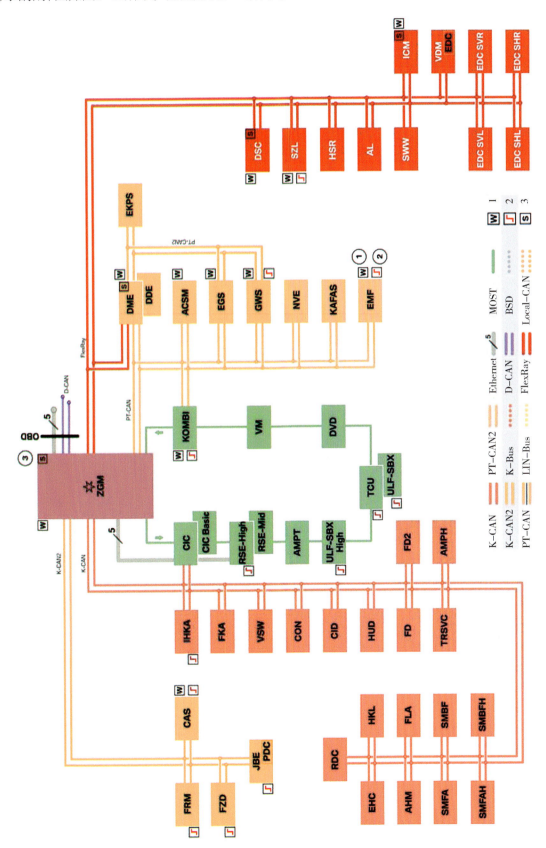

图3-13

表3-13

索引	说明
1	可唤醒式控制单元
2	有唤醒权限的控制单元
3	用于 FlexRay 总线系统启动和同步的启动节点控制单元
ACSM	高级碰撞和安全模块（碰撞和安全模块）
AHM	挂车模块
AL	主动转向系统
AMPH	高保真音响放大器
AMPT	顶级高保真音响放大器
BSD	位串行数据接口
CAS	便捷登车及启动系统
CIC	车辆信息计算机
CIC Basic	基本型车辆信息计算机
CID	中央信息显示屏
CON	控制器
D-CAN	诊断控制器区域网络
DDE	数字式柴油机电子系统
DME	数字式发动机电子系统
DSC	动态稳定控制系统
DVD	DVD 换碟机
EDC SHL	左后电子减震器控制系统卫星式控制单元
EDC SHR	右后电子减震器控制系统卫星式控制单元
EDC SVL	左前电子减震器控制系统卫星式控制单元
EDC SVR	右前电子减震器控制系统卫星式控制单元
EGS	变速器电子控制系统
EHC	车辆高度电子控制系统
EKPS	电子燃油泵控制系统
EMF	电动机械式驻车制动器
Ethernet	用于局域数据网络的有线数据网络技术
FD	后座区显示屏
FD2	后座区显示屏 2
FKA	后座区自动空调装置
FLA	远光灯辅助系统
FlexRay	用于汽车的快速预定容错总线系统
FRM	脚部空间模块
FZD	车顶功能中心
GWS	换挡开关
HKL	行李箱盖举升装置
HSR	后桥侧偏角控制系统

索引	说明
HUD	平视显示屏
ICM	集成式底盘管理系统
IHKA	自动恒温空调
JBE	接线盒电子装置
KAFAS	基于摄像机原理的驾驶员辅助系统
K-Bus	车身总线
K-CAN	车身控制器区域网络
K-CAN2	车身控制器区域网络 2（500 kbit/s）
KOMBI	组合仪表
LIN-Bus	局域互联网总线
Local-CAN	局域控制器区域网络
MOST	多媒体传输系统
NVE	夜视系统电子装置
PDC	驻车距离监控系统
PT-CAN	动力传动系控制器区域网络
PT-CAN2	动力传动系控制器区域网络 2
RDC	轮胎压力监控系统
OBD	诊断插座
RSE-Mid	中级型后座区娱乐系统
RSE-High	高级型后座区娱乐系统（Professional 后座区娱乐系统）
SDARS	卫星调谐器（美规）
SMBF	前乘客座椅模块
SMBFH	前乘客侧后部座椅模块
SMFA	驾驶员座椅模块
SMFAH	驾驶员侧后部座椅模块
SWW	换车道警告
SZL	转向柱开关中心
TCU	远程通信系统控制单元
TRSVC	倒车摄像机和侧视系统控制单元
ULF-SBX	通用充电和免提通话装置，接口盒（蓝牙电话技术）
ULF-SBX High	通用充电和免提通话装置，高级接口盒（蓝牙电话技术，语音输入系统和 USB / 音频接口）
VDM	垂直动态管理系统
VM	视频模块
VSW	视频开关
ZGM	中央网关模块

F01/F02整车网络拓扑图如图3-14所示，图注如表3-14所示。

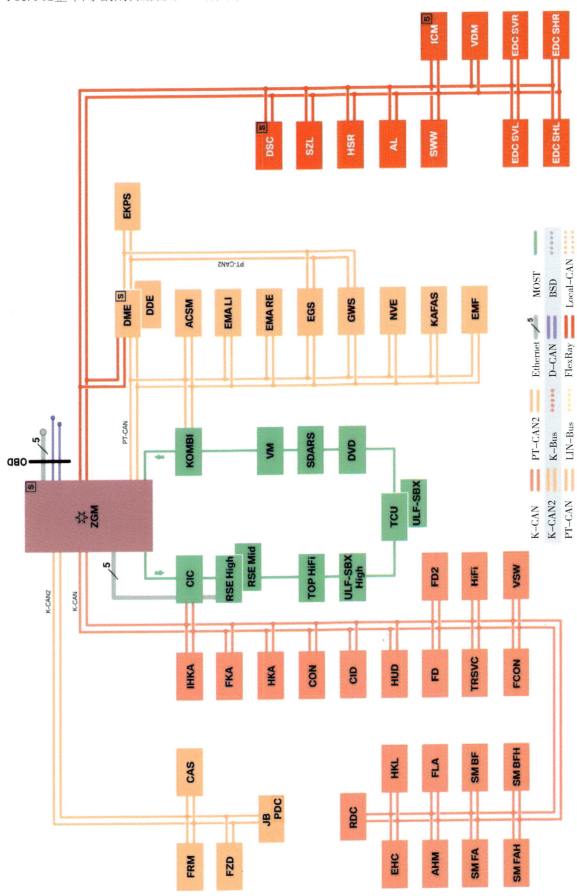

图3-14

表3-14

索引	说明
ACSM	碰撞和安全模块（高级碰撞和安全模块）
AHM	挂车模块
AL	主动转向系统
CAS	便捷登车及启动系统
CIC	车辆信息计算机
CID	中央信息显示屏
CON	控制器
DDE	数字式柴油机电子系统
DME	数字式发动机电子系统
DSC	动态稳定控制系统
DVD	DVD 换碟机
EDC SHL	左后电子减震器控制系统卫星式控制单元
EDC SHR	右后电子减震器控制系统卫星式控制单元
EDC SVL	左前电子减震器控制系统卫星式控制单元
EDC SVR	右前电子减震器控制系统卫星式控制单元
EGS	变速器电子控制系统
EHC	车辆高度电子控制系统
EKPS	电动燃油泵控制系统
EMA LI	左侧电动安全带收卷装置（安全带）
EMA RE	右侧电动安全带收卷装置（安全带）
EMF	电动机械式驻车制动器
FCON	后座区控制器
FD	后座区显示屏
FD2	后座区显示屏 2
FKA	后座区暖风和空调系统
FLA	远光灯辅助系统
FRM	脚部空间模块
FZD	车顶功能中心
GWS	换挡开关
HiFi	高保真音响放大器
HKL	行李箱盖举升装置
HSR	后桥侧偏角控制系统

索引	说明
HUD	平视显示屏
ICM	集成式底盘管理系统
IHKA	自动恒温空调
JBE	接线盒电子装置
KAFAS	基于摄像机原理的驾驶员辅助系统
KOMBI	组合仪表
NVE	夜视系统电子装置
PDC	驻车距离监控系统
RDC	轮胎压力监控系统
OBD	诊断插座
RSE-Mid	后座区娱乐系统
RSE-High	Professional 后座区娱乐系统
SDARS	卫星调谐器（美规）
SMBF	前乘客座椅模块
SMBFH	前乘客侧后部座椅模块
SMFA	驾驶员座椅模块
SMFAH	驾驶员侧后部座椅模块
SWW	换车道警告
SZL	转向柱开关中心
TCU	远程通信系统控制单元
TOP-HIFI	顶级高保真音响系统
TRSVC	倒车摄像机和侧视系统控制单元（顶部后方侧视摄像机）
ULF-SBX	接口盒（ULF 功能）
ULF-SBX High	高级接口盒（蓝牙电话技术、语音输入和 USB／音频接口）
VDM	垂直动态管理系统（电子减震器控制系统的中央控制单元）
VM	视频模块
VSW	视频开关
ZGM	中央网关模块

F01/F02 LCI整车网络拓扑图如图3-15所示，图注如表3-15所示。

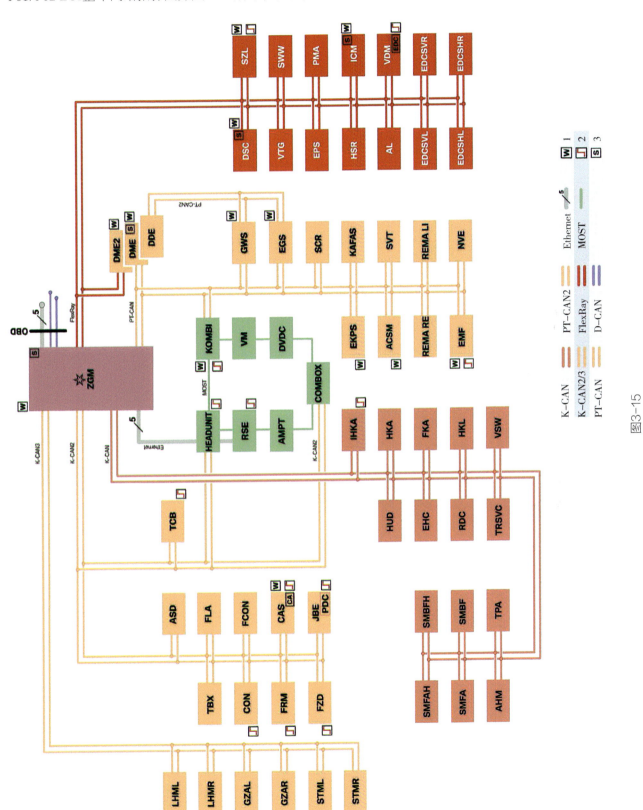

图3-15

表3-15

索引	说明
1	带有唤醒导线的控制单元
2	带有唤醒权限的控制单元
3	启动节点，用于 FlexRay 总线系统启动和同步的控制单元
ACSM	高级碰撞和安全模块
AHM	挂车模块
AL	主动转向系统
AMPT	顶级高保真音响放大器
ASD	仿真声效设计
CA	舒适登车系统
CAS	便捷登车及启动系统
CON	控制器
D-CAN	诊断控制器区域网络
DDE	数字式柴油机电子系统
DME	数字式发动机电子系统
DME2	数字式发动机电子系统 2
DSC	动态稳定控制系统
DVDC	DVD 换碟机
Ethernet	用于局域数据网络的有线数据网络技术
EDCSHL	左后电子减震器控制系统卫星式控制单元
EDCSHR	右后电子减震器控制系统卫星式控制单元
EDCSVL	左前电子减震器控制系统卫星式控制单元
EDCSVR	右前电子减震器控制系统卫星式控制单元
EGS	变速器电子控制系统
EHC	车辆高度电子控制系统
EKPS	电子燃油泵控制系统
EMF	电动机械式驻车制动器
EPS	电子助力转向系统(电动机械式助力转向系统）
FCON	后座区控制器
FKA	后座区暖风和空调系统
FLA	远光灯辅助系统
FlexRay	用于汽车的快速预定容错总线系统
FRM	脚部空间模块
FZD	车顶功能中心
GWS	换挡开关
GZAL	左侧定向照明
GZAR	右侧定向照明
HEADUNIT	主控单元（高级主控单元或基本型车辆信息计算机 II）
HKA	后座区自动空调
HKL	行李箱盖举升装置

索引	说明
HSR	后桥侧偏角控制系统
HUD	平视显示屏
ICM	集成式底盘管理系统
IHKA	自动恒温空调
JBE	接线盒电子装置
K-CAN	车身控制器区域网络
K-CAN2/3	车身控制器区域网络2/3
KAFAS	基于摄像机的驾驶员辅助系统
KOMBI	组合仪表 / 多功能仪表显示屏
LHML	左侧 LED 主车灯模块
LHMR	右侧 LED 主车灯模块
MOST	多媒体传输系统
NVE	夜视系统电子装置
PDC	驻车距离监控系统
PMA	驻车操作辅助系统
PT-CAN	动力传动控制器区域网络
PT-CAN2	动力传动控制器区域网络2
REMA LI	左侧可逆电动安全带收卷装置
REMA RE	右侧可逆电动安全带收卷装置
RDC	轮胎压力监控系统
RSE	后座区娱乐系统
SCR	选择性催化剂还原
SMBF	前乘客座椅模块
SMBFH	前乘客侧后部座椅模块
SMFA	驾驶员座椅模块
SMFAH	驾驶员侧后部座椅模块
STML	左侧前灯驱动模块
STMR	右侧前灯驱动模块
SVT	电子助力转向系统（Servotronic）
SWW	换车道警告系统
SZL	转向柱开关中心
TBX	触控盒（与触摸控制器一起提供，用于中国大陆地区）
TCB	远程通信系统盒
TPA	远程通信系统平台附件
VDM	垂直动态管理系统
VM	视频模块
VSW	视频开关
VTG	分动器（仅限 xDrive）
ZGM	中央网关模块

F01H/F02H整车网络拓扑图如图3-16所示，图注如表3-16所示。

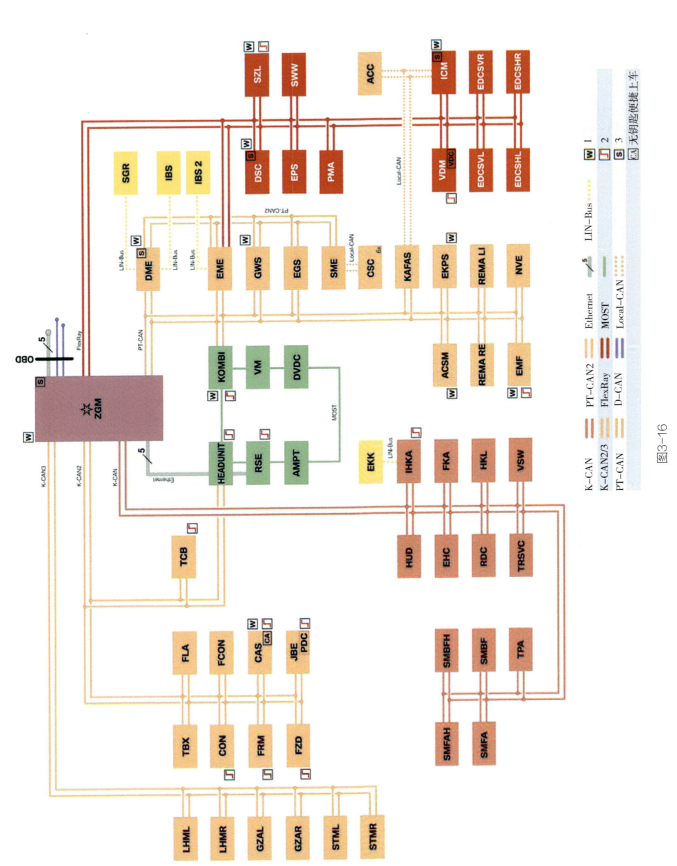

图3-16

表3-16

索引	说明
1	可唤醒式控制单元
2	有唤醒权限的控制单元
3	启动节点：用于 FlexRay 总线系统启动和同步的控制单元
ACC	主动定速巡航控制系统
ACSM	高级碰撞和安全模块
AMPT	顶级高保真音响放大器
CAS	便捷登车及启动系统
CID	中央信息显示屏
CON	控制器
CSC	电池监控电子装置（电池监控电路 CSC）
D-CAN	诊断控制器区域网络
DME	数字式发动机电子系统
DSC	动态稳定控制系统
DVDC	DVD换碟机
EDC SHL	左后电子减震器控制系统卫星式控制单元
EDC SHR	右后电子减震器控制系统卫星式控制单元
EDC SVL	左前电子减震器控制系统卫星式控制单元
EDC SVR	右前电子减震器控制系统卫星式控制单元
EGS	变速器电子控制系统
EHC	车辆高度电子控制系统
EKK	电动制冷剂压缩机
EKPS	电子燃油泵控制系统
EME	电动机电子装置
EMF	电动机械式驻车制动器
EPS	电子助力转向系统（电动机械式助力转向系统）
Ethernet	用于局域数据网络的有线数据网络技术
FCON	后座区控制器
FD	后座区显示屏
FD2	后座区显示屏 2
FLA	远光灯辅助系统
FlexRay	用于汽车的快速实时容错总线系统
FKA	后座区暖风和空调系统
FRM	脚部空间模块
FZD	车顶功能中心
GWS	换挡开关
GZAL	左侧定向照明
GZAR	右侧定向照明
HEADUNIT	高级主控单元
HKL	行李箱盖举升装置
HUD	平视显示屏
ICM	集成式底盘管理系统
IBS	智能型蓄电池传感器

索引	说明
IBS2	智能型蓄电池传感器 2
IHKA	自动恒温空调
JBE	接线盒电子装置
KAFAS	基于摄像机原理的驾驶员辅助系统
K-CAN	车身控制器区域网络
K-CAN2	车身控制器区域网络 2
K-CAN3	车身控制器区域网络 3
KOMBI	组合仪表
LHML	左侧 LED 主车灯模块
LHMR	右侧 LED 主车灯模块
LIN-Bus	局域互联网总线
Local-CAN	局域控制器区域网络
MOST	多媒体传输系统
NVE	夜视系统电子装置
OBD	诊断插座
PDC	驻车距离监控系统
PMA	驻车操作辅助系统
PT-CAN	动力传动系控制器区域网络
PT-CAN2	动力传动系控制器区域网络 2
RDC	轮胎压力监控系统
REMA LI	左侧可逆电动安全带收卷装置
REMA RE	右侧可逆电动安全带收卷装置
RSE	后座区娱乐系统
SGR	启动发电机
SMBF	前乘客座椅模块
SMBFH	前乘客侧后部座椅模块
SME	蓄能器管理电子装置
SMFA	驾驶员座椅模块
SMFAH	驾驶员侧后部座椅模块
STML	左侧前灯驱动模块
STMR	右侧前灯驱动模块
SWW	换车道警告系统
SZL	转向柱开关中心
TBX	触控盒（与触摸控制器一起提供，用于中国大陆地区）
TCB	远程通信系统盒
TPA	远程通信系统平台附件
TRSVC	用于倒车摄像机、俯视系统和侧视系统的控制单元
VDM	垂直动态管理系统
VM	视频模块
VSW	视频开关
ZGM	中央网关模块

F04整车网络拓扑图如图3-17所示，图注如表3-17所示。

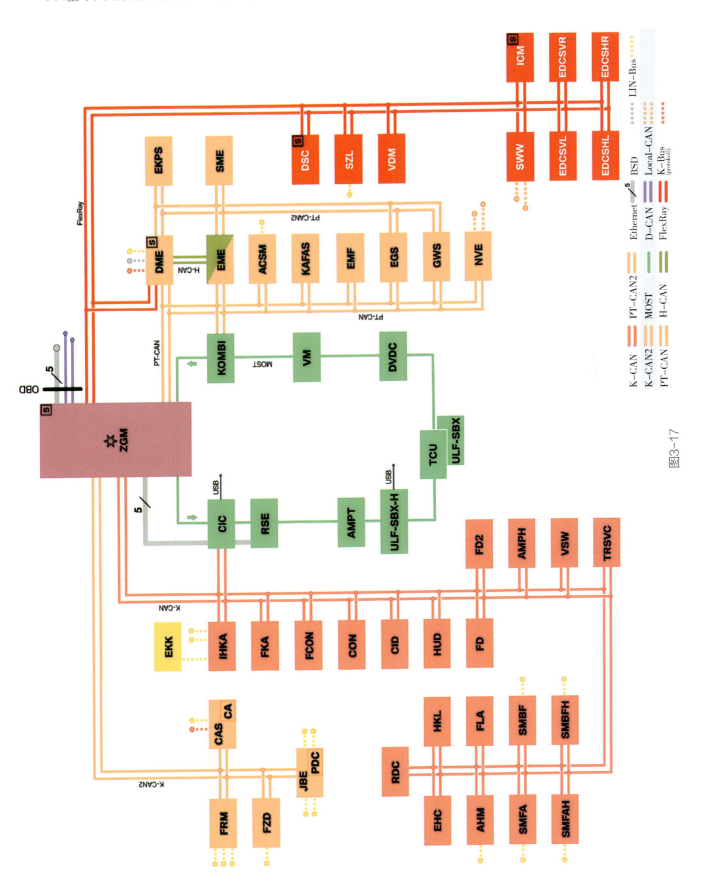

图3-17

表3-17

索引	说明
ACSM	碰撞和安全模块
AHM	挂车模块
AMPH	高保真音响放大器
AMPT	顶级高保真音响放大器
BSD	盲区监测系统
CA	舒适登车系统
CAS	便捷登车及启动系统
CIC	车辆信息计算机
CID	中央信息显示屏
CON	控制器
D-CAN	诊断控制器区域网络
DME	数字式发动机电子系统
DSC	动态稳定控制系统
DVDC	DVD 换碟机
EDC SHL	左后电子减震器控制系统卫星式控制单元
EDC SHR	右后电子减震器控制系统卫星式控制单元
EDC SVL	左前电子减震器控制系统卫星式控制单元
EDC SVR	右前电子减震器控制系统卫星式控制单元
EGS	变速器电子控制系统
EHC	车辆高度电子控制系统
EKK	电动空调压缩机
EKPS	电子燃油泵控制系统
EMF	电动机械式驻车制动器
EME	电动机电子装置
Ethernet	用于局域数据网络的有线数据网络技术
FCON	后座区控制器
FD	后座区显示屏
FD2	后座区显示屏 2
FKA	后座区暖风和空调系统
FLA	远光灯辅助系统
FlexRay	用于汽车的快速预定容错总线系统
FRM	脚部空间模块
FZD	车顶功能中心
GWS	换挡开关
H-CAN	H-CAN

索引	说明
HKL	行李箱盖举升装置
HUD	平视显示屏
ICM	集成式底盘管理系统
IHKA	自动恒温空调
JBE	接线盒电子装置
K-Bus	K-Bus
K-CAN	车身控制器区域网络
K-CAN2	车身控制器区域网络2
KAFAS	基于摄像机原理的驾驶员辅助系统
KOMBI	组合仪表
LIN-Bus	LIN-Bus
Local-CAN	局部控制器区域网络
MOST	多媒体传输系统
NVE	夜视系统电子装置
PDC	驻车距离监控系统
RDC	轮胎压力监控系统
OBD	诊断插座
PT-CAN	动力传动控制器区域网络
PT-CAN2	动力传动控制器区域网络2
RSE	后座区娱乐系统
SMBF	前乘客座椅模块
SMBFH	前乘客侧后部座椅模块
SMFA	驾驶员座椅模块
SMFAH	驾驶员侧后部座椅模块
SME	蓄能器管理电子装置
SWW	换车道警告
SZL	转向柱开关中心
TCU	远程通信系统控制单元
TRSVC	倒车摄像机和侧视系统的控制单元
ULF-SBX	接口盒
ULF-SBX-H	高级接口盒
VDM	垂直动态管理系统
VM	视频模块
VSW	视频开关
ZGM	中央网关模块

第八节 2015—2018年宝马7系（G11/G12）

整车网络拓扑图如图3-18所示，图注如表3-18所示。

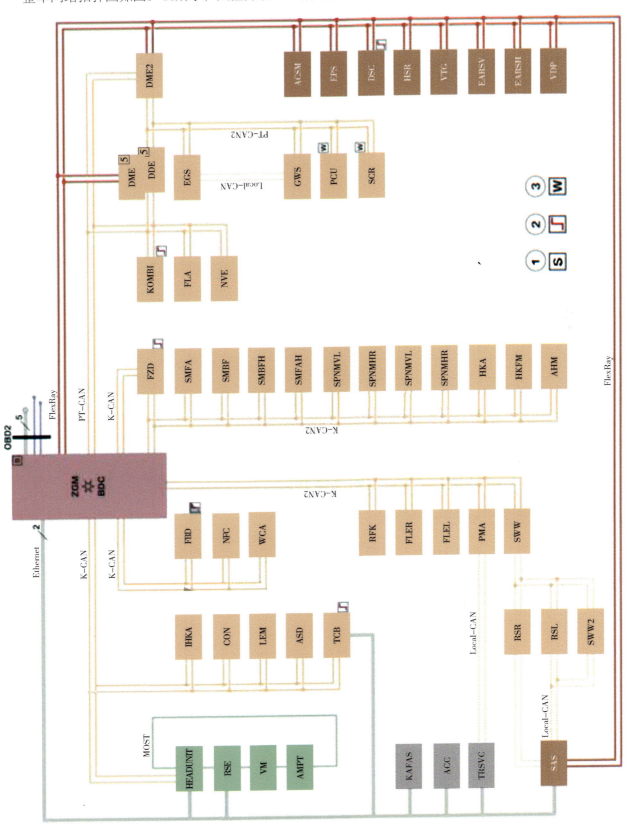

图3-18

表3-18

索引	说明
ACC	主动定速巡航控制系统
ACSM	碰撞和安全模块
AHM	挂车模块
AMPT	顶级高保真音响放大器
ASD	仿真声效设计
BDC	车身域控制器
CON	控制器
DDE	数字式柴油机电子系统
DME	数字式发动机电子系统
DME2	数字式发动机电子系统2
DSC	动态稳定控制系统
EARSH	后部电动主动式侧倾稳定装置
EARSV	前部电动主动式侧倾稳定装置
EGS	变速器电子控制系统
EPS	电子助力转向系统(电动机械式助力转向系统)
Ethernet	用于局域数据网络的有线数据网络技术
FBD	远程操作服务
FLA	远光灯辅助系统
FLER	右侧前部车灯电子装置
FLEL	左侧前部车灯电子装置
FlexRay	用于汽车的快速预定容错总线系统
FZD	车顶功能中心
GWS	换挡开关
HEADUNIT	Headunit
HKA	后座区自动空调
HKFM	行李箱盖功能模块
HSR	后桥侧偏角控制系统
IHKA	自动恒温空调
K-CAN	车身控制器区域网络
K-CAN2	车身控制器区域网络2
KAFAS	基于摄像机的驾驶员辅助系统
KOMBI	组合仪表
LEM	灯光效果管理系统
Local-CAN	局部控制器区域网络

索引	说明
MOST	多媒体传输系统
NFC	近距离通信系统
NVE	夜视系统电子装置
PCU	电源控制单元
PMA	驻车操作辅助系统
PT-CAN	动力传动控制器区域网络
PT-CAN2	动力传动控制器区域网络2
RFK	倒车摄像机
RSE	后座区娱乐系统
RSL	左侧雷达传感器（避让辅助系统）
RSR	右侧雷达传感器（避让辅助系统）
SAS	选装配置系统
SCR	选择性催化剂还原
SMBF	前乘客座椅模块
SMBFH	前乘客侧后部座椅模块
SMFA	驾驶员座椅模块
SMFAH	驾驶员侧后部座椅模块
SPNMHL	左后座椅气动模块
SPNMHR	右后座椅气动模块
SPNMVL	左前座椅气动模块
SPNMVR	右前座椅气动模块
SWW	车道变更警告系统（主控单元）
SWW2	车道变更警告系统（副控单元）
TCB	远程通信系统盒
TRSVC	顶部后方侧视摄像机
VDP	垂直动态管理平台
VM	视频模块
VTG	分动器
WCA	无线充电盒
ZGM	中央网关模块
1	用于 FlexRay 总线系统启动和同步的启动节点控制单元
2	有唤醒权限的控制单元
3	还与总线端15WUP连接的控制单元

FlexRay网络拓扑图如图3-19所示，图注如表3-19所示。

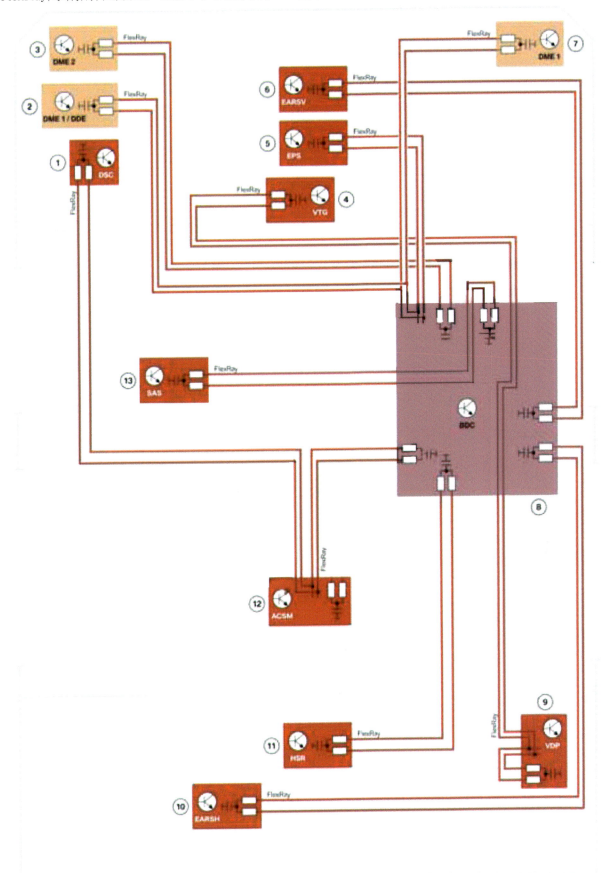

图3-19

表3-19

索引	说明
1	动态稳定控制系统 DSC
2	数字式发动机电子系统DME/数字式柴油机电子系统DDE（仅限4缸/6缸发动机）
3	数字式发动机电子系统DME2（仅限8缸/12缸发动机）
4	分动器VTG
5	电子助力转向系统（电动机械式助力转向系统）EPS
6	前部电动主动式侧倾稳定装置EARSV
7	数字式发动机电子系统DME1（仅限8缸/12缸发动机）
8	车身域控制器 BDC
9	垂直动态管理平台 VDP
10	后部电动主动式侧倾稳定装置EARSH
11	后桥侧偏角控制系统 HSR
12	碰撞和安全模块 ACSM
13	选装配置系统 SAS

整车网络拓扑图如图3-20所示，图注如表3-20所示。

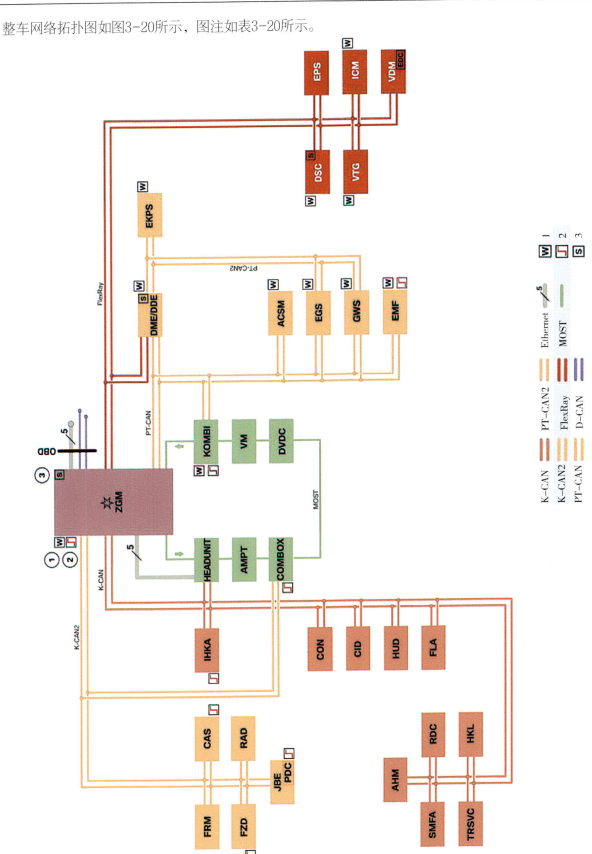

图3-20

表3-20

索引	说明
1	可唤醒式控制单元
2	有唤醒权限的控制单元
3	用于 FlexRay 总线系统启动和同步的启动节点控制单元
ACSM	高级碰撞和安全模块（碰撞和安全模块）
AHM	挂车模块
AMPT	顶级高保真音响放大器
CAS	便捷登车及启动系统
CID	中央信息显示屏
COMBOX	Combox（Combox 多媒体，带远程通信系统的 Combox 多媒体）
CON	控制器
D-CAN	诊断控制器区域网络
DDE	数字式柴油机电子系统
DME	数字式发动机电子系统
DSC	动态稳定控制系统
DVDC	DVD 换碟机
EDC	电子减震器控制系统
EGS	变速器电子控制系统
EKPS	电子燃油泵控制系统
EMF	电动机械式驻车制动器
EPS	电子助力转向系统（电动机械式助力转向系统）
Ethernet	用于局域数据网络的有线数据网络技术
FLA	远光灯辅助系统
FlexRay	用于汽车的快速预定容错总线系统
FRM	脚部空间模块

索引	说明
FZD	车顶功能中心
GWS	换挡开关
HEADUNIT	主控单元（车辆信息计算机或基本型车辆信息计算机 II）
HKL	行李箱盖举升装置
HUD	平视显示屏
ICM	集成式底盘管理系统
IHKA	自动恒温空调
JBE	接线盒电子装置
K-CAN	车身控制器区域网络
K-CAN2	车身控制器区域网络 2
KOMBI	组合仪表*
MOST	多媒体传输系统
OBD	车载诊断（诊断插座）
PDC	驻车距离监控系统
PT-CAN	动力传动系控制器区域网络
PT-CAN2	动力传动系控制器区域网络 2
RAD	收音机
RDC	轮胎压力监控系统
SMFA	驾驶员座椅模块
TRSVC	摄像机系统控制单元
VDM	垂直动态管理系统
VM	视频模块
VTG	分动器
ZGM	中央网关模块

注：*图3-20所示为高级型组合仪表。基本型组合仪表不连接在多媒体传输系统 MOST 上。

FlexRay网络拓扑图如图3-21所示，图注如表3-21所示。

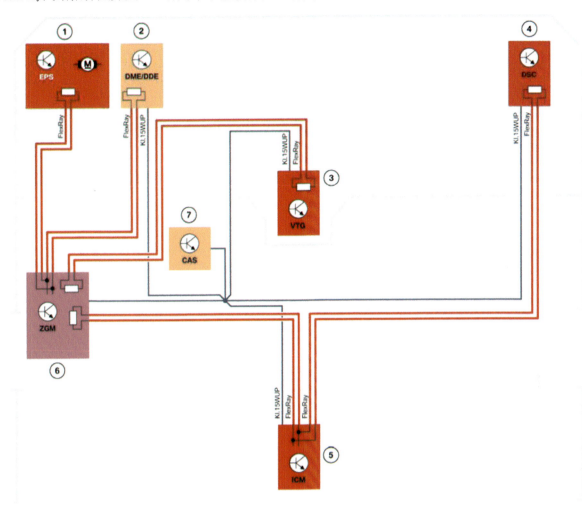

图3-21

表3-21

索引	说明
1	电子助力转向系统（电动机械式助力转向系统）EPS
2	数字式发动机电子系统 DME 或数字式柴油机电子系统 DDE
3	VTG（分动器）控制单元
4	动态稳定控制系统 DSC
5	集成式底盘管理系统 ICM
6	中央网关模块 ZGM
7	便捷登车及启动系统 CAS

整车网络拓扑图如图3-22所示，图注如表3-22所示。

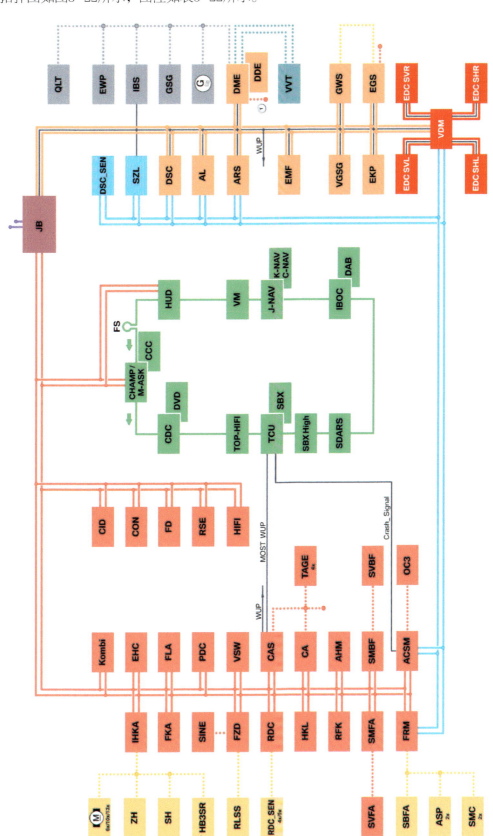

图3-22

表3-22

索引	说明
ACSM	ACSM 控制单元
AHM	挂车模块
AL	主动转向系统
ARS	主动侧翻稳定装置
ASP	车外后视镜
CA	舒适登车系统
CAS	便捷登车及启动系统
CCC	车辆通信计算机
CDC	CD换碟机
CHAMP	中央主控单元和多媒体平台
CID	中央信息显示屏
C-NAV	中国导航系统
CON	控制器
DAB	数字音频广播
DDE	数字式柴油机电子系统
DME	数字式发动机电子系统
DSC	动态稳定控制系统
DSC_SEN	DSC 传感器
DVD	DVD换碟机
EDC SHL	左后电子减震器控制系统卫星式控制单元
EDC SHR	右后电子减震器控制系统卫星式控制单元
EDC SVL	左前电子减震器控制系统卫星式控制单元
EDC SVR	右前电子减震器控制系统卫星式控制单元
EGS	变速器电子控制系统
EHC	车辆高度电子控制系统
EKP	电动燃油泵
EMF	电动机械式驻车制动器
EWP	电动水泵
FD	后座区显示屏
FKA	后座区暖风和空调系统
FLA	远光灯辅助系统
FRM	脚部空间模块
FS	主动转向系统
FZD	车顶功能中心
GSG	预热控制单元
GWS	换挡开关
HB3SR	第3排座椅暖风和通风
HIFI	高保真音响放大器
HKL	行李箱盖举升装置
HUD	平视显示屏
IBOC	高清晰度收音机
IBS	智能型蓄电池传感器
IHKA	自动恒温空调
JB	接线盒控制单元

索引	说明
J-NAV	日本导航系统
K-NAV	韩国导航系统
Kombi	组合仪表
M-ASK	多功能音频系统控制器
OC3	美规座椅占用识别垫
PDC	驻车距离监控系统
QLT	质量、油位和温度传感器
RDC	轮胎压力监控系统
RDC_SEN	轮胎压力监控传感器
RFK	倒车摄像机
RLSS	雨量、光线和阳光传感器
RSE	后座区信息娱乐系统
SBFA	驾驶员侧开关组件
SBX	接口盒（ULF 的功能）
SBX High	高级接口盒（蓝牙电话技术，语音输入和 USB／音频接口）
SDARS	卫星调谐器
SH	驻车暖风
SINE	倾斜报警传感器的报警器
SMBF	前乘客座椅模块
SMC	步进电机控制器
SMFA	驾驶员座椅模块
SVBF	前乘客座椅调节装置
SVFA	驾驶员座椅调节装置
SZL	转向柱开关中心
TAGE	车门外侧拉手电子装置
TCU	远程通信系统控制单元
TOENS	热敏机油油位传感器
TOP-HIFI	顶级高保真音响放大器
VDM	垂直动态管理系统（电子减震器控制系统的中央控制单元）
VGSG	分动器控制单元
VM	视频模块
VSW	视频开关
VVT	可变气门机构
ZH	电气加热器

总线概览缩写图例

索引	说明
Crash_Signal	碰撞信号
MOST WUP	MOST 唤醒导线
WUP	唤醒导线
1	CAS总线连接

第十一节 2015—2018年宝马X5（F15）

整车网络拓扑图如图3-23所示，图注如表3-23所示。

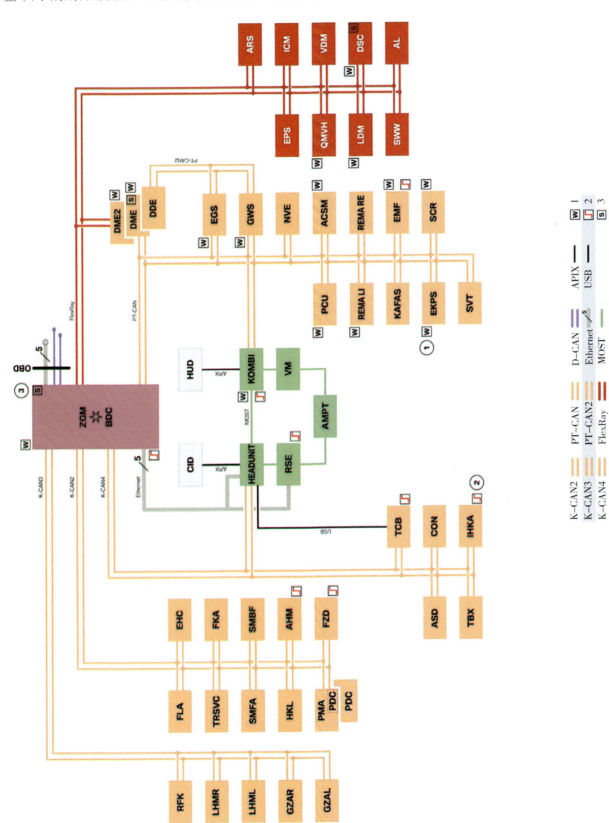

图3-23

表3-23

索引	说明
1	可唤醒导线的控制单元
2	有唤醒权限的控制单元
3	用于 FlexRay 总线系统启动和同步的启动节点控制单元
ACSM	高级碰撞和安全模块
AHM	挂车模块
AMPT	顶级高保真音响放大器
AL	主动转向系统控制单元
APIX	汽车高速传输总线
ARS	车身稳定调节系统
ASD	仿真声效设计系统
BPC	车身域控制器
CID	中央信息显示屏
CON	控制器
D-CAN	诊断控制器局域网络
DDE	数字式柴油机电子系统
DME	数字式发动机电子系统
DSC	动态稳定控制系统
EGS	变速器电子控制系统
EHC	车辆高度电子控制系统
EKPS	电子燃油泵控制系统
EMF	电动机械式驻车制动器
EPS	电子助力转向系统（电动机械式助力转向系统）
Ethernet	用于局域数据网络的有线数据网络技术
FLA	远光灯辅助系统
FKA	后座区自动空调装置
FlexRay	用于汽车的快速预定容错总线系统
FZD	车顶功能中心
GWS	换挡开关
GZAR	右侧定向照明
GZAL	左侧定向照明
HEADUNIT	头部单元
HKL	行李箱盖举升装置
HUD	平视显示屏
ICM	集成式底盘管理系统

索引	说明
IHKA	自动恒温空调
K-CAN	车身控制器局域网络
K-CAN2	车身控制器局域网络 2
K-CAN3	车身控制器局域网络 3
K-CAN4	车身控制器局域网络 4
KAFAS	基于摄像机的驾驶员辅助系统
KOMBI	组合仪表（MOST 连接并非标准配置）
LDM	纵向动态管理系统
LHMR	右侧 LED 主车灯模块
LHML	左侧 LED 主车灯模块
MOST	多媒体传输系统总线
NVE	夜视系统电子装置
OBD	车载诊断系统
PCU	电源控制单元
PDC	驻车距离监控系统(车辆带有 SA 5DP 驻车操作辅助系统时集成在驻车操作辅助系统控制单元内,否则集成在后部电子模块控制单元内)
PMA	驻车操作辅助系统
PT-CAN	动力传动系控制器局域网络
PT-CAN2	动力传动系控制器局域网络 2
QMVH	后桥横向力矩分配
REMALI	左侧可逆电动安全带收卷装置
REMARE	右侧可逆电动安全带收卷装置
RFK	倒车摄像机
RSE	后座区娱乐系统
SCR	选择性催化剂还原
SMFA	驾驶员座椅模块
SMBF	前乘客座椅模块
SVT	电子转向助力系统
SWW	车道变更警告系统
TBX	触控盒
TCB	远程通信系统盒
TRSVC	顶部后方侧视摄像机
VM	视频模块
VDM	垂直动态管理系统
ZGM	中央网关模块

FlexRay网络拓扑图如图3-24所示，图注如表3-24所示。

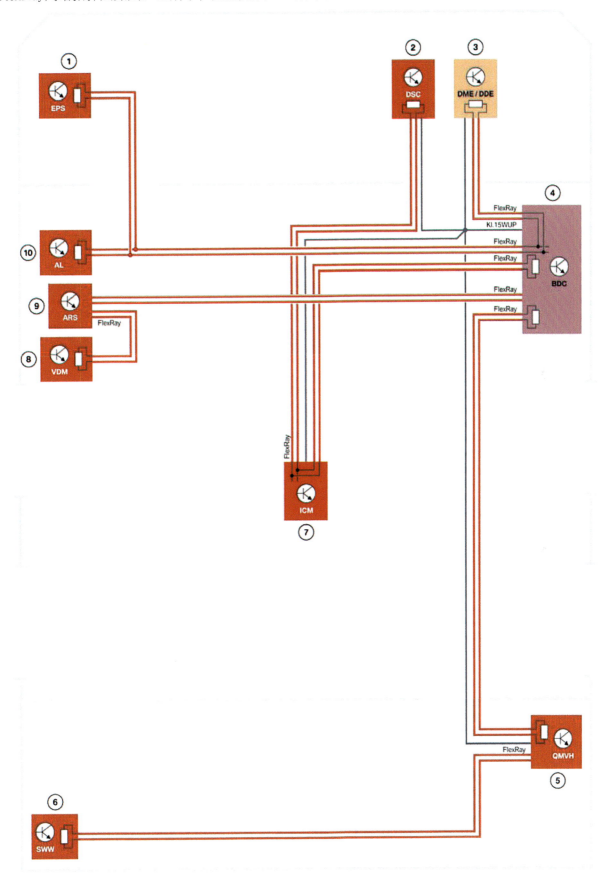

图3-24

表3-24

索引	说明
1	电子助力转向系统 EPS
2	动态稳定控制系统 DSC
3	数字式发动机电子系统 DME 或数字式柴油机电子系统 DDE
4	车身域控制器 BDC
5	后桥横向力矩分配 QMVH
6	车道变更警告系统 SWW
7	集成式底盘管理系统 ICM
8	垂直动态管理系统 VDM
9	主动侧翻稳定装置 ARS
10	主动转向系统 AL
Kl.15WUP	总线端 15 唤醒

整车网络拓扑图如图3-25所示，图注如表3-25所示。

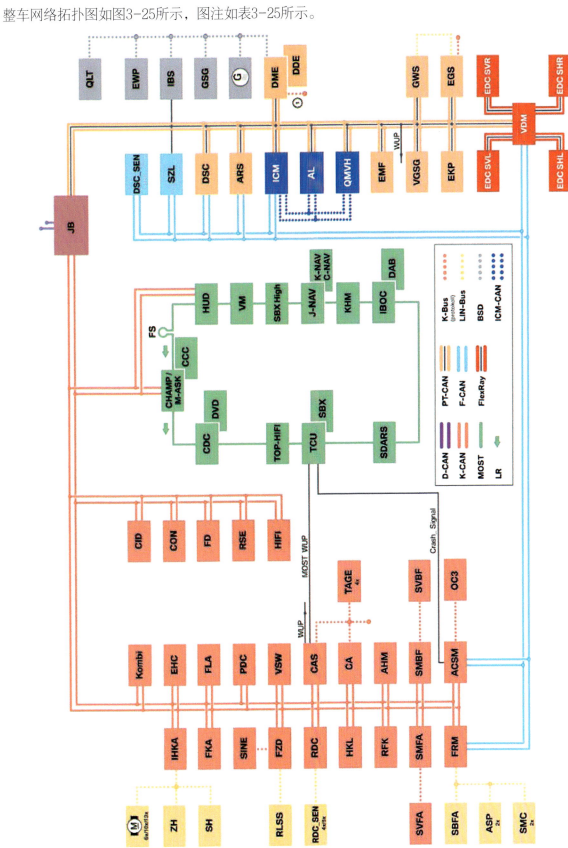

图3-25

表3-25

索引	说明
ACSM	ACSM 控制单元
AHM	挂车模块
AL	主动转向系统
ARS	主动侧翻稳定装置
ASP	车外后视镜
CA	舒适登车系统
CAS	便捷登车及启动系统
CCC	车辆通信计算机
CDC	CD 换碟机
CHAMP	中央主控单元和多媒体平台
CID	中央信息显示屏
C-NAV	中国导航系统
CON	控制器
DAB	数字音频广播
DDE	数字式柴油机电子系统
DME	数字式发动机电子系统
DSC	动态稳定控制系统
DSC_SEN	DSC 传感器
DVD	DVD 换碟机
EDC SHL	左后电子减震器控制系统卫星式控制单元
EDC SHR	右后电子减震器控制系统卫星式控制单元
EDC SVL	左前电子减震器控制系统卫星式控制单元
EDC SVR	右前电子减震器控制系统卫星式控制单元
EGS	变速器电子控制系统
EHC	车辆高度电子控制系统
EKP	电动燃油泵
EMF	电动机械式驻车制动器
EWP	电动水泵
FD	后座区显示屏
FKA	后座区暖风和空调系统
FLA	远光灯辅助系统
FRM	脚部空间模块
FZD	车顶功能中心
GSG	预热控制单元
GWS	换挡开关
HIFI	高保真音响放大器
HKL	行李箱盖举升装置
HUD	平视显示屏
IBOC	高清晰度收音机
IBS	智能型蓄电池传感器

索引	说明
ICM	集成式底盘管理系统
IHKA	自动恒温空调
JB	接线盒控制单元
J-NAV	日本导航系统
KHM	耳机模块
K-NAV	韩国导航系统
Kombi	组合仪表
M-ASK	多功能音频系统控制器
OC3	美规座椅占用识别垫
PDC	驻车距离监控系统
QLT	质量、油位和温度传感器
QMVH	后桥横向扭矩分配控制单元
RDC	轮胎压力监控系统
RDC_SEN	轮胎压力监控传感器
RFK	倒车摄像机
RLSS	晴雨／光照传感器
RSE	后座区娱乐系统
SBFA	驾驶员侧开关组件
SBX	接口盒（ULF 功能）
SBX High	高级接口盒（蓝牙电话技术，语音输入和 USB／音频接口）
SDARS	卫星调谐器
SH	驻车暖风
SINE	带倾斜报警传感器的报警器
SMBF	前乘客座椅模块
SMC	步进电机控制器
SMFA	驾驶员座椅模块
SVBF	前乘客座椅调节装置
SVFA	驾驶员座椅调节装置
SZL	转向柱开关中心
TAGE	车门外侧拉手电子装置
TCU	远程通信系统控制单元
TOP-HIFI	顶级高保真音响放大器
VDM	垂直动态管理系统（电子减震器控制系统的中央控制单元）
VGSG	分动器控制单元
VSW	视频开关
VM	视频模块
ZH	电气辅助加热器

索引	说明
BSD	位串行数据接口
Crash_Signal	碰撞信号
D-CAN	诊断 CAN
F-CAN	底盘 CAN
FlexRay	FlexRay 总线系统
ICM-CAN	集成式底盘管理系统 CAN
K-Bus	车身总线
K-CAN	车身 CAN
LIN-Bus	局域互联网总线
MOST	多媒体传输系统
MOST WUP	MOST 唤醒导线
PT-CAN	动力传动系统CAN
WUP	唤醒导线
1	CAS总线连接

整车网络拓扑图如图3-26所示，图注如表3-26所示。

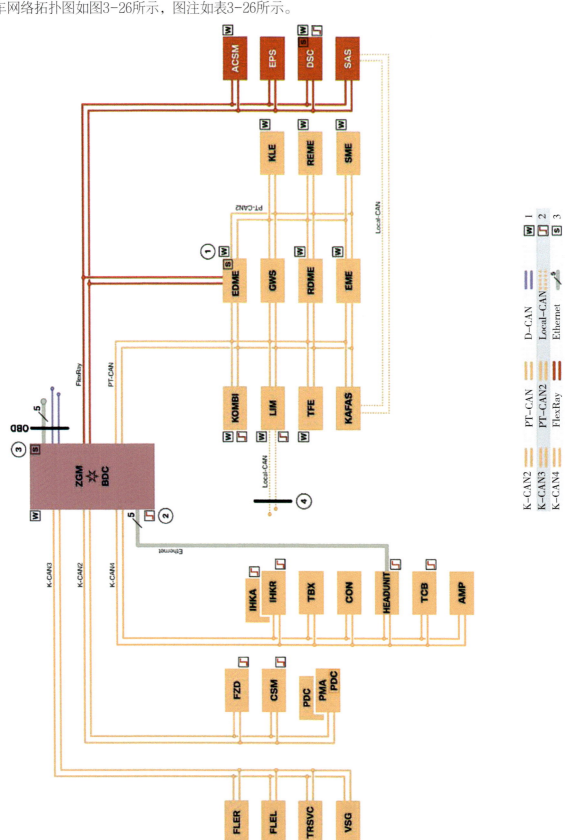

图3-26

表3-26

索引	说明
ACSM	碰撞和安全模块
AMP	放大器
BDC	车身域控制器
CON	控制器
CSM	汽车共享模块
D-CAN	诊断控制器区域网络
DSC	动态稳定控制系统
EDME	数字式发动机电气电子系统
EME	电机电子装置
EPS	电子助力转向系统
Ethernet	用于局域数据网络的有线数据网络技术
FLER	右侧前部车灯电子装置
FLEL	左侧前部车灯电子装置
FlexRay	用于汽车的快速预定容错总线系统
FZD	车顶功能中心
GWS	换挡开关
HEADUNIT	主控单元
IHKA	自动恒温空调
IHKR	手动恒温空调
K-CAN2	车身控制器区域网络2
K-CAN3	车身控制器区域网络3
K-CAN4	车身控制器区域网络4
KAFAS	基于摄像机的驾驶员辅助系统
KLE	便捷充电电子装置

索引	说明
KOMBI	组合仪表
LIM	充电接口模块
Local-CAN	局部控制器区域网络
OBD	车载诊断（诊断插座）
PDC	驻车距离监控系统
PMA	驻车操作辅助系统
PT-CAN	动力传动控制器区域网络
PT-CAN2	动力传动控制器区域网络2
RDME	增程器数字式发动机电子系统
REME	增程电机电子装置
SAS	选装配置系统
SME	蓄能器管理电子装置
TFE	燃油箱功能电子系统
TBX	触控盒
TCB	远程通信系统盒
TRSVC	顶部后方侧视摄像机
VSG	车辆发声器
ZGM	中央网关模块
1	还与总线端15WUP连接的控制单元
2	唤醒权限的控制单元
3	用于FlexRay总线系统启动和同步的启动节点控制单元
4	车辆上的充电接口

整车网络拓扑图如图3-27所示，图注如表3-27所示。

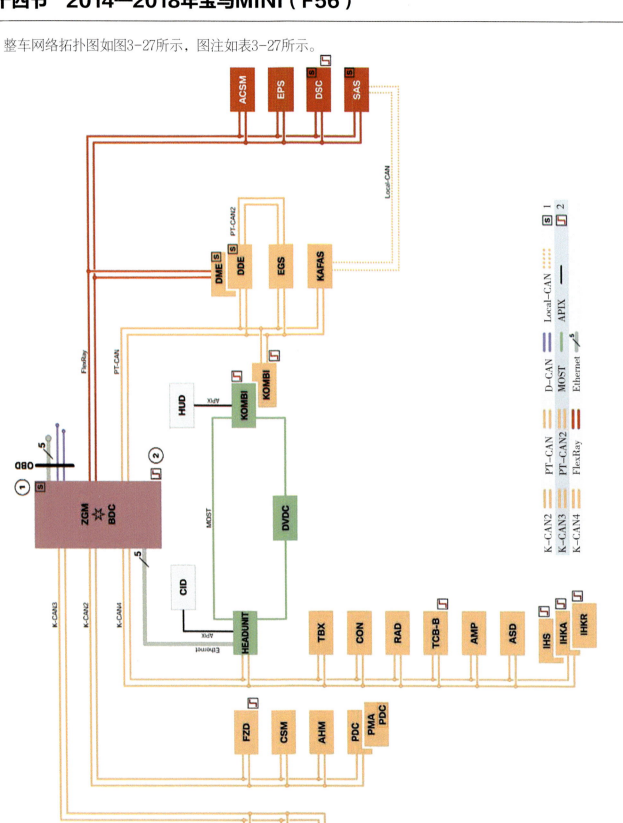

图3-27

表3-27

索引	说明
1	用于 FlexRay 总线系统启动和同步的启动节点控制单元
2	有唤醒权限的控制单元
ACSM	碰撞和安全模块
AHM	挂车模块
AMP	音响放大器
ASD	仿真声效设计系统
APIX	汽车像素链，位串行数据传输技术，用于中央信息显示屏和平视显示屏
BDC	车身域控制器
CID	中央信息显示屏
CON	控制器
CSM	汽车共享模块
D-CAN	诊断控制器区域网络
DDE	数字式柴油机电子系统
DME	数字式发动机电子系统
DSC	动态稳定控制系统
DVDC	DVD 换碟机
EGS	变速器电子控制系统
EPS	电子助力转向系统(电动机械式助力转向系统)
Ethernet	用于局域数据网络的有线数据网络技术
FLEL	左侧前部车灯电子装置
FLER	右侧前部车灯电子装置
FlexRay	用于汽车的快速预定容错总线系统
FZD	车顶功能中心

索引	说明
HEADUNIT	Headunit
HUD	平视显示屏
IHS	手动暖风
IHKR	手动恒温空调
IHKA	自动恒温空调
K-CAN2	车身控制器区域网络2
K-CAN3	车身控制器区域网络3
K-CAN4	车身控制器区域网络4
KAFAS	基于摄像机的驾驶员辅助系统
KOMBI	组合仪表*
Local-CAN	局部控制器区域网络
MOST	多媒体传输系统
OBD	诊断插座
PDC	驻车距离监控系统
PMA	驻车操作辅助系统
PT-CAN	动力传动控制器区域网络
PT-CAN2	动力传动控制器区域网络2
RAD	收音机
SAS	选装配置系统
TBX	触控盒
TCB-B	基本型远程通信系统盒
TRSVC	用于倒车摄像机和侧视系统的控制单元
ZGM	中央网关模块

注：*图3-27所示为高级型组合仪表。基本型组合仪表不连接在多媒体传输系统MOST上。

整车网络拓扑图如图3-28所示，图注如表3-28所示。

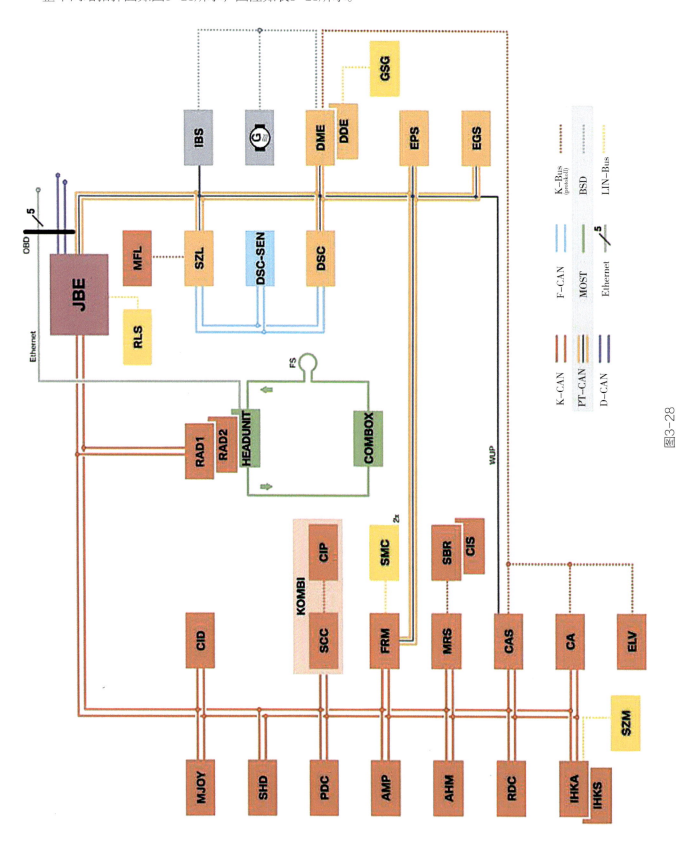

图3-28

表3-28

索引	说明
AHM	挂车模块
AMP	放大器（高保真音响放大器）
CA	舒适登车系统
CAS	便捷登车及启动系统
CID	中央信息显示屏
CIP	中央信息显示板
CIS	美规车辆座椅占用识别装置（电容性内部传感垫）
COMBOX	Combox（Combox紧急呼叫，Combox多媒体）
DDE	数字式柴油机电子系统
DME	数字式发动机电子系统
DSC	动态稳定控制系统
DSC-SEN	DSC 传感器
EGS	变速器电子控制系统
ELV	电动转向锁（仅限欧规车辆）
EPS	电子助力转向系统（电动机械式助力转向系统）
FS	MOST直接存取接口
FRM	脚部空间模块
G	发电机
GSG	预热控制单元
HEADUNIT	MINI Radio Visual Boost 或 MINI 导航系统（CIC Basic 2）

索引	说明
IBS	智能型蓄电池传感器
IHKA	自动恒温空调
IHKS	手动恒温空调
JBE	接线盒电子装置
KOMBI	组合仪表
MFL	多功能方向盘
MJOY	MINI 操纵杆
MRS	多功能乘员保护系统
OBD	诊断插座
PDC	驻车距离监控系统
RAD1	收音机1（MINI CD 收音机）
RAD2	收音机2（MINI Boost CD 收音机）
RDC	轮胎压力监控系统（仅限美规车辆）
RLS	晴雨传感器
SBR	欧规车辆座椅占用识别装置（座椅安全带提醒功能）
SCC	转向柱仪表盘
SHD	滑动 / 外翻式天窗
SMC	步进电机控制器
SZL	转向柱开关中心
SZM	中控台开关中心
WUP	唤醒导线

第四章

路虎捷豹车系车载网络拓扑图

第一节　2011—2015年神行者2

整车网络拓扑图如图4-1所示，图注如表4-1所示。

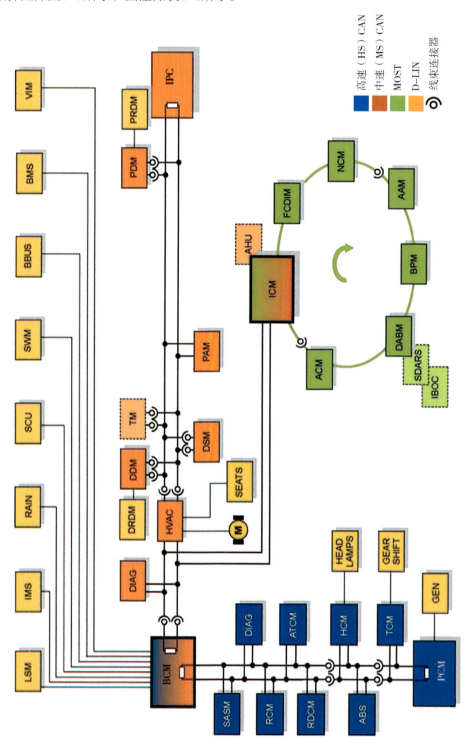

图4-1

表4-1

高速（HS）CAN

索引	说明
BCM	车身控制模块
HCM	大灯控制模块
DIAG	诊断插座
SASM	转向角度传感器模块
RCM	约束控制模块
ATCM	全地形控制模块
RDCM	后差速器控制模块
PCM	动力控制模块
TCM	变速器控制模块
ABS	防抱死制动系统

D-LIN

索引	说明
BBUS	有源响声器
BMS	蓄电池监测系统
VIM	转向柱锁模块
LSM	灯光开关模块
IMS	内部监控传感器（防侵入）
RAIN	雨量传感器
PRDM	乘客侧后门模块
DRDM	驾驶员侧后门模块
SCU	启动控制单元
SWM	转向盘模块

中速（MS）CAN

索引	说明
PDM	乘客车门模块
DIAG	诊断插座
DSM	驾驶员座椅模块
HVAC	加热通风空调控制模块
DDM	驾驶员车门模块
PAM	驻车辅助模块
IPC	仪表

MOST

索引	说明
ACM	音响控制模块
FCDIM	前控制/显示接口模块
NCM	导航控制模块
AAM	音频放大模块
BPM	蓝牙电话模块
DABM	数字收音机广播模块（取决于市场）
SDARS	卫星数字收音机接收系统（取决于市场，限北美洲）
IBOC	高分辨率（HD）无线电（美国陆地数字音频广播的带内同频）

整车网络拓扑图如图4-2所示，图注如表4-2所示。

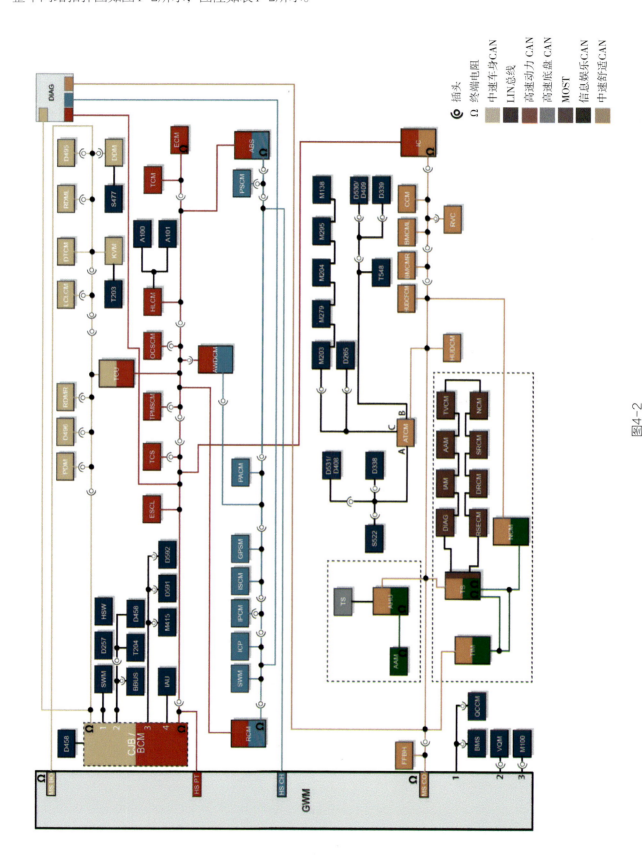

图4-2

表4-2

中速车身CAN

索引	说明
CJB	中央接线盒
KVM	无钥匙车辆模块
BCM	车身控制模块
T203	射频接收器（RFR）
PDM	乘客侧车门模块
RDML	左后车门模块
D496	乘客座椅记忆模块
D495	驾驶员座椅记忆模块
RDMR	右后车门模块
DDM	驾驶员车门模块
TCU	远程通信控制模块
S477	驾驶员车门开关组
LCLCM	行李箱盖控制模块
GWM	网关模块
DTCM	展开式拖车钩控制模块

中速舒适CAN 总线

索引	说明
GWM	网关模块
HUDCM	抬头显示控制模块
FFBH	燃油燃烧型辅助加热器
HUDCFCM	抬头显示冷却风扇控制模块
TIM	电话接口模块
BMCMR	右侧盲点监测控制模块
AHU	音频主机
BMCML	左侧盲点监测控制模块
TS	触摸屏
RVC	后视摄像头
NCM	导航控制模块
CCM	摄像头控制模块
ATCM	自动温度控制模块
IC	组合仪表盘

高速动力CAN

索引	说明
GWM	网关模块
AWDCM	四轮驱动控制模块
CJB	中央接线盒
OCSCM	乘员分类系统控制模块
RCM	约束控制模块
HLCM	前照灯调平控制模块
IC	组合仪表盘
A100	右侧前照灯
ESCL	电子转向柱锁
A101	左侧前照灯
TCS	变速器换挡旋钮
ABS	防抱死制动系统控制模块
TPMSCM	胎压监测系统控制模块
TCM	变速器控制模块
TCU	远程通信控制模块
ECM	发动机控制模块

高速底盘CAN

索引	说明
GWM	网关模块
GPSM	通用接近传感器模块
RCM	约束控制模块
AWDCM	四轮驱动控制模块
SWM	方向盘模块
PACM	泊车辅助控制模块
ICP	集成控制面板
PSCM	动力转向控制模块
IPCM	图像处理控制模块
ABS	防抱死制动系统控制模块
ISCM	集成悬架控制模块

CJB – LIN 总线

索引	说明
SWM	方向盘模块
D257	方向盘开关
HSW	加热型方向盘
BBUS	自备电池报警器
T204	雨水和光照传感器 – RLS
D458	顶置开关面板
M415	遮阳帘电机
D591	右后座椅倾斜
D592	左后座椅倾斜
IAU	防盗止动系统天线单元

GWM – LIN 总线

索引	说明
GWM	网关模块
VQM	电压质量模块
BMS	蓄电池监测系统
M100	发电机控制模块（GCM）
QCCM	静态电流控制模块

ATCM – LIN 总线

索引	说明
S522	后控制台开关组
D531/D408	驾驶员加热型/空调座椅控制模块
D338	左后加热型座椅控制模块
T548	湿度传感器
D530/D409	乘客加热型/空调座椅控制模块
D339	右后加热型座椅控制模块
D265	后自动温控模块
M203	左空气温度风门电机
M279	面部/脚部空气分配电机
M204	右空气温度风门电机
M295	挡风玻璃空气分配电机
M138	再循环电机

MOST

索引	说明
TIM	电话接口模块
TS	触摸屏
NCM	导航控制模块
DIAG	MOST 诊断接头
RSECM	后座娱乐系统控制模块
IAM	集成音频模块
DRCM	数字收音机控制模块
AAM	音频放大器模块
SRCM	卫星广播控制模块
TVCM	电视控制模块
NCM	导航控制模块

信息娱乐CAN

索引	说明
AHU	音频主机
AAM	音频放大器模块
TS	触摸屏 – APIX2 连接

整车网络拓扑图如图4-3所示，图注如表4-3所示。

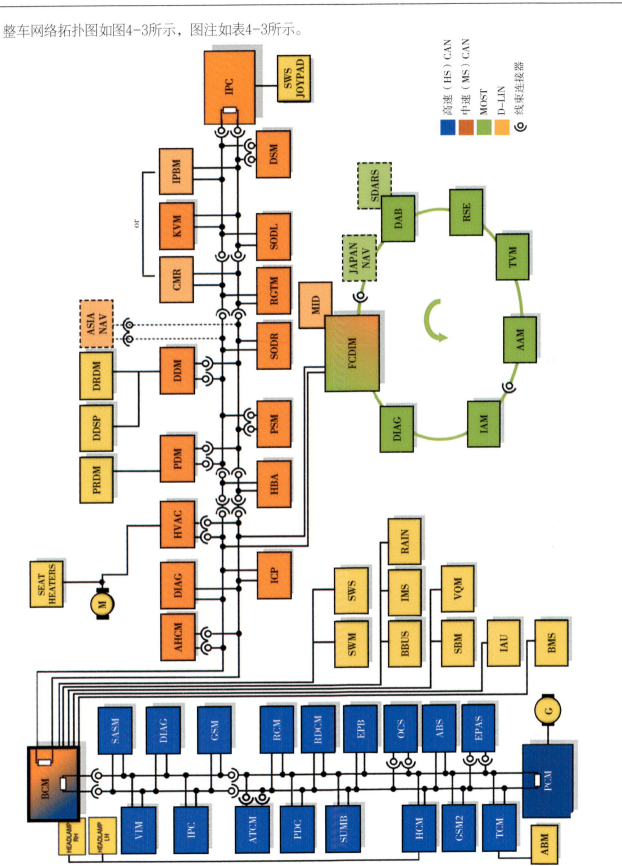

图4-3

表4-3

高速（HS）CAN

索引	说明
BCM	车身控制模块
VIM	转向柱锁模块
IPC	仪表
ATCM	全地形控制模块
PDC	驻车距离控制
SUMB	悬架（自适应减震器）模块
HCM	大灯控制模块
GSM2	换挡控制模块2（电子换挡手柄）
TCM	变速器控制模块
PCM	动力控制模块
EPAS	电动助力转向
ABS	防抱死制动系统
EPB	电子驻车制动
RDCM	后差速器控制模块
RCM	约束控制模块
GSM	换挡控制模块
SASM	转向角度传感器模块
DIAG	诊断插座
OCS	乘员占用分类传感器

P-LIN

索引	说明
HeadlampRH	右大灯
HeadlampLH	左大灯
G	发电机
SWM	转向盘模块
BBUS	有源响声器
SBM	天窗模块
IAU	防盗天线单元
BMS	蓄电池监测系统
SWS	方向盘开关
ABM	附加蓄电池模块
IMS	内部监控传感器（防侵入）
VQM	电压质量模块
RAIN	雨量传感器
M	空调风门电机
SEAT HEATER	座椅加热器
DDSP	驾驶员侧车门开关
PRDM	乘客侧后门模块
DRDM	驾驶员侧后门模块
SWSJOYPAD	方向盘手柄开关

中速（MS）CAN

索引	说明
AHCM	辅助加热控制模块
DIAG	诊断插座
HVAC	加热通风空调控制模块
DDM	驾驶员车门模块
ASIA NAV	亚洲导航系统（取决于市场）
CMR	后视摄像头
KVM	无钥匙模块
IPBM	接近摄像头影像处理模块
IPC	仪表
DSM	驾驶员座椅模块
SODL	侧面物体监测左（盲点监测模块左）
SODR	侧面物体监测右（盲点监测模块右）
RGTM	尾门模块
PSM	乘客座椅模块
HBA	大灯远光辅助
FCDIM	前信息显示控制模块（触摸屏）
MID	多信息显示（低配）
ICP	集成控制面板
PDM	乘客车门模块

MOST

索引	说明
FCDIM	前信息显示控制模块（触摸屏）
DIAG	诊断插座
IAM	集成音响模块
AAM	音响放大器
TVM	电视模块
RSE	后座娱乐
DAB	数字收音机广播（取决于市场）
SDARS	卫星数字收音机接收系统（取决于市场）
JAPAN NAV	日本导航（取决于市场）

整车网络拓扑图如图4-4所示，图注如表4-4所示。

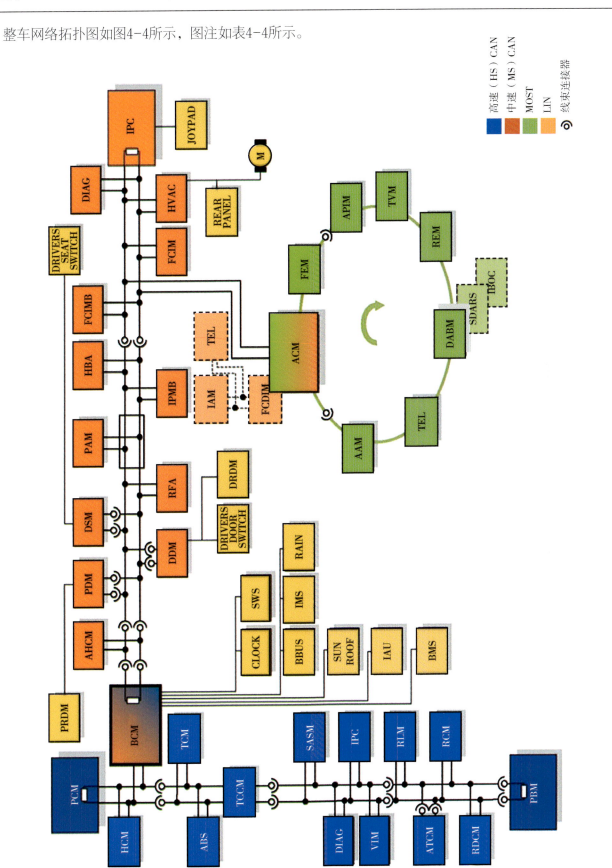

图4-4

表4-4

高速（HS）CAN

索引	说明
BCM	车身控制模块
VIM	转向柱锁模块
IPC	仪表
HCM	大灯控制模块
TCCM	差速器控制模块
PBM	驻车制动模块
ATCM	全地形控制模块
PCM	动力控制模块
TCM	变速器控制模块
ABS	防抱死制动系统
RDCM	后差速器控制模块
RCM	约束控制模块
SASM	转向角度传感器模块
DIAG	诊断插座
RLM	行驶水平模块（空气悬架模块）

中速（MS）CAN

索引	说明
PDM	乘客车门模块
AHCM	辅助加热控制模块
DIAG	诊断插座
HVAC	加热通风空调控制模块
DDM	驾驶员车门模块
HBA	大灯远光辅助
DSM	驾驶员座椅模块
FCIM	前集成控制面板（空调）
PAM	驻车辅助模块
IPC	仪表
RFA	遥控接收器
IPMB	影像处理模块
FCIMB	前控制接口模块B
IAM	集成音频模块
FCDIM	前控制显示接口模块

LIN

索引	说明
CLOCK	模拟时钟
BBUS	有源响声器
IAU	防盗天线单元
JOYPAD	方向盘手柄开关
SWS	方向盘开关
BMS	蓄电池监测系统
IMS	内部监控传感器（防侵入）
RAIN	雨量传感器
PRDM	乘客侧后门模块
DRDM	驾驶员侧后门模块

MOST

索引	说明
ACM	音响控制模块
FEM	前娱乐模块
REM	后娱乐模块
APIM	附加协议接口模块
TVM	电视模块
TEL	电话模块
DABM	数字收音机广播模块（取决于市场）
SDARS	卫星数字收音机接收系统（取决于市场）
IBOC	高分辨率（HD）无线电（美国陆地数字音频广播的带内同频）
AAM	音频放大模块

整车网络拓扑图如图4-5所示，图注如表4-5所示。

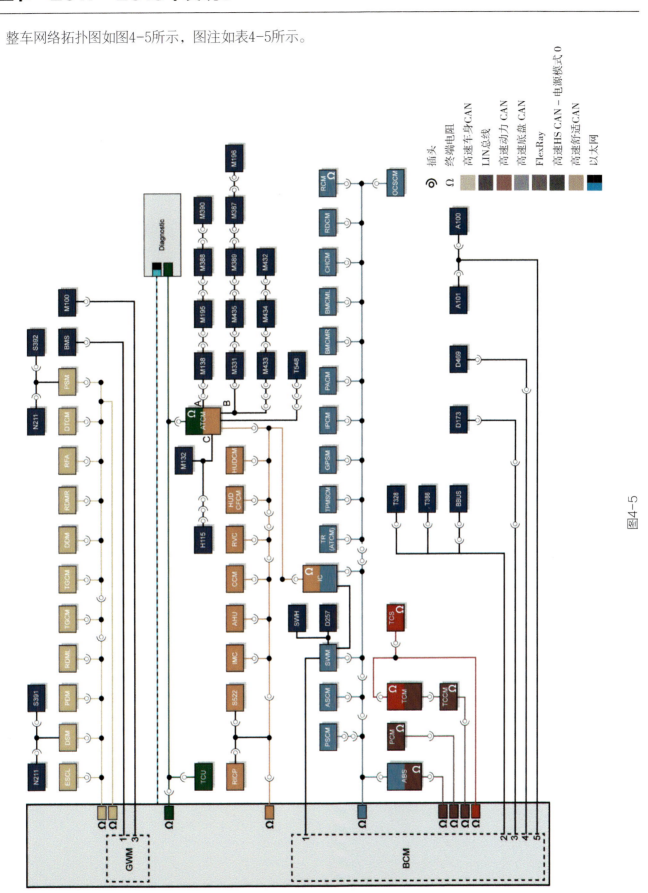

图4-5

表4-5

高速车身CAN

索引	说明
ESCL	电子转向柱锁
DSM	座椅模块 – 驾驶员
N211	主电磁阀 – 按摩
S391/392	开关组 – 驾驶员/乘客座椅
PDM	乘客侧车门模块
RDML	后车门模块 – 左
TGCM	尾门控制模块
DDM	驾驶员车门模块
RDMR	后车门模块 – 右
RFA	遥控功能执行器
DTCM	展开式拖车钩控制模块
PSM	座椅模块 – 乘客
BCM/GWM	车身控制模块/网关模块

GWM-LIN总线

索引	说明
GWM	LIN 总线 1
M100	发电机
GWM	LIN 总线 3
BMS	蓄电池监测系统

高速HS CAN – 电源模式0

索引	说明
TCU	远程通信控制模块
ATCM	自动温控模块
BCM/GWM	车身控制模块/网关模块

LIN 总线

索引	说明
H115	加热器 – 燃油燃烧
M132	电机鼓风机 – 前部
M138	电机模式 – 新鲜再循环空气
M195	电机模式 – 右侧空气分配
M388	电机模式 – 右前空气分配 – 混合
M390	电机模式 – 右后空气分配 – 混合
M331	挡风玻璃分配（除霜）步进电机
M435	电机 – 面部/脚部 – 辅助气候控制
M389	电机 – 左后空气分配 – 混合
M387	电机 – 左前空气分配 – 混合
M196	电机模式 – 左侧空气分配
M433	电机 – 温度混合 – 左侧辅助
M434	电机 – 温度混合 – 右侧辅助
M432	电机 – 温度混合 – 辅助气候控制
T548	传感器挡风玻璃起雾

高速舒适CAN

索引	说明
RICP	后部集成控制面板
S522	后部开关组 – 控制台
IMC	信息娱乐主控制器
AHU	音频主机
CCM	摄像头控制模块
RVC	后视摄像头
HUDCFCM	抬头显示冷却风扇控制模块
HUDCM	抬头显示控制模块
ATCM	自动温控模块
IC	仪表盘
BCM/GWM	车身控制模块/网关模块

高速底盘CAN

索引	说明
ABS	防抱死制动系统控制模块
PSCM	动力转向控制模块
ASCM	自适应速度控制模块
SWM	方向盘模块
SWH	ECU – 可加热方向盘
D257	方向盘右侧模块
IC	仪表盘
TR（ATCM）	全地形反馈开关组
TPMSCM	轮胎压力监测系统控制模块
GPSM	通用接近传感器模块
IPCM	图像处理控制模块
PACM	驻车辅助控制模块
BMCMR	盲点检测控制模块 – 右侧
BMCML	盲点检测控制模块 – 左侧
CHCM	底盘控制模块
RDCM	后差速器控制模块
RCM	约束控制模块
OCSCM	乘员分类传感器控制模块
BCM/GWM	车身控制模块/网关模块

FlexRay

索引	说明
ABS	防抱死制动系统控制模块
PCM	动力传动系统控制模块
TCCM	分动箱控制模块
TCM	变速器控制模块
BCM/GWM	车身控制模块/网关模块

高速动力CAN

索引	说明
TCS	变速器换挡开关
TCM	变速器控制模块
BCM/GWM	车身控制模块/网关模块

BCM – LIN 总线

索引	说明
BCM	LIN 总线 1
SWM	方向盘模块
BCM	LIN 总线 2
BBUS	蓄电池供电发声器
T388	内部位移传感器
T328	雨水环境光线传感器
BCM	LIN 总线 3
D173	ECU 天窗
BCM	LIN 总线4
D469	模块 – 防盗止动系统天线
BCM	LIN总线5
A101	左侧前照灯
A100	右侧前照灯

FlexRay网络拓扑图如图4-6所示，图注如表4-6所示。

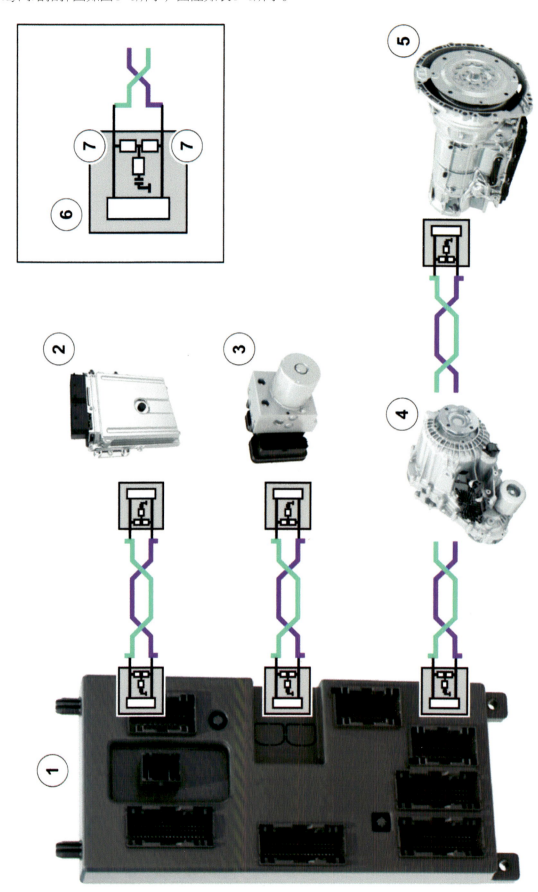

图4-6

表4-6

索引	说明
1	BCM/GWM
2	ECM
3	ABS
4	TCCM（分动器模块）
5	TCM
6	FlexRay^{TM} 终端电阻器电路
7	电阻器

第六节 2006—2012年揽胜

整车网络拓扑图如图4-7所示，图注如表4-7所示。

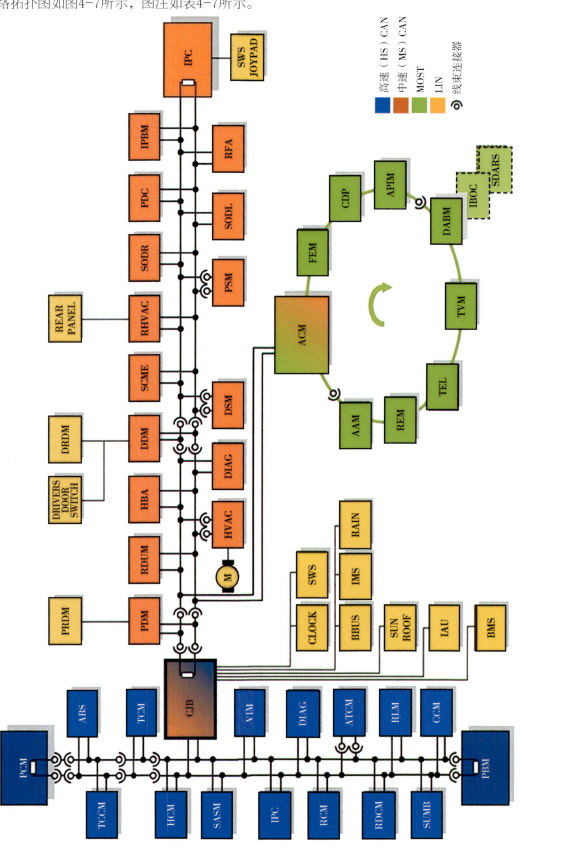

图4-7

表4-7

高速（HS）CAN

索引	说明
CJB	中央接线盒（车身控制模块）
VIM	转向柱锁模块
IPC	仪表
ATCM	全地形控制模块
TCCM	差速器控制模块
SUMB	悬架（自适应减震器）模块
HCM	大灯控制模块
PCM	动力控制模块
TCM	变速器控制模块
ABS	防抱死制动系统
RDCM	后差速器控制模块
RCM	约束控制模块
SASM	转向角度传感器模块
DIAG	诊断插座
RLM	行驶水平模块（空气悬架模块）
CCM	巡航控制模块
PBM	驻车制动模块

LIN

索引	说明
CLOCK	模拟时钟
BBUS	有源响声器
IAU	防盗天线单元
SWS JOYPAD	方向盘手柄开关
SWS	方向盘开关
BMS	蓄电池监测系统
IMS	内部监控传感器（防侵入）
RAIN	雨量传感器
PRDM	乘客侧后门模块
DRDM	驾驶员侧后门模块
M	电机
SUN ROOF	天窗

中速（MS）CAN

索引	说明
PDM	乘客车门模块
RDUM	驾驶者遥控实用模块（摄像头对接台）
DIAG	诊断插座
HVAC	加热通风空调控制模块
DDM	驾驶员车门模块
HBA	大灯远光辅助
SCME	座椅控制模块
RHVAC	后加热通风空调控制模块
SODR	侧面物体监测右（盲点监测模块右）
SODL	侧面物体监测左（盲点监测模块左）
IPC	仪表
DSM	驾驶员座椅模块
PDC	驻车距离模块
PSM	乘客座椅模块
IPBM	图像处理模块
RFA	遥控功能执行器

MOST

索引	说明
ACM	音响控制模块
FEM	前娱乐模块
REM	后娱乐模块
AAM	音频放大模块
TVM	电视模块
CDP	CD播放器
TEL	电话模块
DABM	数字收音机广播模块（取决于市场）
SDARS	卫星数字收音机接收系统（取决于市场）
IBOC	高分辨率（HD）无线电（美国陆地数字音频广播的带内同频）
APIM	附加协议接口模块

整车网络拓扑图如图4-8所示，图注如表4-8所示。

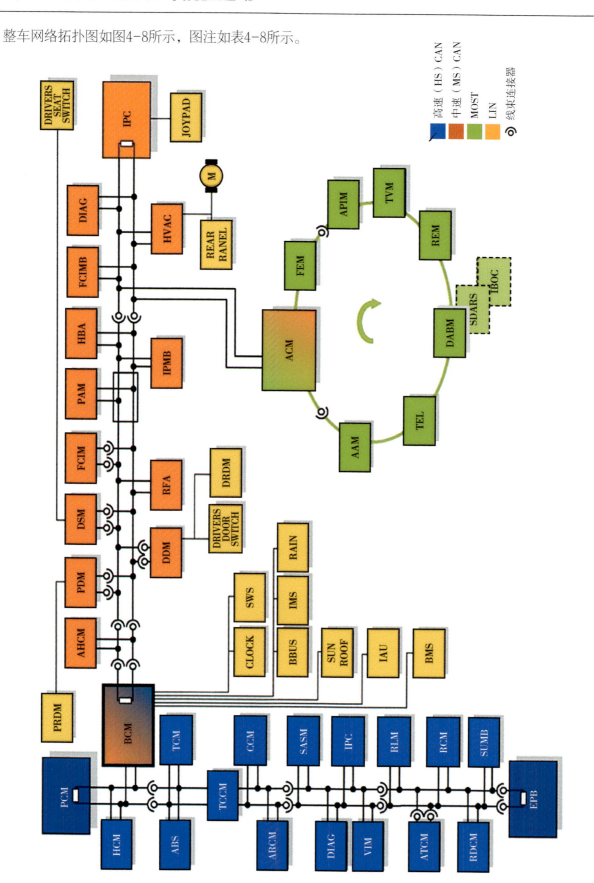

图4-8

表4-8

高速（HS）CAN

索引	说明
BCM	车身控制模块
VIM	转向柱锁模块
IPC	仪表
ATCM	全地形控制模块
TCCM	差速器控制模块
SUMB	悬架（自适应减震器）模块
ARCM	主动翻滚控制模块
PCM	动力控制模块
TCM	变速器控制模块
ABS	防抱死制动系统
RDCM	后差速器控制模块
RCM	约束控制模块
SASM	转向角度传感器模块
DIAG	诊断插座
RLM	行驶水平模块（空气悬架模块）
CCM	巡航控制模块
EPB	电子驻车制动
HCM	大灯控制模块

LIN

索引	说明
CLOCK	模拟时钟
BBUS	有源响声器
IAU	防盗天线单元
JOYPAD	方向盘手柄开关
SWS	方向盘开关
BMS	蓄电池监测系统
IMS	内部监控传感器（防侵入）
RAIN	雨量传感器
PRDM	乘客侧后门模块
DRDM	驾驶员侧后门模块
M	电机
SUN FOOF	天窗
REAR PANEL	后面板

中速（MS）CAN

索引	说明
PDM	乘客车门模块
AHCM	辅助加热控制模块
DIAG	诊断插座
HVAC	加热通风空调控制模块
DDM	驾驶员车门模块
HBA	大灯远光辅助
DSM	驾驶员座椅模块
FCIM	前集成控制面板（空调）
PAM	驻车辅助模块
IPC	仪表
RFA	遥控接收器
IPMB	影像处理模块
FCIMB	前控制接口模块B

MOST

索引	说明
ACM	音响控制模块
FEM	前娱乐模块
REM	后娱乐模块
APIM	附加协议接口模块
TVM	电视模块
TEL	电话模块
DABM	数字收音机广播模块（取决于市场）
SDARS	卫星数字收音机接收系统（取决于市场）
IBOC	高分辨率（HD）无线电（美国陆地数字音频广播的带内同频）
AAM	音频放大模块

整车网络拓扑图如图4-9所示，图注如表4-9所示。

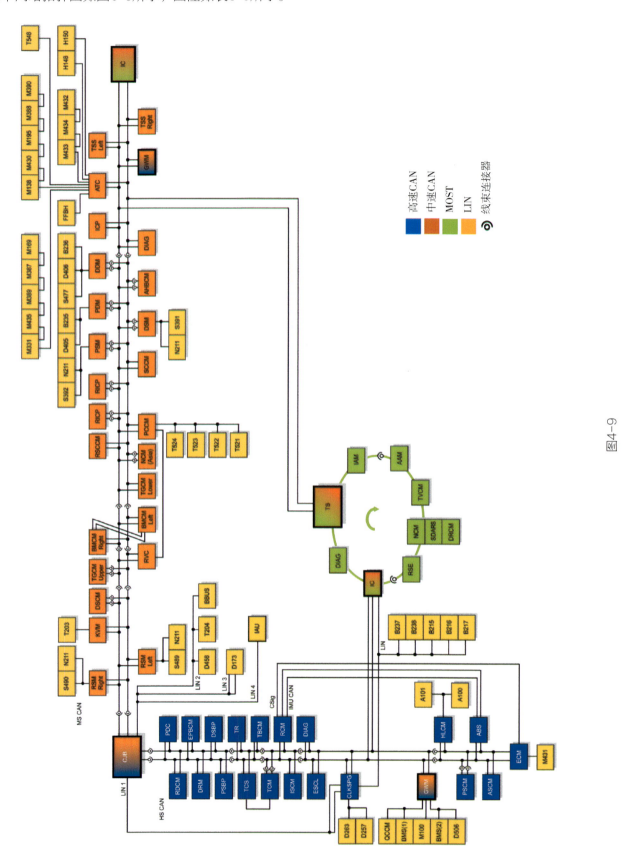

图4-9

表4-9

高速CAN

索引	说明
CJB	中央接线盒
PSBP	乘客安全带张紧器
DIAG	诊断接头
RCM	约束控制模块
DRM	动态响应控制模块
RDCM	后差速器控制模块
DSBP	驾驶者安全带预张紧器
TBCM	分动箱控制模块
EPBCM	电动驻车制动器控制模块
TCM	变速器控制模块
ESCL	电动转向柱锁控制模块（VIM）
TCS	变速器控制开关
ISCM	集成式悬架控制模块
TR	全地形反馈开关组
PDC	驻车距离控制模块
ABS	制动防抱死控制模块
GWM	网关模块
ASCM	自适应速度控制模块
HLCM	前照灯调平控制模块
CLKSPG	时钟弹簧（方向盘模块）
PSCM	动力转向控制模块
ECM	发动机控制模块

中速CAN

索引	说明
BMCM	盲点监控模块
RSCCM	后排座椅气候控制模块
RSM	后座椅模块
DSCM	可展开式侧踏板控制模块
KVM	免钥匙车辆模块
RVC	后视照相机
NCM	导航控制模块
TGCM	尾门控制模块
PCCM	邻近摄像头控制模块
RICP	后集成控制面板
AHBCM	自动远光灯控制模块（后视镜）
PDM	乘客车门模块
ATC	自动温度控制模块
PSM	驾驶者座椅模块
DDM	驾驶员门模块
DIAG	诊断接头
SCCM	座椅温度控制模块
DSM	驾驶员座椅模块
GWM	网关模块
TSS	触摸屏开关组件
IC	组合仪表
ICP	集成控制面板

LIN

索引	说明
BBUS	蓄电池供电发声器
T203	RF 接收器
D173	天窗开启面板控制模块
T204	雨水 / 光线传感器
D458	前顶置控制台
T521	左前邻近摄像头
IAU	锁止器天线单元
T522	右前邻近摄像头
N211	按摩装置主电磁阀
T523	左后视镜邻近摄像头
S489	左后座椅开关组件
T524	右后视镜邻近摄像头
S490	右后座椅开关组件
M389	左后温度混合电机
B235	车门储物袋环境照明（左前和左后）
B236	车门储物袋环境照明（右前和右后）
M390	右后温度混合电机
D405	后车门模块（左侧）
M430	冷风旁路电机
D406	后车门模块（右侧）
M432	面部 / 脚步辅助气候控制电机
FFBH	燃油式中间加热器
M433	左侧辅助气候控制温度混合电机
M434	右侧辅助气候控制温度混合电机
H148	驾驶者加热型座椅座垫元件
H150	乘客加热型座椅座垫元件
M435	后面部 / 脚步电机
M138	新鲜空气 / 再循环空气电机
M169	左侧电机空气分配模式
S391	驾驶者按摩开关组件
M195	右侧电机空气分配模式
S392	乘客按摩开关组件
M331	除雾分配电机
S477	驾驶者侧开关组
M387	右后温度混合电机
T548	湿度传感器
M388	右前温度混合电机
A100	前照灯总成（右侧）
BMS（2）	蓄电池监测系统控制模块（辅助蓄电池）
A101	前照灯总成（左侧）
D257	右侧方向盘开关组件

索引	说明
B215	左前地板控制台环境照明 LED
B216	右前地板控制台环境照明 LED
D506	双蓄电池保险丝盒
D263	加热型方向盘控制模块
B217	中央控制台环境照明 LED
M100	发电机
B237	左前地板控制台环境照明 LED
BMS（1）	蓄电池监测系统控制模块（主蓄电池）
M431	主动进气格栅电机
B238	右前地板控制台环境照明 LED
QCCM	静态电流控制模块

MOST

索引	说明
AAM	音频放大器模块
NCM	导航控制模块
DIAG	诊断接头
RSE	后座娱乐系统控制模块
DRCM	数字收音机控制模块
SDARS	卫星数字音频无线电服务
IAM	集成语音模块
IC	组合仪表 TVCM TV 控制模块
TS	触摸屏（单视图 / 双视图）MOST 主部件

整车网络拓扑图如图4-10所示，图注如表4-10所示。

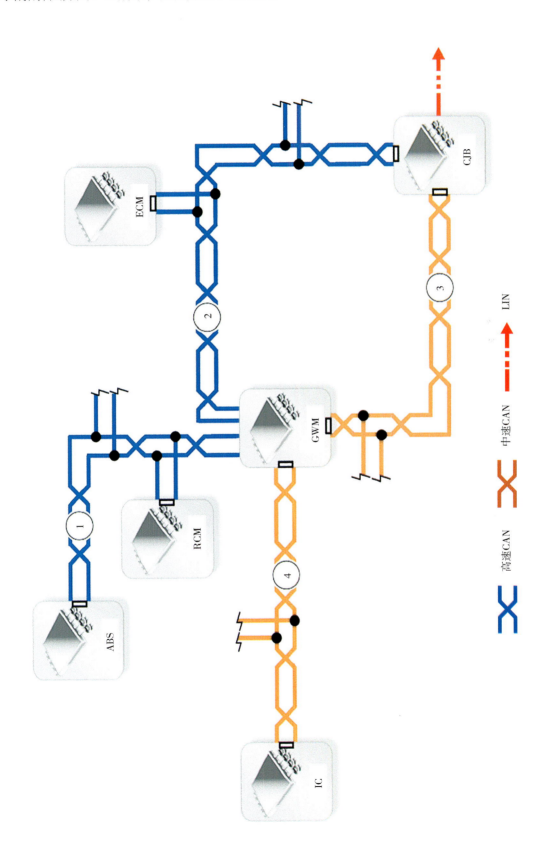

图4-10

表4-10

索引	说明
1	HSCAN 底盘
2	HSCAN 动力系统
3	MSCAN 车身
4	MSCAN 舒适度
ABS	防抱死制动系统模块
ECM	发动机控制模块
RCM	约束控制模块
CJB	中央接线盒
GWM	网关模块
IC	仪表盘

动力总成系统高速HS CAN网络拓扑图如图4-11所示，图注如表4-11所示。

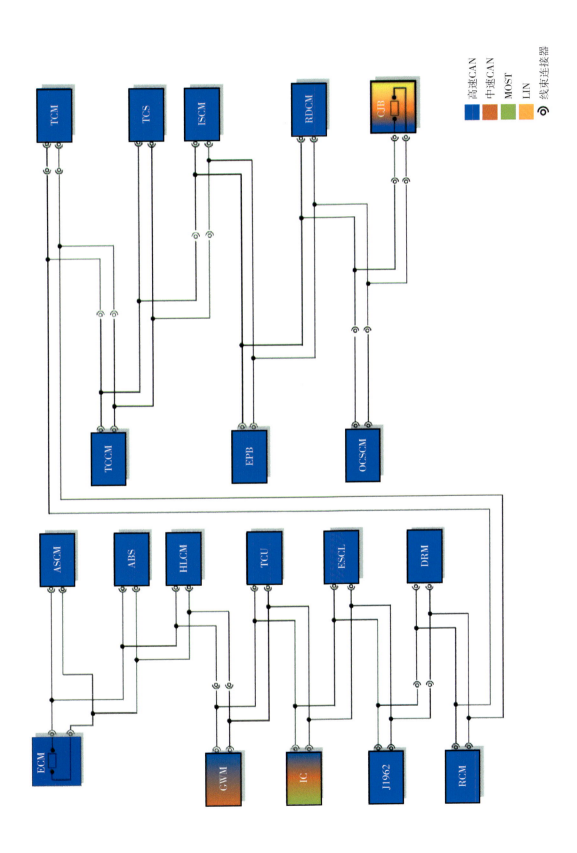

图4-11

表4-11

索引	说明
ECM	发动机控制模块
ASCM	自适应速度控制模块
TCM	变速器控制模块
ABS	防抱死制动系统
TCCM	分动箱控制模块
TCS	变速器控制开关
HLCM	前照灯调平控制模块
ISCM	集成式悬架控制模块
GWM	网关模块
TCU	远程通信控制模块
EPB	电子驻车制动器模块
IC	仪表盘
RDCM	后差速器控制模块
ESCL	电动转向柱锁模块
OCSCM	乘员分类传感器控制模块
J1962	诊断接头
DRM	动态响应控制模块
CJB	中央接线盒
RCM	约束控制模块

底盘高速HS CAN网络拓扑图如图4-12所示，图注如表4-12所示。

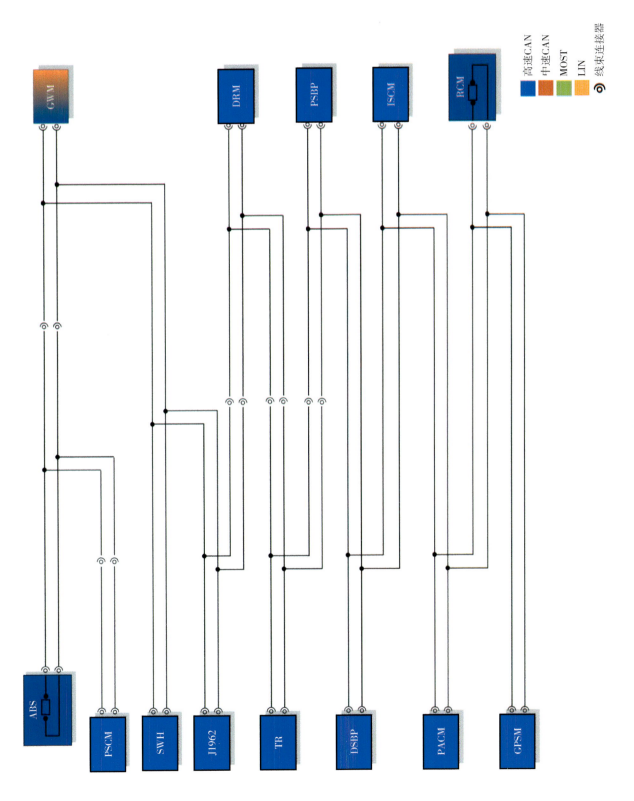

图4-12

表4-12

索引	说明
ABS	防抱死制动系统
GWM	网关模块
PSCM	动力转向控制模块
SWH	方向盘模块
J1962	诊断接头
DRM	动态响应控制模块
TR	地形优化开关
PSBP	乘客座椅安全带张紧器
DSBP	驾驶员座椅安全带张紧器
ISCM	集成式悬架控制模块
PACM	驻车辅助控制模块
RCM	约束控制模块
GPSM	通用近距离传感器模块

车身中速MS CAN网络拓扑图如图4-13所示，图注如表4-13所示。

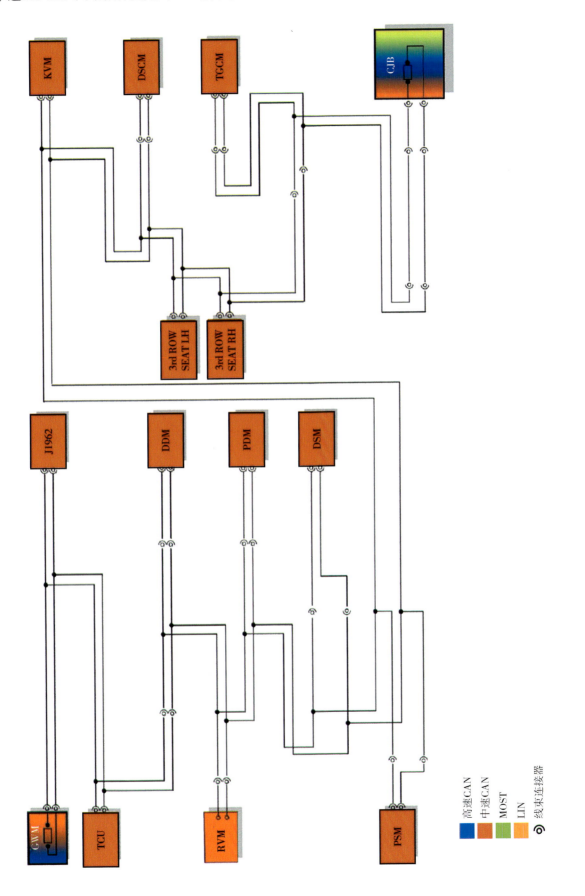

图4-13

表4-13

索引	说明
GWM	网关模块
J1962	诊断接头
KVM	免钥匙车辆模块
TCU	远程通信控制模块
3rd ROW SEAT LH	第3排座椅左侧模块
3rd ROW SEAT RH	第3排座椅右侧模块
DSCM	可展开式侧踏板控制模块
DDM	驾驶员车门模块
TGCM	尾门控制模块
RVM	后视镜
PDM	乘客车门模块
DSM	驾驶者座椅模块
PSM	乘客座椅模块
CJB	中央接线

舒适中速MS CAN网络拓扑图如图4-14所示，图注如表4-14所示。

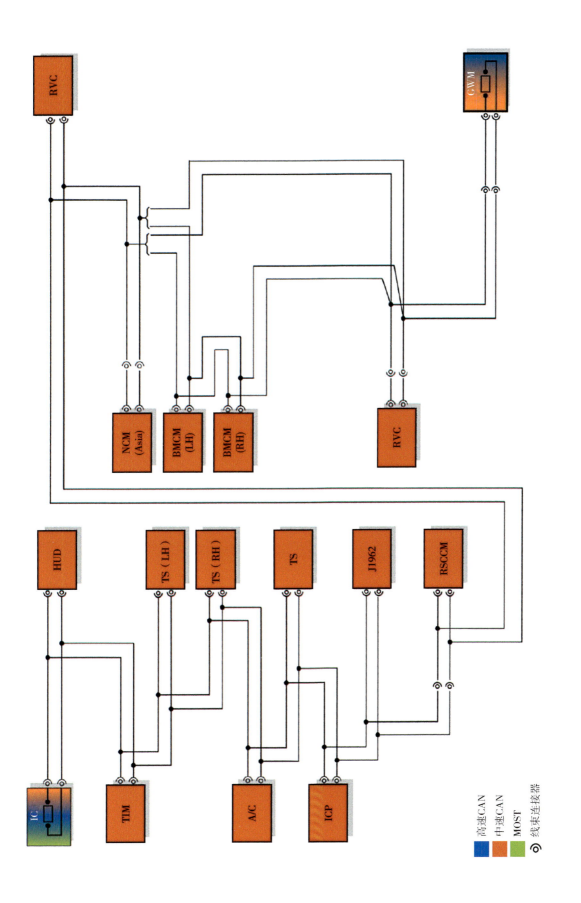

图4-14

高速CAN
中速CAN
MOST
线束连接器

175

表4-14

索引	说明
IC	仪表盘
HUD	平视显示器
RVC	后视摄像头
TIM	电话接口模块
NCM（Asia）	导航控制模块（亚洲）
TS（LH）	左侧触摸屏
TS（RH）	右侧触摸屏
BMCM（LH）	盲点监控控制模块（左侧）
BMCM（RH）	盲点监控控制模块（右侧）
A/C	空调控制模块
TS	触摸屏
ICP	集成控制面板
J1962	诊断接头
RVC	后视摄像头模块（多摄像头用）
RSCCM	后排座椅气候控制模块
GWM	网关模块

MOST网络拓扑图如图4-15所示，图注如表4-15所示。

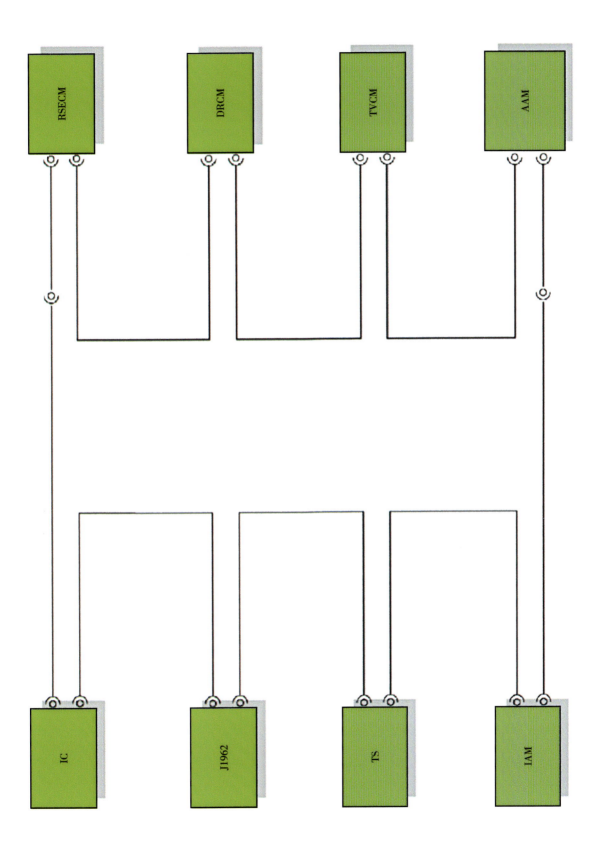

图4-15

表4-15

索引	说明
IC	驾驶员信息模块
J1962	诊断接头（注意：不是CAN网络的诊断接头）
TS	触摸屏
IAM	集成语音模块
RSECM	后座娱乐系统控制模块
TVCM	电视控制模块
AAM	音频放大器模块
DRCM	数字收音机控制模块

CJB连接的LIN网络拓扑图如图4-16所示，图注如表4-16所示。

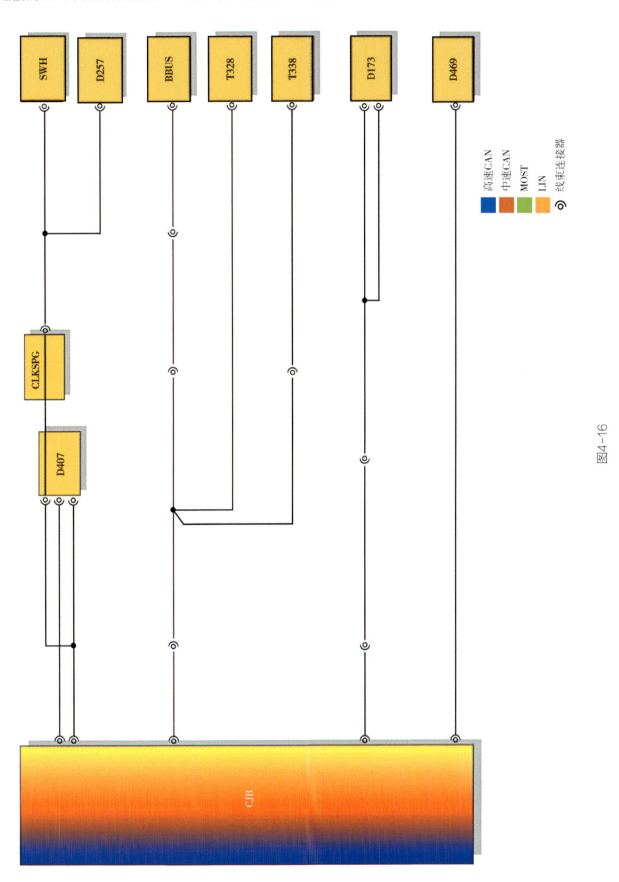

图4-16

表4-16

索引	说明
CJB	中央接线盒
D407	方向盘控制模块
CLKSPG	时钟弹簧
SWH	方向盘加热器控制模块
D257	方向盘模块（右侧）
BBUS	有源发声器
T328	雨水环境光线传感器
T338	内部位移传感器
D173	天窗模块
D469	锁止器天线模块

整车网络拓扑图如图4-17所示，图注如表4-17所示。

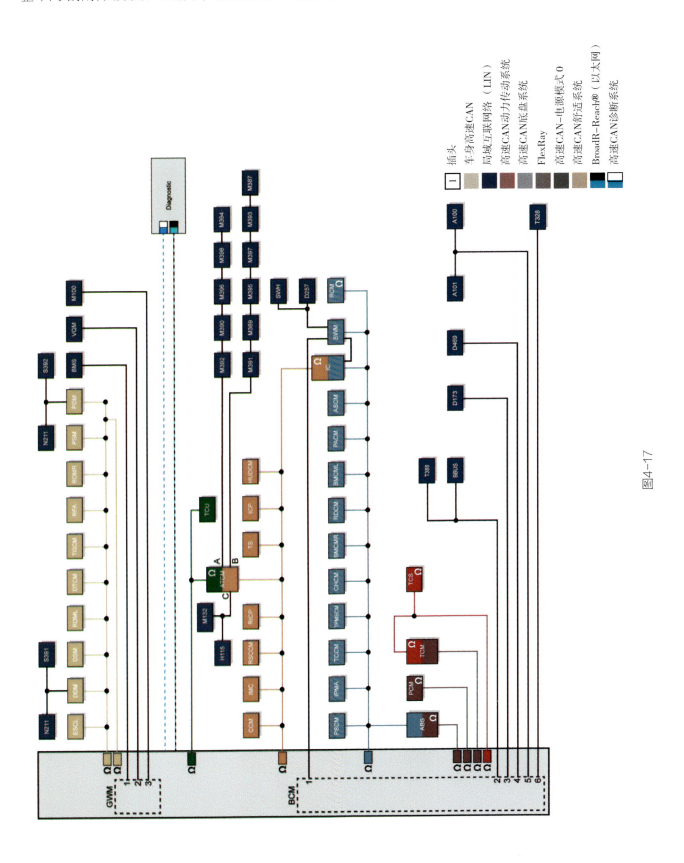

图4-17

表4-17

车身高速CAN

索引	说明
ESCL	电子转向柱锁
DSM	座椅模块－驾驶员
N211	主电磁阀－按摩
S391/392	开关组－驾驶员/乘客座椅
PDM	乘客侧车门模块
RDML	后车门模块－左
TGCM	尾门控制模块
DDM	驾驶员车门模块
RDMR	后车门模块－右
RFA	遥控功能执行器
DTCM	展开式拖车钩控制模块
PSM	座椅模块－乘客
BCM/GWM	车身控制模块/网关模块

高速 CAN 舒适系统

索引	说明
S393	后排可加热座椅开关
ICP	集成控制面板（ICP）
IMC	信息娱乐主控制器
D460	后部空调控制面板
CCM	摄像头控制模块
RVC	后视摄像头
TS	触摸屏
HUDCM	抬头显示控制模块
ATCM	自动温控模块
IC	仪表盘
BCM/GWM	车身控制模块/网关模块

高速CAN电源模式0

索引	说明
TCU	远程通信控制模块
ATCM	自动温控模块
BCM/GWM	车身控制模块/网关模块

GWM－LIN 总线

索引	说明
GWM 1	LIN 总线 1
BMS	蓄电池监测系统
GWM 2	LIN 总线 2
VQM	电压质量模块
GWM 3	LIN 总线 3
M100	发电机

ATCM－LIN 总线

索引	说明
H115	加热器－燃油燃烧
M132	电机鼓风机－前部
M392	电机-空气分配-脚部-前-右
M390	电机-空气分配-混合-后-右
M396	电机-空气分配-面部-前-右
M398	电机-空气分配-面部-后-右
M394	电机-空气分配-脚部-后-右
M389	电机-左后空气分配-混合
M391	电机-空气分配-脚部-前-左
M395	电机-空气分配-面部-前-左
M397	电机-空气分配-面部-后-左
M393	电机-空气分配-脚部-后-左
M387	电机-左前空气分配-混合

BCM－LIN 总线

索引	说明
BCM 2	LIN 总线 2
BBUS	蓄电池供电发声器
T388	内部位移传感器
BCM 3	LIN 总线 3
D173	ECU 天窗
BCM 4	LIN 总线 4
D469	模块－防盗止动系统天线
BCM 5	LIN 总线 5
A101	左侧前照灯
A100	右侧前照灯
BCM 6	LIN 总线 6
T328	雨水环境光线传感器

高速CAN 底盘系统

索引	说明
ABS	防抱死制动系统控制模块
PSCM	动力转向控制模块
ASCM	自适应速度控制模块
SWM	方向盘模块
SWH ECU	可加热方向盘
D257	方向盘右侧模块
IC	仪表盘
TCCM	分动箱控制模块
TPMSCM	轮胎压力监测系统控制模块
PACM	驻车辅助控制模块
IPMA	图像处理控制模块 A
BMCML	盲点检测控制模块 – 左侧
BMCMR	盲点检测控制模块 – 右侧
RDCM	后差速器控制模块
CHCM	底盘控制模块
OCSCM	乘员分类传感器控制模块
RCM	约束控制模块
BCM/GWM	车身控制模块/网关模块

FlexRay

索引	说明
ABS	防抱死制动系统控制模块
PCM	动力传动系统控制模块
BCM/GWM	车身控制模块/网关模块
TCM	变速器控制模块

高速CAN 动力传动系统

索引	说明
TCS	变速器换挡开关
TCM	变速器控制模块
BCM/GWM	车身控制模块/网关模块

第十一节　2011—2013年捷豹XK

整车网络拓扑图如图4-18所示，图注如表4-18所示。

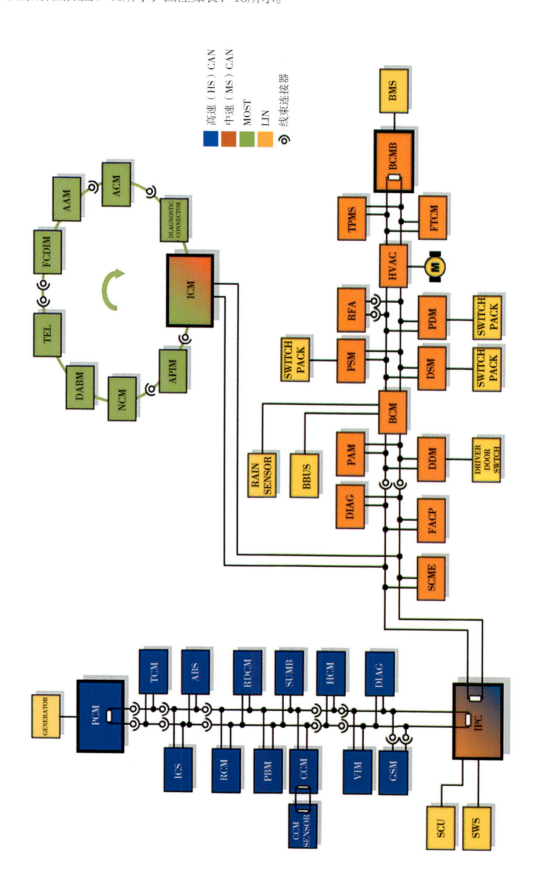

图4-18

表4-18

高速（HS）CAN

索引	说明
PCM	动力控制模块
TCM	变速器控制模块
ICS	乘员占用分类传感器
ABS	防抱死制动系统
RCM	约束控制模块
RDCM	后差速器控制模块
PBM	驻车制动控制模块
SUMB	自适应减震器模块
CCM	巡航控制模块
HCM	大灯控制模块
VIM	转向柱锁模块
GSM	换挡控制模块
IPC	仪表

LIN

索引	说明
BBUS	有源响声器
BMS	蓄电池监测系统
SWS	方向盘开关
SCU	启动控制单元
RAIN SENSOR	雨量传感器

中速（MS）CAN

索引	说明
SCME	驾驶员侧空调座椅模块
FACP	集成控制面板
DDM	驾驶员车门模块
PAM	驻车辅助控制模块
BCM	车身控制模块
DSM	驾驶员座椅模块
PSM	乘客座椅模块
PDM	乘客车门控制模块
RFA	无钥匙模块
HVAC	加热通风空调控制模块
TPMS	轮胎压力监控系统
BCMB	辅助继电器盒B

MOST

索引	说明
ICM	集成信息控制模块
APIM	附件接口控制模块
NCM	导航模块
DABM	数字收音机广播模块
TEL	电话模块
FCDIM	前控制显示接口模块
AAM	音响放大器
ACM	音响控制模块

第十二节　2012—2018年捷豹XF

整车网络拓扑图如图4-19所示，图注如表4-19所示。

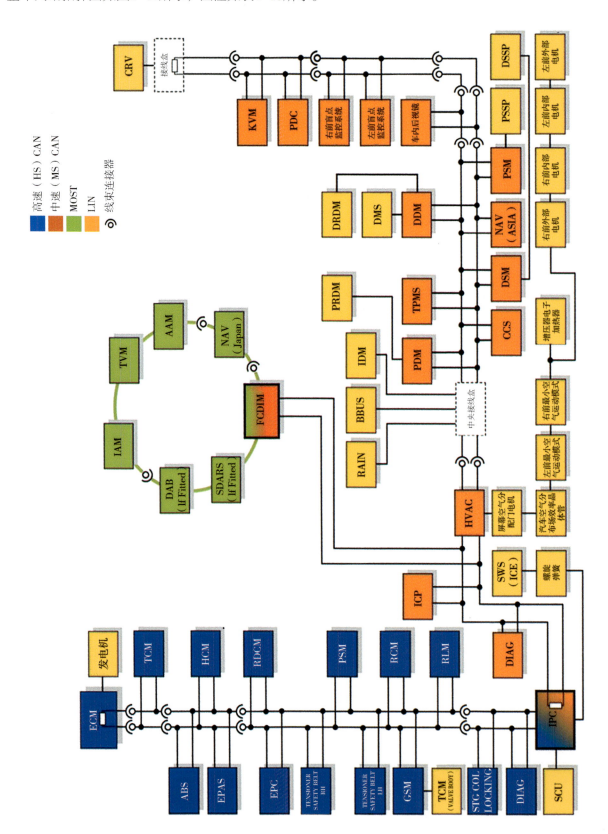

图4-19

表4-19

高速（HS）CAN

索引	说明
ECM	发动机控制模块
TCM	变速器控制模块
ABS	防抱死制动系统
EPAS	电动助力转向
HCM	大灯控制模块
RDCM	后差速器控制模块
EPC	电子驻车控制
PSM	乘客座椅模块
RCM	约束控制模块
GSM	换挡控制模块
RLM	行驶水平模块（空气悬架模块）
DIAG	诊断插座
IPC	仪表
STG COL LOCKING	转向柱锁
Tensioner Safty belt	安全带预紧器

LIN

索引	说明
TCM	变速器控制模块（阀体）
SCU	启动控制模块
SWS（ICE）	方向盘开关（车内娱乐）
RAIN	雨量传感器
BBUS	有源喇叭
IDM	头顶控制台
PRDM	乘客侧后门模块
DRDM	驾驶员侧后门模块
DMS	驾驶员侧后视镜开关
CRV	后摄像头
PSSP	乘客座椅开关
DSSP	驾驶员座椅开关

中速（MS）CAN

索引	说明
FCDIM	前信息控制显示模块
DIAG	诊断插座
ICP	集成控制面板
HVAC	加热通风空调控制模块
PDM	乘客车门模块
TPMS	轮胎压力监控系统
DDM	驾驶员车门模块
CCS	气候控制模块
DSM	驾驶员座椅模块
NAV ASIA	亚洲导航
PSM	乘客座椅模块
PDC	驻车距离控制模块
KVM	无钥匙控制模块

MOST

索引	说明
NAV JAPAN	日本导航
AAM	音响放大器
TVM	电视模块
IAM	集成音响模块
DAB	数字收音机广播模块
SDARS	卫星数字收音机接收系统（取决于市场）
FCDIM	前显示控制模块

整车网络拓扑图如图4-20所示，图注如表4-20所示。

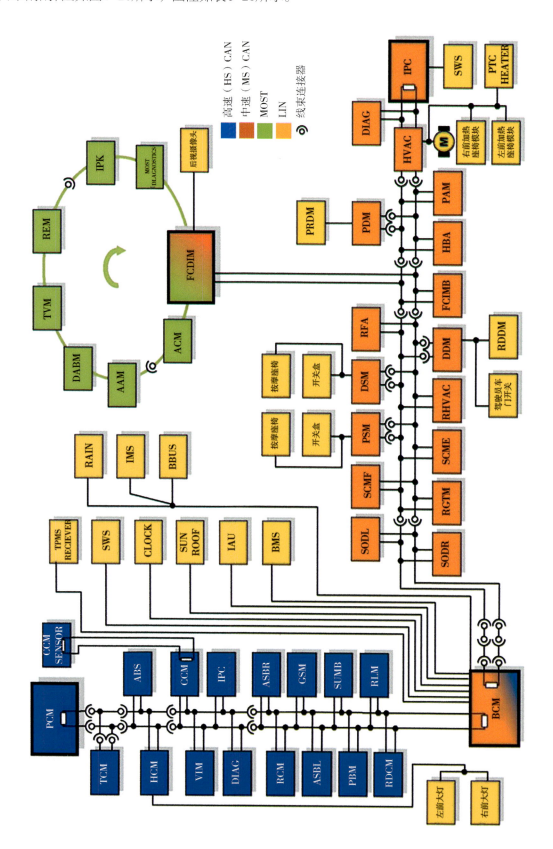

图4-20

表4-20

高速（HS）CAN

索引	说明
PCM	动力控制模块
TCM	变速器控制模块
ABS	防抱死制动系统
HCM	大灯控制模块
CCM	巡航控制模块
VIM	转向柱锁模块
IPC	仪表
ASBR	主动式安全带右
RCM	约束控制模块
GSM	换挡控制模块
ASBL	主动式安全带左
SUMB	自适应减震器模块
PBM	驻车制动控制模块
RLM	行驶水平控制模块
RDCM	后差速器控制模块
BCM	车身控制模块

LIN

索引	说明
TPMS RECIEVER	轮胎压力监控系统接收器
SWS	方向盘开关
IAU	防盗天线单元
BMS	蓄电池监测系统
RAIN	雨量传感器
BBUS	有源响声器
PRDM	乘客侧后门模块
RDDM	驾驶员侧后门模块
PTC HEATER	主动式温度协同加热器
Seat Heater	座椅加热器
CLOCK	模拟时钟
IMS	内部监控传感器
M	电机
SUN ROOF	天窗

中速（MS）CAN

索引	说明
SODR	侧面物体监测右（盲点监测模块右）
SODL	侧面物体监测左（盲点监测模块左）
RGTM	尾门模块
SCMF	后空调座椅模块
SCME	驾驶员侧空调座椅模块
PSM	乘客座椅模块
RHVAC	后加热通风空调控制模块
DSM	驾驶员座椅模块
DDM	驾驶员车门模块
RFA	无钥匙模块
FCIMB	前控制接口模块B（前音响控制面板）
FCDIM	前控制显示接口模块（前高配显示）
HBA	大灯辅助
PDM	乘客车门控制模块
PAM	驻车辅助控制模块
HVAC	加热通风空调控制模块
DIAG	诊断插座

MOST

索引	说明
ACM	音响控制模块
AAM	音响放大器
DABM	数字收音机广播模块
TVM	电视模块
REM	后娱乐模块
FCDIM	前显示控制模块
IPK	仪表

整车网络拓扑图如图4-21所示，图注如表4-21所示。

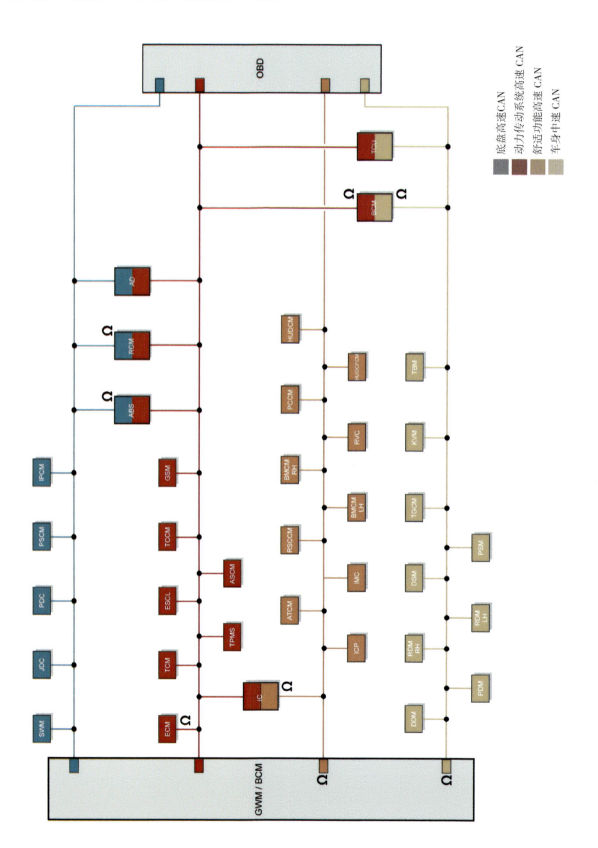

图4-21

表4-21

索引	说明
ABS	防抱死制动系统控制模块
AD	自适应减震
ASCM	自适应速度控制模块
ATCM	自动温度控制模块
BCM	车身控制模块
BMCM-LH	盲点监控模块 – 左
BMCM-RH	盲点监控模块 – 右
DDM	驾驶员车门模块
DSM	座椅模块 – 驾驶员
ECM	发动机控制模块
ESCL	电子转向柱锁
GSM	换挡模块
GWM/BCM	车身控制模块/网关模块总成
HUDCM	抬头显示控制模块
HUDCFCM	抬头显示冷却风扇控制模块
IC	仪表盘
ICP	集成控制面板
IPCM	图像处理控制模块
IMC	信息娱乐主控制器
JDC	捷豹驾驶控制系统（JaguarDrive Control^{TM}）

索引	说明
KVM	无钥匙车辆模块
OBD	车载诊断连接器
PCCM	近距离摄像头控制模块
PDC	驻车距离控制模块
PDM	乘客侧车门模块
PSM	座椅模块 – 乘客
PSCM	动力转向控制模块
RCM	约束控制模块
RDM –LH	后车门模块 – 左
RDM –RH	后车门模块 – 右
RSCCM	后座椅气候控制模块
RVC	后视摄像头
SWM	方向盘模块
TBM	牵引杆模块
TCM	变速器控制模块
TCCM	变速器壳体控制模块
TCU	远程通信控制模块
TGCM	尾门控制模块
TPMS	轮胎压力监测系统
Ω	120Ω终端电阻器

第五章

保时捷车系车载网络拓扑图

第一节　2014—2018年MACAN

整车网络拓扑图如图5-1所示。

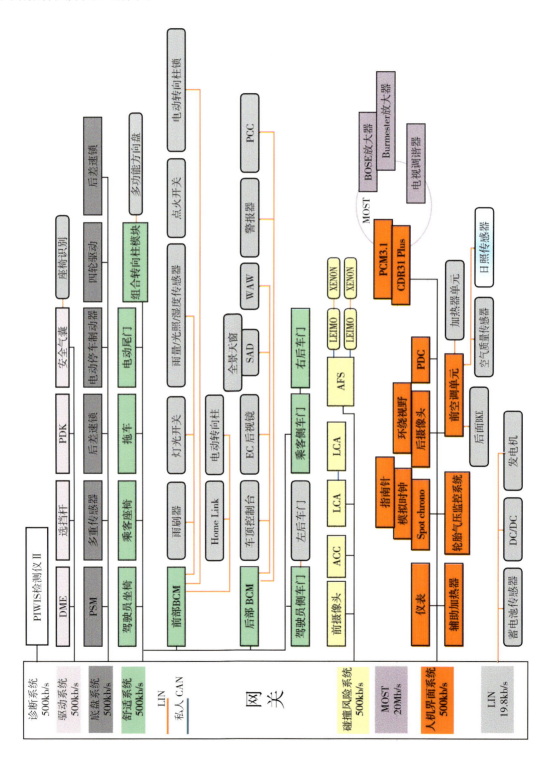

图5-1

整车网络拓扑图如图5-2所示。

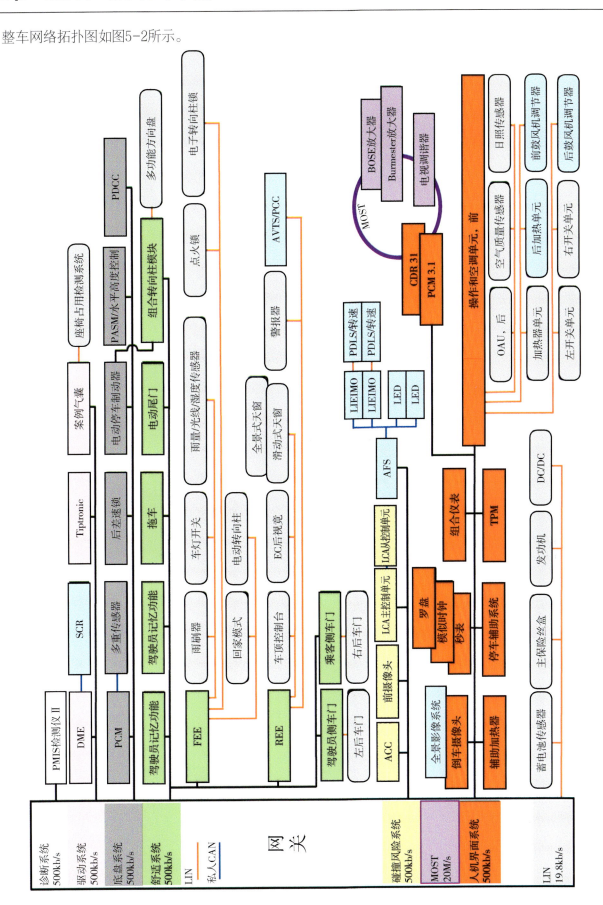

图5-2

整车网络拓扑图如图5-3所示。

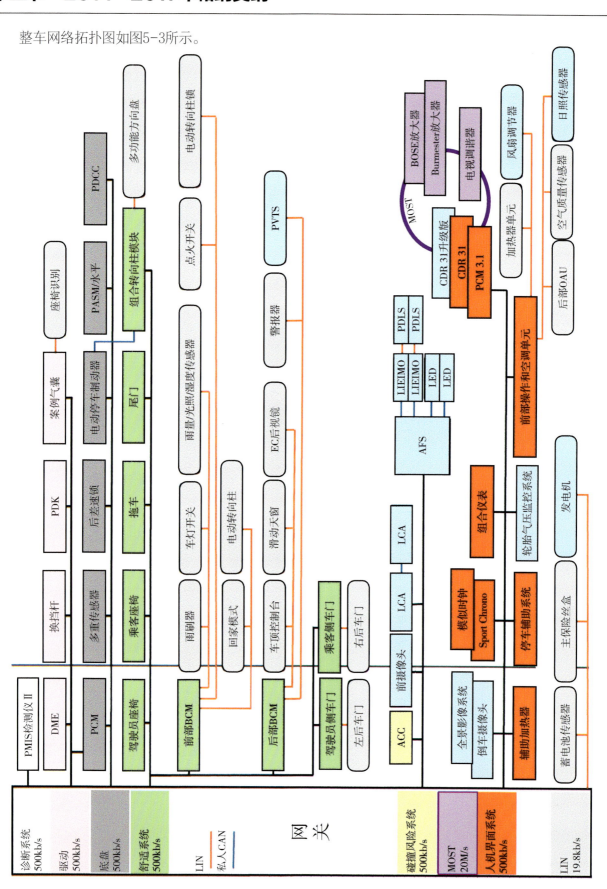

图5-3

整车网络拓扑图如图5-4所示。

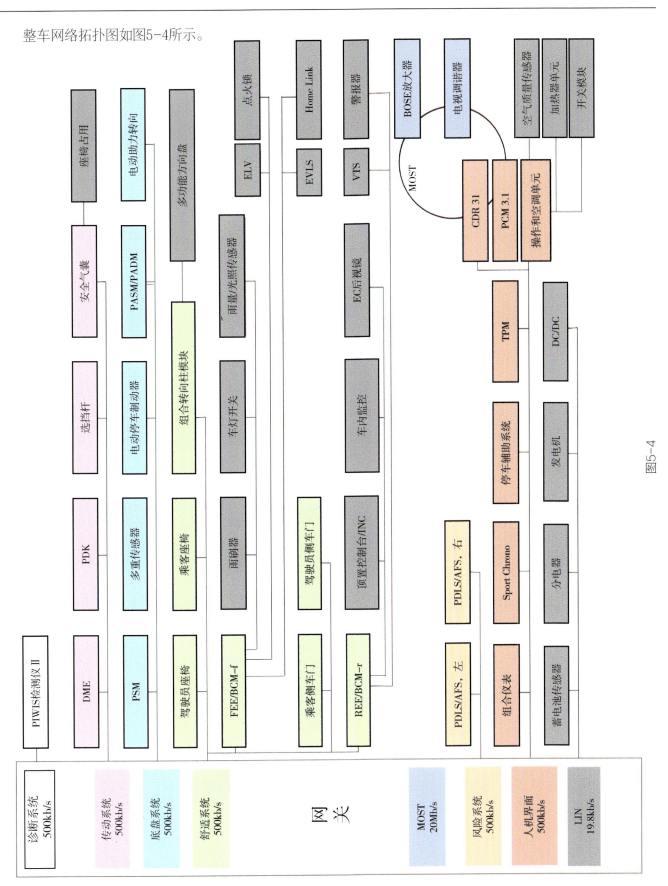

图5-4

整车网络拓扑图如图5-5所示。

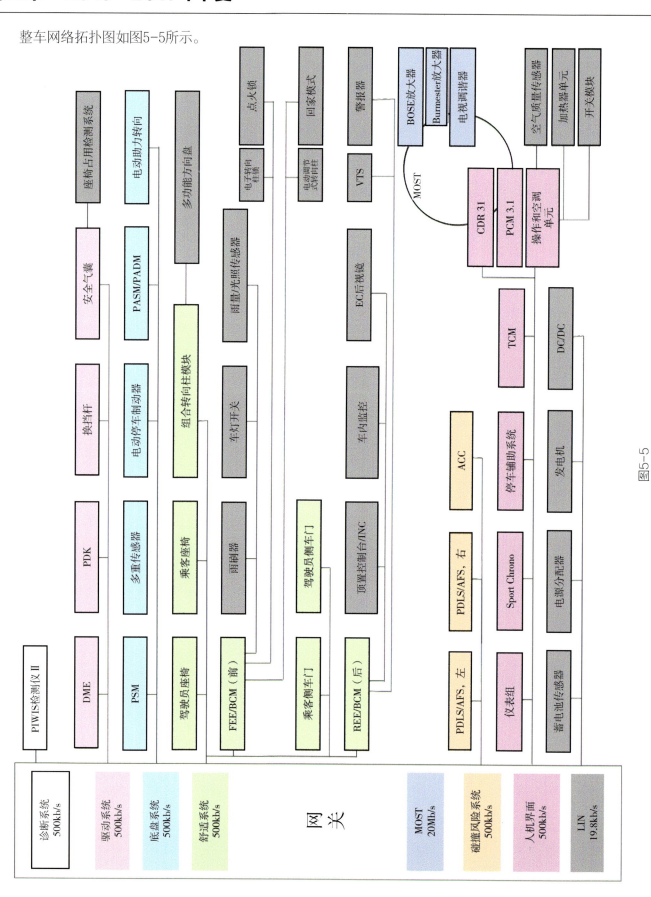

图5-5

第六节　2014—2017年911 Turbo/Turbo S

整车网络拓扑图如图5-6所示。

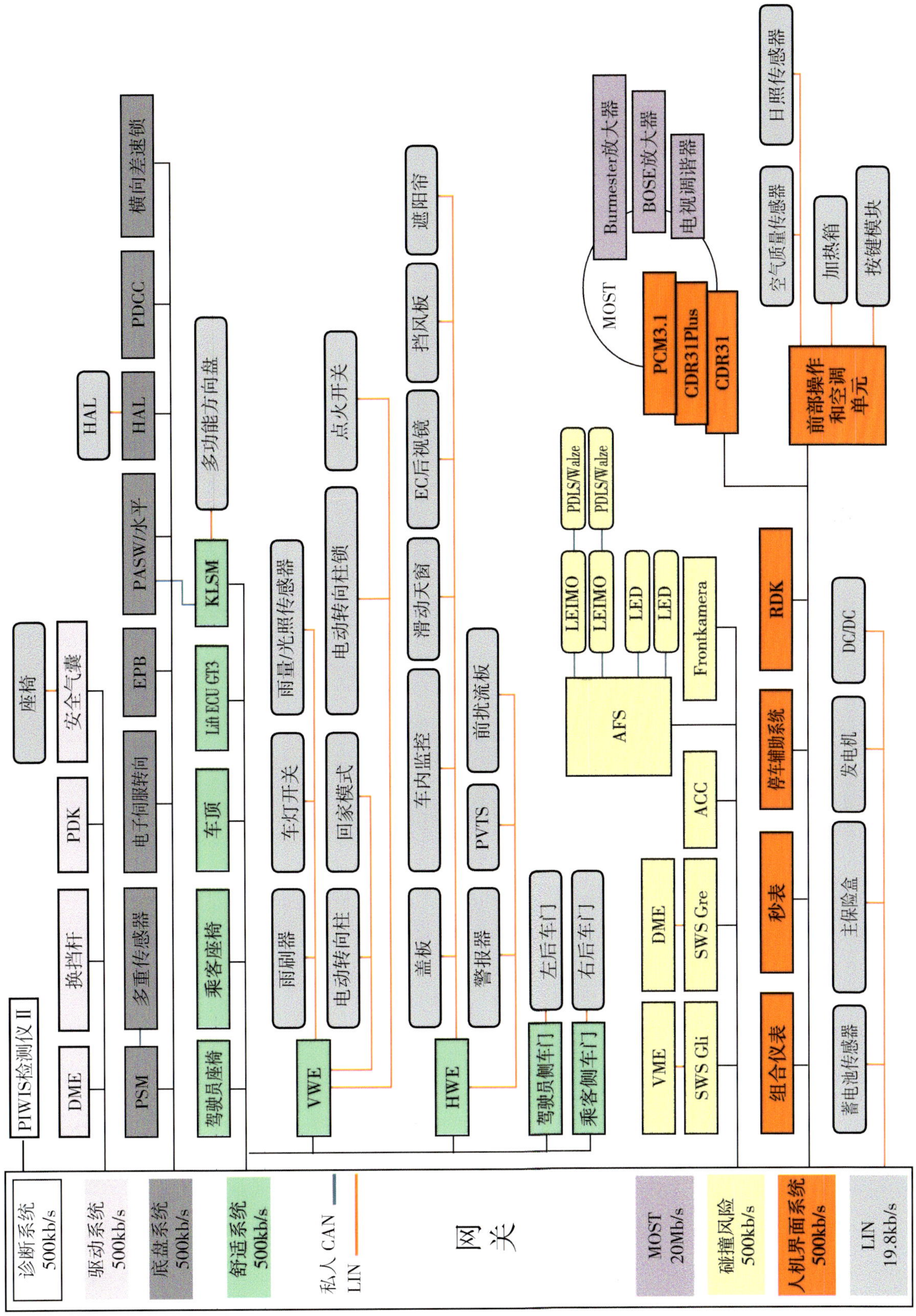

图5-6

整车网络拓扑图如图5-7所示。

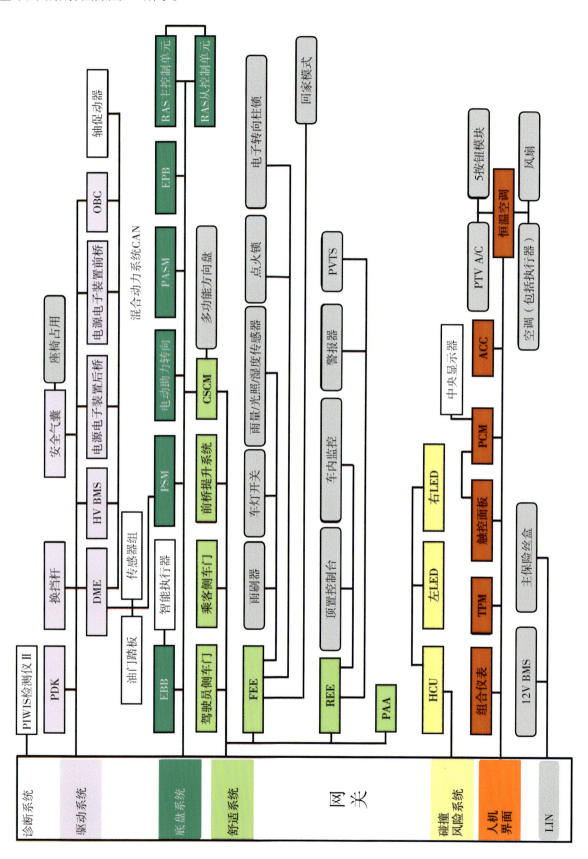

图5-7

整车网络拓扑图如图5-8所示。

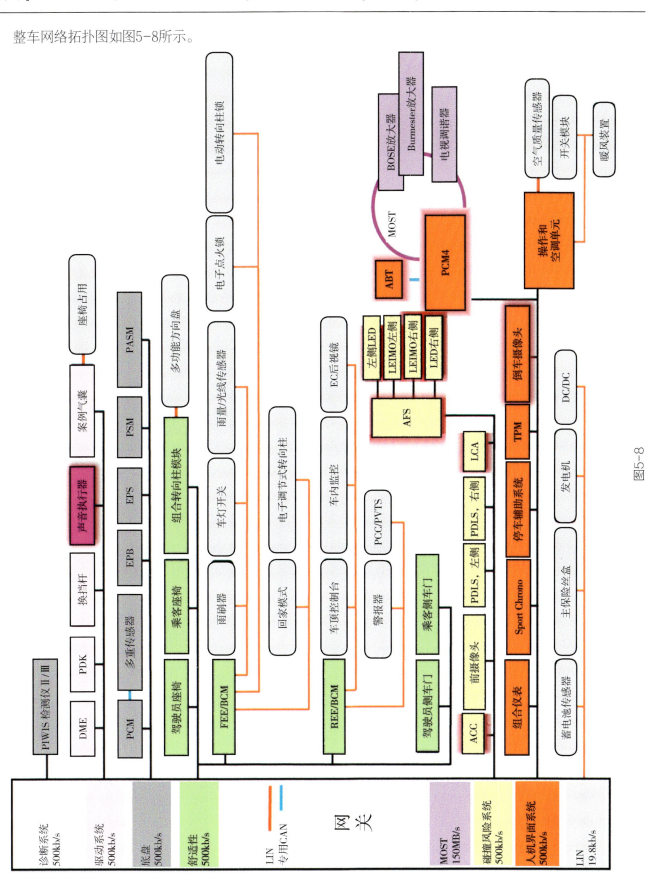

图5-8

整车网络拓扑图如图5-9所示。

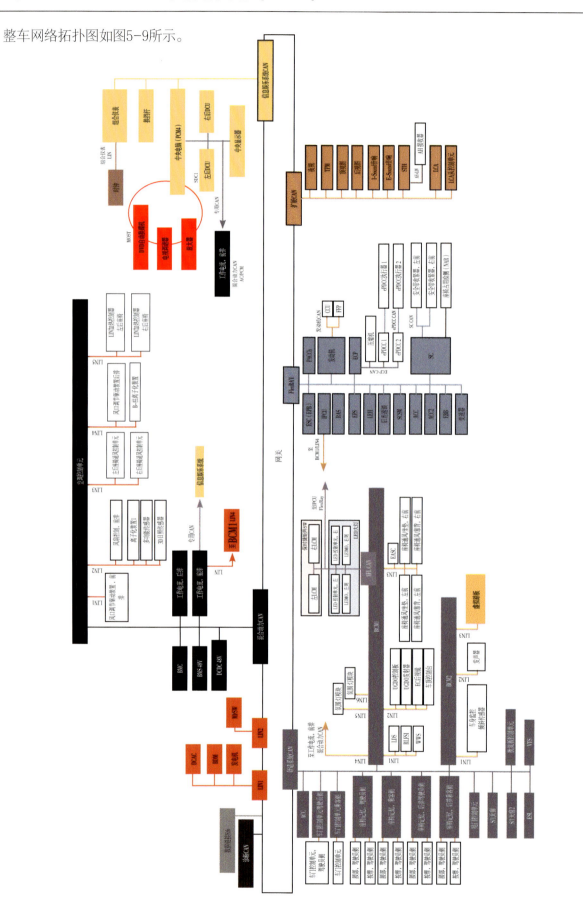

图5-9

第六章

玛萨拉蒂车系车载网络拓扑图

第一节　2014—2018年吉博力

整车网络拓扑图如图6-1所示，图注如表6-1所示。

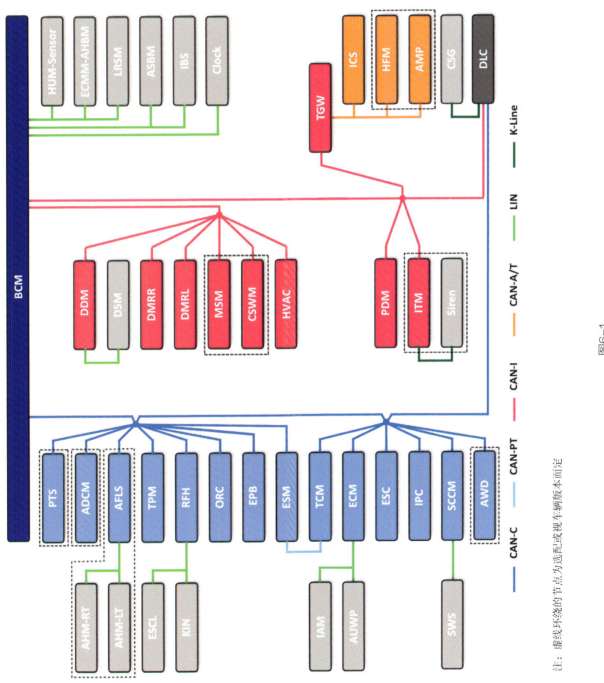

图6-1

注：虚线环绕的节点为选配或视车辆版本而定

表6-1

索引	说明
ADCM	主动阻尼控制模块
AFLS	自适应前照明系统
AHM-LT	自动前照灯模块-左
AHM-RT	自动前照灯模块-右
AMP	放大器
ASBM	附件开关组模块
AUWP	辅助水泵
BCM	车身控制模块
Clock	时钟
CSG	动力转向模块
CSWM	舒适型座椅和车轮模块
DDM	驾驶员车门模块
DMRL	左后车门模块
DMRR	右后车门模块
DSM	车门开关模块
ECM	发动机控制模块
ECMM-AHBM	防眩目后视镜模块-自动远光灯模块
EPB	电子驻车制动系统
ESCL	电子转向柱锁
ESM	电子换挡模块

索引	说明
HFM	免提模块
HUM-Sensor	湿度传感器
HVAC	暖通空调系统
IAM	智能交流发电机模块
IBS	智能蓄电池传感器
ICS	娱乐系统中央控制器
IPC	组合仪表
ITM	入侵收发器模块
LRSM	光线和雨量传感器模块
MSM	记忆座椅模块
ORC	乘员保护控制器
PDM	乘客侧车门模块
PTS	驻车控制系统
RFH	射频集线器
SCCM	转向柱控制模块
Siren	报警系统警报器
SWS	方向盘开关
TCM	变速器控制模块
TGW	通信网关
TPM	轮胎压力模块

整车网络拓扑图如图6-2所示，图注如表6-2所示。

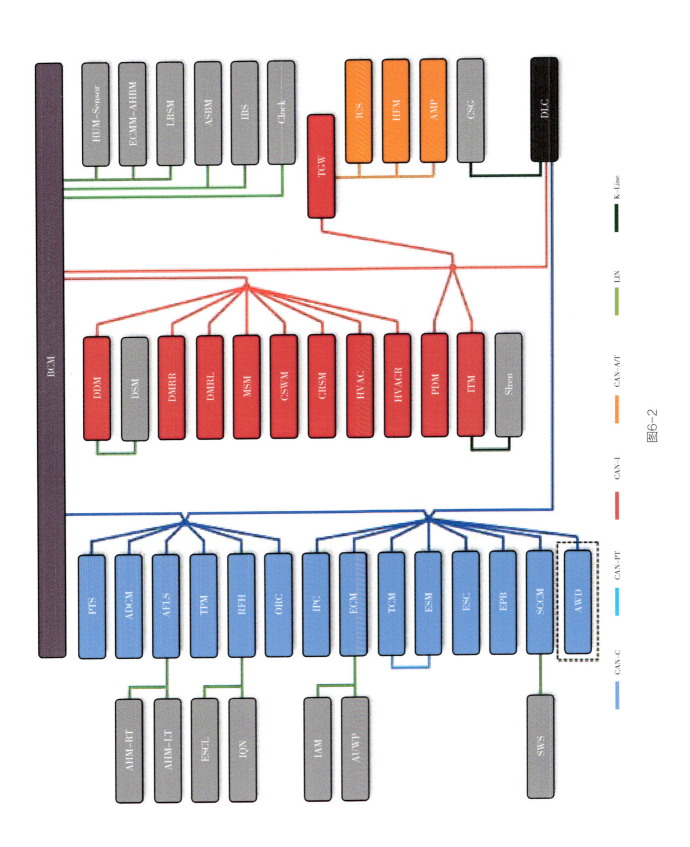

图6-2

表6-2

索引	说明
ADCM	主动阻尼控制模块
AFLS	自适应前照明系统
AHM-LT	自动前照灯模块-左
AHM-RT	自动前照灯模块-右
AMP	放大器
ASBM	附件开关组模块
AUWP	辅助水泵
AWD	全轮驱动
BCM	车身控制模块
Clock	时钟
CRSM	舒适型后排座椅模块
CSG	动力转向模块
CSWM	舒适型座椅和车轮模块
DDM	驾驶员车门模块
DLC	诊断连接插头
DMRL	左后车门模块
DMRR	右后车门模块
DSM	车门开关模块
ECM	发动机控制模块
ECMM-AHBM	防眩目后视镜模块-自动远光灯模块
EPB	电子驻车制动系统
ESC	电子稳定控制系统
ESCL	电子转向柱锁

索引	说明
ESM	电子换挡模块
HFM	免提模块
HUM-Sensor	湿度传感器
HVAC	暖通空调系统
HVACR	后部加热、通风和空调单元
IAM	智能交流发电机模块
IBS	智能蓄电池传感器
ICS	娱乐系统中央控制器
IPC	组合仪表
ITM	入侵收发器模块
KIN	无钥匙启动模块
LRSM	光线和雨量传感器模块
MSM	记忆座椅模块
ORC	乘员保护控制器
PDM	乘客侧车门模块
PTS	驻车控制系统
RFH	射频集线器
SCCM	转向柱控制模块
Siren	报警系统警报器
SWS	方向盘开关
TCM	变速器控制模块
TGW	通信网关
TPM	轮胎压力模块

第三节 2013—2018年总裁V8

整车网络拓扑图如图6-3所示，图注如表6-3所示。

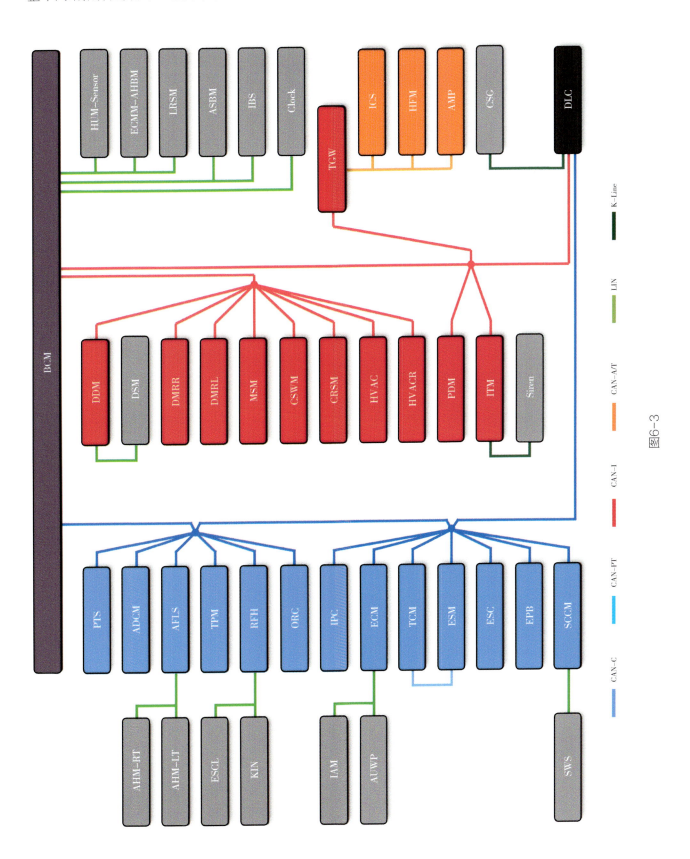

图6-3

表6-3

索引	说明
ADCM	主动阻尼控制模块
AFLS	自适应前照明系统
AHM-LT	自动前照灯模块-左
AHM-RT	自动前照灯模块-右
AMP	放大器
ASBM	附件开关组模块
AUWP	辅助水泵
BCM	车身控制模块
Clock	时钟
CRSM	舒适后排座椅模块
CSG	动力转向模块
CSWM	舒适座椅和车轮模块
DDM	驾驶员车门模块
DMRL	左后车门模块
DMRR	右后车门模块
DSM	车门开关模块
ECM	发动机控制模块
ECMM-AHBM	防眩目后视镜模块-自动远光灯模块
EPB	电子驻车制动系统
ESC	电子稳定控制系统
ESCL	电子转向柱锁
ESM	电子换挡模块

索引	说明
HFM	免提模块
HUM-Sensor	湿度传感器
HVAC	暖通空调系统
HVACR	后部加热、通风和空调单元
IAM	智能交流发电机模块
IBS	智能蓄电池传感器
ICS	娱乐系统中央控制器
IPC	组合仪表
ITM	入侵收发器模块
KIN	无钥匙启动模块
LRSM	光线和雨量传感器模块
MSM	记忆座椅模块
ORC	乘员保护控制器
PDM	乘客侧车门模块
PTS	驻车控制系统
RFH	射频集线器
SCCM	转向柱控制模块
Siren	报警系统警报器
SWS	方向盘开关
TCM	变速器控制模块
TGW	通信网关
TPM	轮胎压力模块

整车网络拓扑图如图6-4所示，图注如表6-4所示。

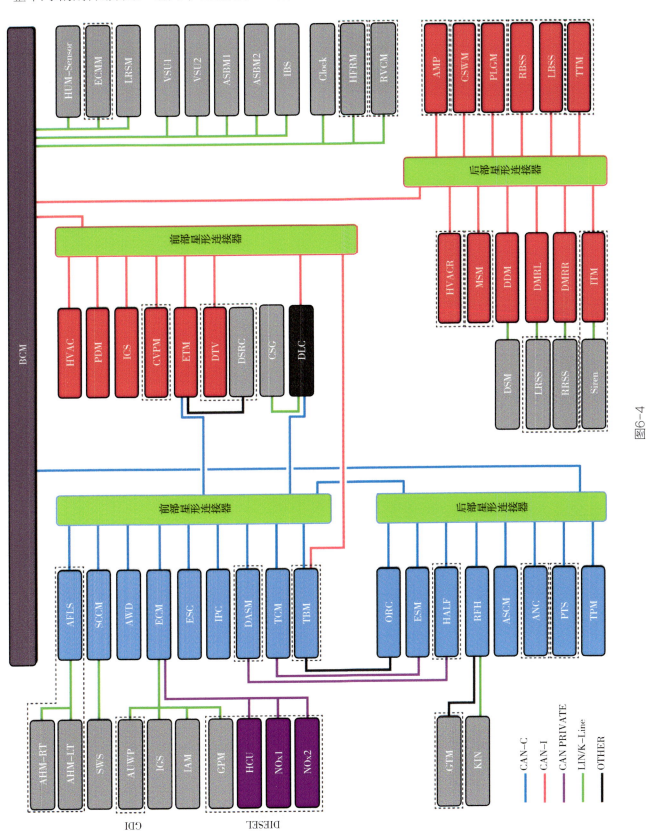

图6-4

表6-4

索引	说明
AFLS	自适应前侧照明系统
AGS	主动格栅调节门
AHM-LT	自动大灯模块-左
AHM-RT	自动大灯模块-右
AMP	功放
ANC	有源噪声控制
ASBM1	附件开关组模块1
ASBM2	附件开关组模块2
ASCM	空气悬架控制模块
AUWP	辅助水泵
AWD	全轮驱动
BCM	车身控制模块
Clock	时钟
CSG	Centralina Servo Guida
CSWM	舒适型座椅和车轮模块
CVPM	中央视觉处理模块
DASM	驾驶员辅助系统模块
DDM	驾驶员车门模块
DLC	诊断连接插头
DMRL	左后车门模块
DMRR	右后车门模块
DSM	车门开关模块
DSRC	专用短距离通信
DTV	数字电视
ECM	发动机控制模块
ECMM	电子变色后视镜模块
ESC	电子稳定性控制
ESM	电子换挡杆模块
ETM	娱乐远程信息处理模块
GPM	电热塞模块
GTM	GPS跟踪模块
HALF	触碰车道反馈
HCU	加热器控制单元

索引	说明
HFRM	感应式自动启闭尾门后部模块
HUM-Sensor	湿度传感器
HVAC	暖通空调系统
HVACR	后部暖通空调系统
IAM	智能交流发电机模块
IBS	智能电池传感器
ICS	集成式中控面板
IPC	组合仪表
ITM	入侵收发器模块
KIN	点火开关
LBSS	左侧盲点传感器
LRSM	光线和雨量传感器模块
LRSS	左后方遮阳板
MSM	记忆座椅模块
NOx1	NOx上游传感器
NOx2	NOx下游传感器
ORC	乘员约束控制器
PDM	乘客车门模块
PLGM	电动尾门模块
PTS	驻车电子系统
RBSS	右侧盲点传感器
RFH	射频中心
RRSS	右后方遮阳板
RVCM	后视摄像头模块
SCCM	转向柱控制模块
Siren	警报系统警报器
SWS	方向盘开关
TBM	车载通信系统远端接收盒模块
TCM	变速器控制模块
TPM	轮胎压力模块
TTM	拖车牵引模块
VSU1	稳压器单元1
VSU2	稳压器单元2

第七章

法拉利车系车载网络拓扑图

第一节 法拉利458

整车网络拓扑图如图7-1所示，图注如表7-1所示。

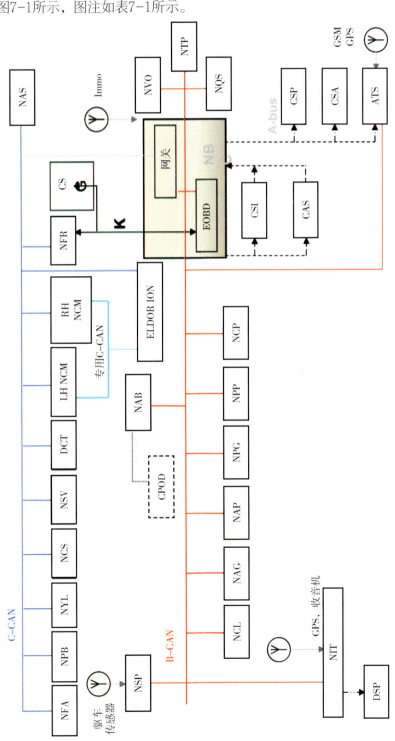

图7-1

表7-1

索引	说明
NYL	偏航节点
NAS	转向角节点
NFR	制动节点
NCM	发动机控制节点
DCT	双离合器传动（变速器节点）
NCL	空调节点
NAB	安全气囊节点
NSV	Lift节点
NIT	IT节点
NQS	仪表板节点
NAG	驾驶员位置设置节点
NAP	乘客位置设置节点
NCP	硬顶节点
CPOD	儿童座椅存在与方向检测
ELDOR ION	爆震控制

索引	说明
NFA	自适应前照灯节点
NPB	驻车制动器节点
NTP	轮胎压力节点
NCS	悬架控制节点
ATS	卫星报警系统
NSP	驻车传感器节点
NPG	驾驶员车门节点
NPP	乘客车门节点
NVO	方向盘节点
CSI	超高频传感器电控单元
CSA	报警器电控单元
CSP	雨水传感器电控单元
CAS	防盗电控单元
DSP	无线电放大器
CS	CS

第二节　法拉利Califounia

整车网络拓扑图如图7-2所示，图注如表7-2所示。

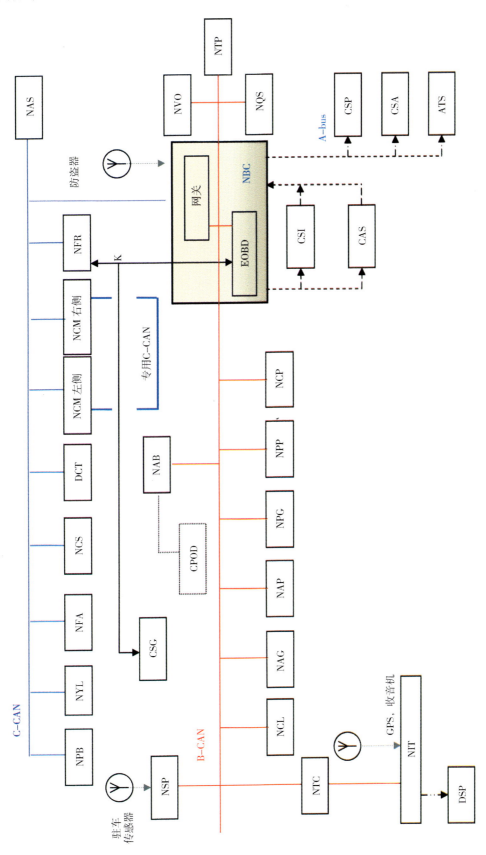

图7-2

表7-2

索引	说明
NYL	横向摇摆节点
NAS	转向角节点
NFR	制动器节点
NCM	发动机控制节点
DCT	双离合器传动系统
NCL	空调节点
NAB	安全气囊节点
NIT	信息通信节点
NQS	仪表板节点
NAG	驾驶员座椅节点
NAP	乘客座椅节点
NCP	可伸缩硬顶节点
CPOD	儿童座椅就位和朝向检测系统
NFA	自适应前照灯节点
NPB	驻车制动器节点
NBC	车身计算机节点

索引	说明
CSG	动力转向电控单元
NTP	轮胎压力节点
NCS	悬架控制节点
ATS	卫星警报
NSP	驻车传感器节点
NPG	驾驶员车门节点
NPP	乘客车门节点
NVO	方向盘节点
CSI	微波传感器节点
CSA	警报电控单元
CSP	雨水传感器
CAS	防提升电控单元
DSP	无线电放大器
NTC	NTC
EOBD	诊断接口

整车网络拓扑图如图7-3所示，图注如表7-3所示。

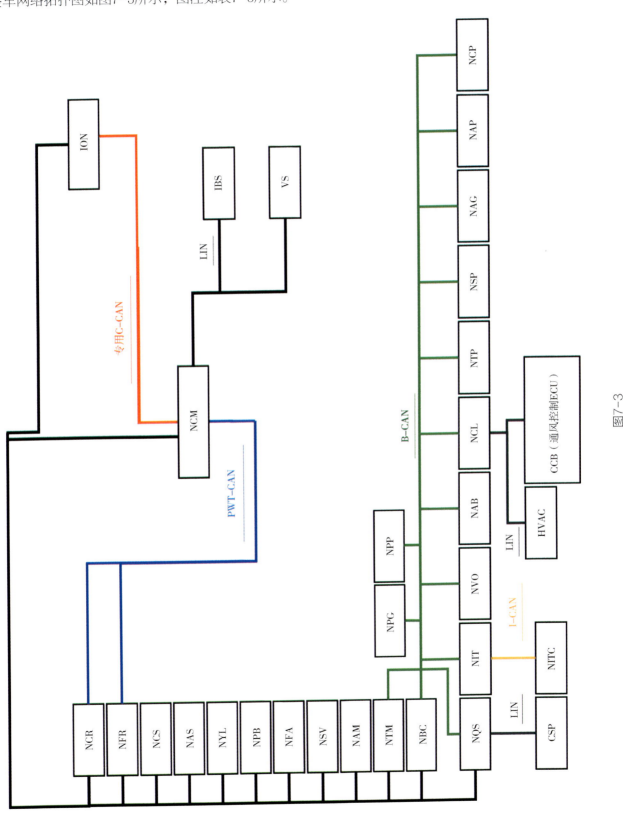

图7-3

表7-3

索引	说明
CCB	通风控制ECU
CSP	雨量/阳光传感器ECU
HVAC	暖通空调系统
IBS	智能型蓄电池传感器
ION	电离电控单元
NAG	驾驶员座椅ECU
NAM	NAM
NAP	乘员座椅ECU
NAS	转向角度ECU
NBC	车身电脑ECU
NCL	空调系统ECU
NCM	发动机控制系统ECU
NCR	变速器ECU
NCS	悬挂控制系统ECU
NFR	制动系统ECU

索引	说明
NIT	信息显示中心ECU
NITC	Can Box节点
NPB	驻车制动ECU
NPG	驾驶员侧车门ECU
NPP	乘员侧车门ECU
NQS	仪表板ECU
NSP	停车传感器ECU
NTM	NTM
NTP	轮胎压力ECU
NVO	方向盘ECU
NAB	安全气囊节点
NFA	自适应前照灯节点
NSV	升降机节点
NYL	横向偏航节点
VS	VS

整车网络拓扑图如图7-4所示，图注如表7-4所示。

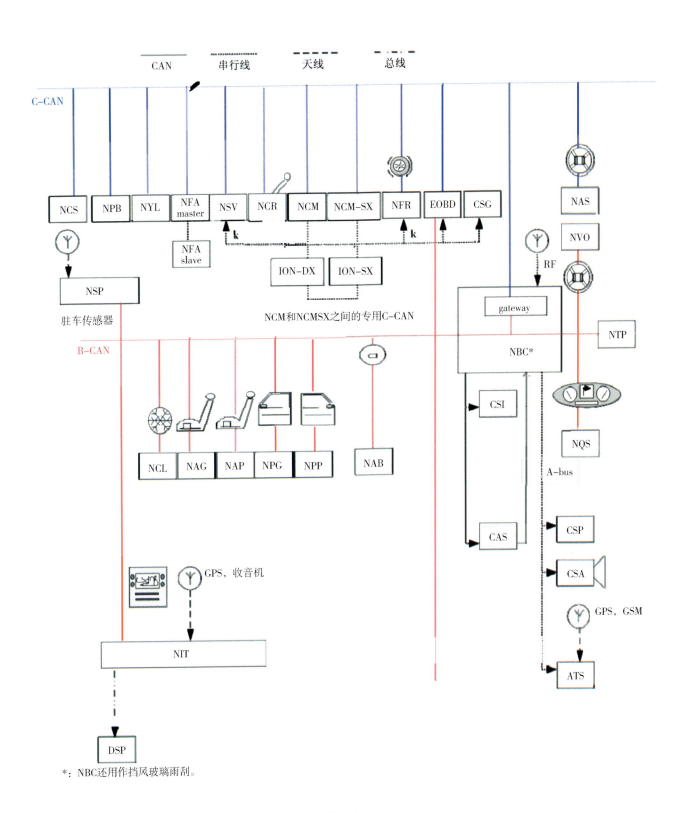

图7-4

表7-4

索引	说明
NFA master	自适应前照灯节点
NPB	驻车制动器节点
NYL	偏航速度节点
NCS	悬架控制节点
NSV	升降机节点
NCM	发动机控制节点
NFR	制动节点
CSG	动力转向单元
NAS	转向角节点
NVO	方向盘节点
NTP	轮胎压力节点
NQS	仪表板节点
NBC	车身计算机节点
NPP	乘客车门节点
NAB	安全气囊节点
NPG	驾驶员车门节点
NAP	乘客配置节点
NAG	驾驶员配置节点

索引	说明
NCL	空调节点
NSP	驻车传感器节点
NIT	车载信息节点
NITC	Can Box节点
DSP	无线电放大器
CSI	超高频传感器单元
CAS	防盗单元
CSP	雨水传感器单元
CSA	报警喇叭单元
ATS	卫星报警
NCR	变速器ECU
NFA slave	NFA slave
ION-DX	ION-DX
ION-SX	ION-SX
NCM-SX	NCM-SX
EOBD	诊断接口
gateway	网关

整车网络拓扑图如图7-5所示，图注如表7-5所示。

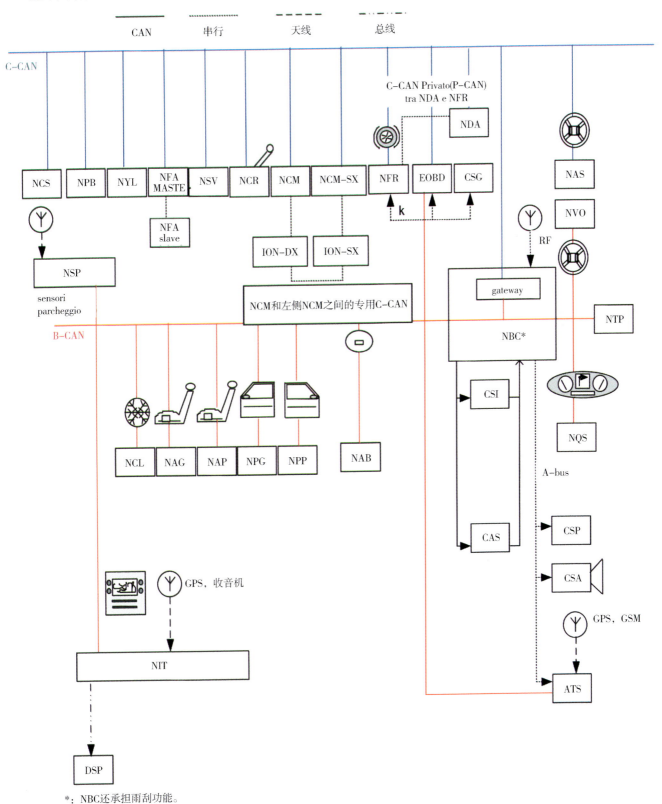

图7-5

表7-5

索引	说明
CSA	防盗警告器ECU
CSG	驾驶辅助系统ECU
CSP	雨量/阳光传感器ECU
DSP	Hi-fi系统ECU
NAG	驾驶员座椅ECU
NAP	乘员座椅ECU
NAS	转向角度ECU
NCL	空调系统ECU
NCM	发动机控制系统ECU
NCR	变速器ECU
NCS	悬挂控制系统ECU
NFR	制动系统ECU
NIT	信息显示中心ECU
NPB	驻车制动ECU
NPG	驾驶员侧车门ECU
NPP	乘员侧车门ECU
NQS	仪表板ECU

索引	说明
NSP	停车传感器ECU
NTP	轮胎压力EUC
NVO	方向盘ECU
ATS	卫星报警电控单元
CAS	防盗电控单元
CSI	超高频传感器电控单元
NAB	安全气囊节点
NFA	自适应前照灯节点
NSV	升降机节点
NYL	横向偏航节点
ION	电离电控单元
NBC	车身电脑ECU
NDA	NDA
NCM-SX	NCM-SX
EOBD	诊断接口
gate way	网关

整车网络拓扑图如图7-6所示，图注如表7-6所示。

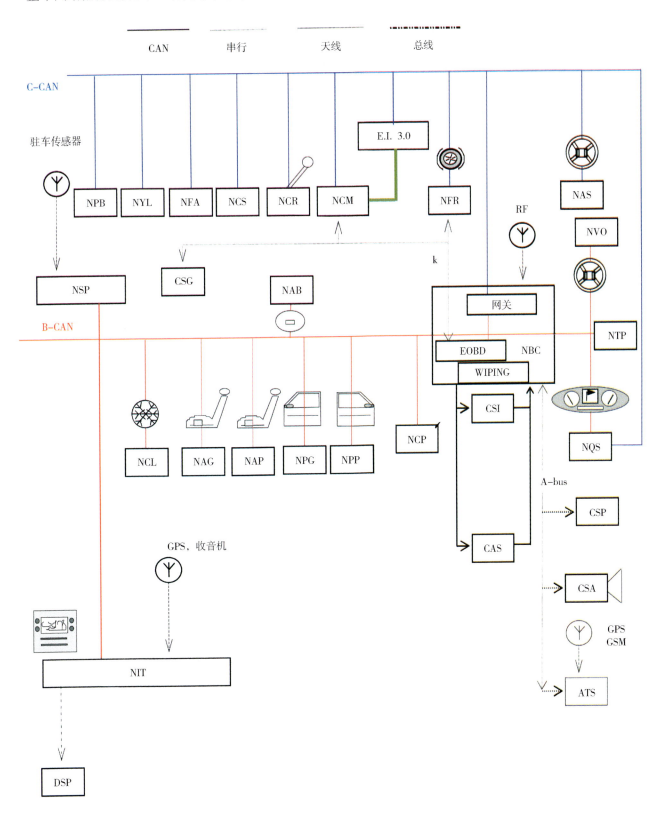

图7-6

表7-6

索引	说明
CSA	防盗警告器ECU
CSP	雨量/阳光传感器ECU
NAG	驾驶员座椅ECU
NAP	乘员座椅ECU
NAS	转向角度ECU
NBC	车身电脑ECU
NCL	空调系统ECU
NCM	发动机控制系统ECU
NCR	变速器ECU
NCS	悬挂控制系统ECU
NFR	制动系统ECU
NIT	信息显示中心ECU
NPB	驻车制动ECU
NCP	硬顶节点
NPG	驾驶员侧车门ECU
NPP	乘员侧车门ECU

索引	说明
NQS	仪表板ECU
NTP	轮胎压力EUC
NVO	方向盘ECU
ATS	卫星报警电控单元
CAS	防盗电控单元
CSG	动力转向电控单元
CSI	超高频传感器电控单元
DSP	高保真系统放大器
NAB	安全气囊节点
NFA	自适应前照灯节点
NSP	驻车传感器节点
NYL	横向偏航节点
ATS	ATS
EOBD	诊断接口
WIPING	雨刮系统

整车网络拓扑图如图7-7所示，图注如表7-7所示。

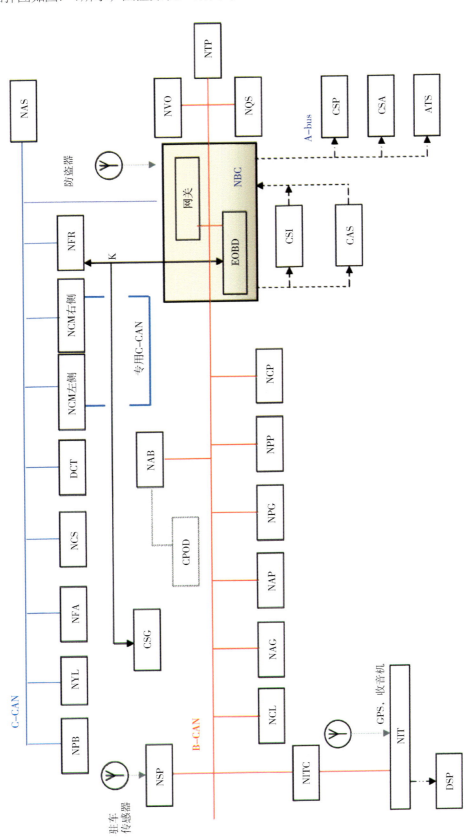

图7-7

表7-7

索引	说明
NYL	横向摇摆节点
NAS	转向角节点
NFR	制动器节点
NCM	发动机控制节点
DCT	双离合器传动系统
NCL	空调节点
NAB	安全气囊节点
NITC	Can Box 节点
NIT	信息通信节点
NQS	仪表板节点
NAG	驾驶员座椅节点
NAP	乘客座椅节点
NCP	可伸缩硬顶节点
CPOD	儿童座椅就位和朝向检测系统
NFA	自适应前照灯节点

索引	说明
NPB	驻车制动器节点
NBC	车身计算机节点
CSG	动力转向电控单元
NTP	轮胎压力节点
NCS	悬架控制节点
ATS	卫星警报
NSP	驻车传感器节点
NPG	驾驶员车门节点
NPP	乘客车门节点
NVO	方向盘节点
CSI	微波传感器节点
CSA	警报电控单元
CSP	雨水传感器
CAS	防提升电控单元
EOBD	诊断接口

C-CAN网络拓扑图如图7-8所示，图注如表7-8所示。

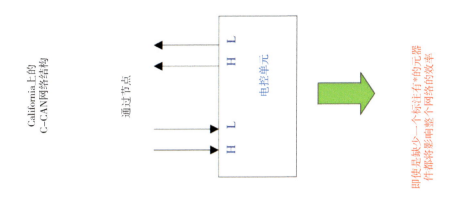

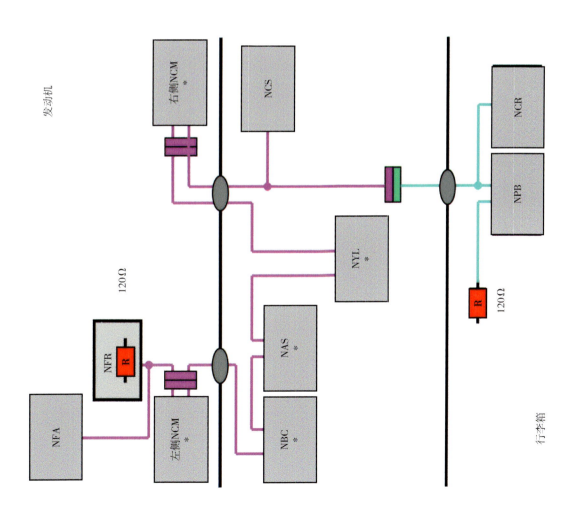

图7-8

表7-8

索引	说明
NAS	转向角传感器节点
NBC	车身计算机节点
NCR	电子控制变速器节点
左侧NCM	左侧发动机控制节点接口
右侧NCM	右侧发动机控制节点接口
NFA	自适应前照灯节点
NFR	制动器系统节点接口
NPB	驻车制动器节点
NCS	悬架控制节点
NYL	横向偏航节点

第八章

劳斯莱斯车系车载网络拓扑图

第一节　古斯特和魅影

整车网络拓扑图如图8-1所示，图注如表8-1所示。

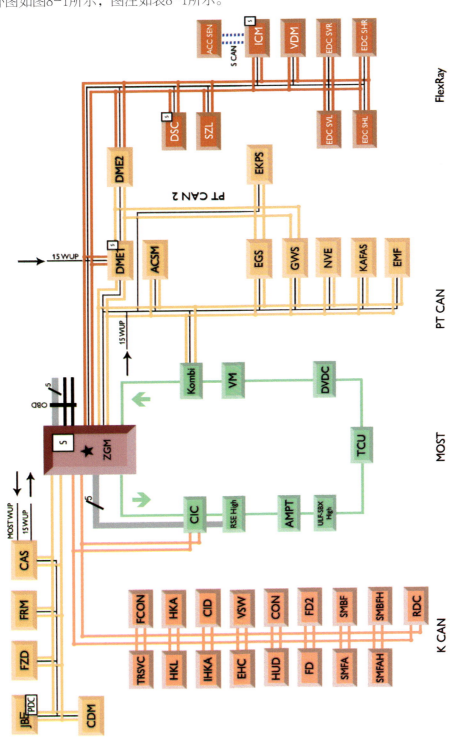

图8-1

表8-1

索引	说明	位置
ACSM	高级碰撞安全模块	手套箱后部
AMPT	顶部扩音器	行李箱左侧
CAS	汽车门禁系统	转向柱左侧
CDM	马车式车门模块	蓄电池后部
CIC	中央信息显示器	仪表台中间
CON	控制器	中控台
DME1	数字式发动机电控制模块1	发动机舱左侧
DME2	数字式发动机电控制模块2	发动机舱右侧
DSC	动态稳定控制系统	左前内衬后部
DVD	DVD换碟机	手套箱
EDC SHL	左后减震器模块	减震器上
EDC SHR	右后减震器模块	减震器上
EDC SVL	左前减震器模块	减震器上
EDC SVR	右前减震器模块	减震器上
EGS	变速器	变速器内
EKPS	电子燃油泵	行李箱地板右侧
EMF	电子手刹	后部副车架上
FD	车载显示器	驾驶员座椅靠背
FCON	后部控制器	后部中央扶手
FD2	车载显示器2	前排乘客座椅靠背
FRM	搁脚空间模块	A柱右侧
FZD	车顶功能中央装置	前部内照明灯线后方
GWS	变速杆	转向柱
HKL	行李箱盖提升装置	靠近蓄电池后部
HKA	后部采暖和空调	中央控制台后部
HUD	平视显示器	仪表板上部和后部
ICM	一体化底盘管理系统	中央控制台后段底部

索引	说明	位置
EHC	车辆高度电子控制装置	—
CID	中央显示器	仪表台中
ACC SEN	主动定速巡航传感器	—
IHKA	前部采暖和空调	CIC下部
JBE	接线盒电子装置	杂物箱后部A柱左侧
KAFAS	基于摄像机的驾驶员辅助系统	仪表板右侧
Kombi	组合仪表	仪表板右侧
NVE	夜视电子装置	组合仪表下部
PDC	驻车间距控制	JBE内部
OBD	诊断插座	驾驶员脚部上部
RSE High	后座娱乐系统	中控台后段内部
RDC	轮胎压力控制系统	靠近蓄电池后部
SMBF	乘客座椅模块	乘客座椅下部
SMFA	驾驶员座椅模块	驾驶员座椅下部
SMBFH	乘客后排座椅模块	后排乘客座椅下部
SMFAH	驾驶员后排座椅模块	后排乘客座椅下部
SZL	转向柱开关组	转向柱顶部
TCU	远程通信技术控制单元	行李箱左侧
TRSVC	顶部后侧相机	行李箱左侧
ULF-SBX High	高接口箱	行李箱左侧
VDM	垂直动态管理系统	A柱左侧
VM	视频模块	行李箱左侧
VSW	视频开关	行李箱左侧
ZGM	中央网关	转向柱右侧

第二节 幻影

整车网络拓扑图如图8-2所示，图注如表8-2所示。

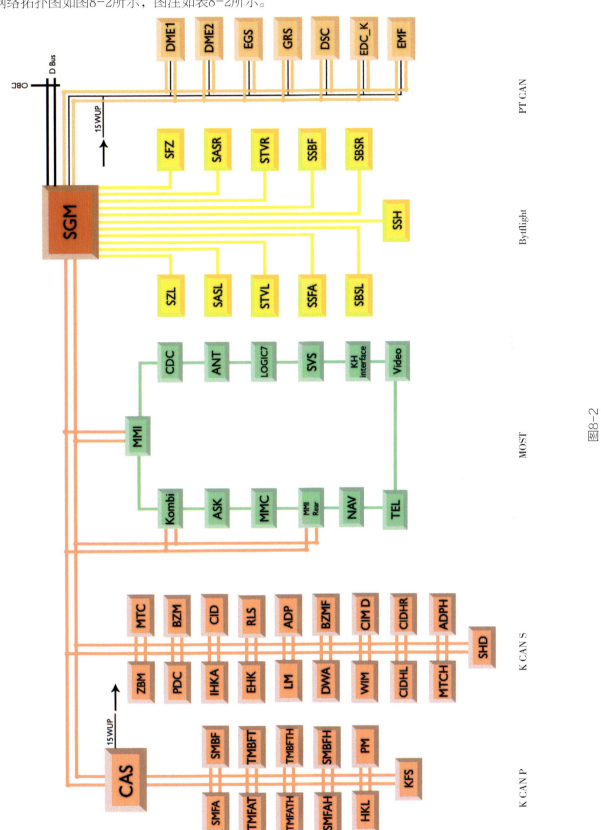

图8-2

表8-2

MOST

索引	说明	位置
ANT	无线电天线调谐器	C柱左后
ASK	音频系统控制器	仪表板中央
CDC	激光CD机	手套箱中
Kombi	组合仪表	仪表台左侧
LOGIC7	扩音器	后排左侧座椅下部
MMC	多媒体换碟机	后排左侧座椅下部
MMI	人机接口	仪表板中央（下段）
NAV	导航	后排左侧座椅下部
MMI Rear	后人机接口	后排左侧座椅下部
SVS	声音处理系统	后排右侧座椅下部
TEL	电话收发装置	后排右侧座椅下部
Video	视频	—
KH interface	KH interface	—

K CAN P

索引	说明	位置
CAS	汽车门禁系统	仪表板左侧
KFS	女神升降控制单元	手套箱内部
PM	电源管理模块	行李箱右侧
SMBF	乘客座椅模块	乘客座椅下部
SMFA	驾驶员座椅模块	驾驶员座椅下部
SMBFH	乘客后排座椅模块	后排乘客座椅下部
SMFAH	驾驶员后排座椅模块	后排乘客座椅下部
TMFAT	乘客车门模块	右前车门
TMFATH	后排乘客车门模块	右后车门
HKL	行李箱盖提升装置	—

PT CAN

索引	说明	位置
DME 1	数字式发动机电子系统1	引擎电子系统箱
DME 2	数字式发动机电子系统2	引擎电子系统箱
DSC	动态稳定控制系统	引擎室
EDC_K	电子减震控制系统	行李箱右侧
EGS	电子变速器控制系统	变速器内部
EMF	电子驻车制动器	油箱中央
GRS	偏航速率传感器	中央控制台下方

K CAN S

索引	说明	位置
ADP	音频显示板	仪表台中
BZM	中控台中央控制开关	中控台中
BZMF	中控台后中央控制开关	中控台后
CID	中央显示器	仪表台中
CIM D	一体化底盘模块	转向柱下方
DWA	防盗报警系统	车顶中央
EHK	双轴空气悬架	行李箱右侧
IHKA	一体化采暖和空调	仪表板中央
LM	灯模块	转向柱左侧
PDC	停车间距控制	行李箱右侧
ADPH	后部音频显示器（仅适用于RR01）	后部中央扶手抽屉
MTCH	后部音频显示器（仅适用于RR01）	中央控制台后部
RLS	雨量光线传感器	挡风玻璃中央
WIM	刮水器模块	行李箱右侧
CIDHL	中央信息显示装置	—
CIDHR	中央信息显示装置	—
SHR	电控天窗	—
ZBM	ZBM	—
MTC	MTC	—

Byteflight

索引	说明	位置
SASL	A柱左侧卫星装置	A柱左侧
SASR	A柱右侧卫星装置	A柱右侧
SBSL	B柱左侧卫星装置	B柱左侧
SBSR	B柱右侧卫星装置	B柱右侧
SFZ	车辆中央卫星装置	中央控制台下方
SSBF	乘客座椅卫星装置	右侧前排座椅下方
SSFA	驾驶员座椅卫星装置	左侧前排座椅下方
SSH	后排座椅卫星装置（仅适用于RR01）	后排座椅中央下方
STVL	左前侧车门卫星装置	左前侧车门
STVR	左路前侧车门卫星装置	右前侧车门
SZL	转向柱开关组	转向柱后方

第九章

奥迪车系车载网络拓扑图

第一节 2011—2017年奥迪A1

控制单元的安装位置如图9-1所示，图注如表9-1所示。

图9-1

表9-1

索引	说明
C	发电机
G85	转向角传感器
G355	空气湿度传感器
G397	雨量和光照识别传感器
G578	防盗警报传感器
H12	警报喇叭
J104	ABS控制单元
J234	安全气囊控制单元
J245	滑动天窗控制单元
J255	Climatronic自动空调系统控制单元
J285	组合仪表控制单元
J345	拖车识别装置控制单元
J367	蓄电池监控控制单元
J386	驾驶员侧车门控制单元
J387	副驾驶员侧车门控制单元
J431	大灯照明距离调节控制单元
J453	多功能方向盘控制单元
J500	助力转向控制单元
J518	进入及启动许可控制单元

索引	说明
J519	车载电网控制单元
J525	数字组合音响控制单元
J527	转向柱电子装置控制单元
J532	稳压器
J533	数据总线诊断接口
J587	换挡杆传感器控制单元
J623	发动机控制单元
J685	MMI显示器
J743	双离合器变速器机电控制模块
J764	电子转向柱锁控制单元
J791	驻车转向辅助控制单元
J794	信息电子设备1控制单元
J843	车辆定位系统的接口控制单元
J844	远光灯辅助控制单元
J869	固体声控制单元
R	收音机
R41	CD换碟机
R78	电视调谐器(只针对日本)
R204	电视读卡器(只针对日本)

带信息娱乐CAN车辆的网络拓扑图如图9-2所示。

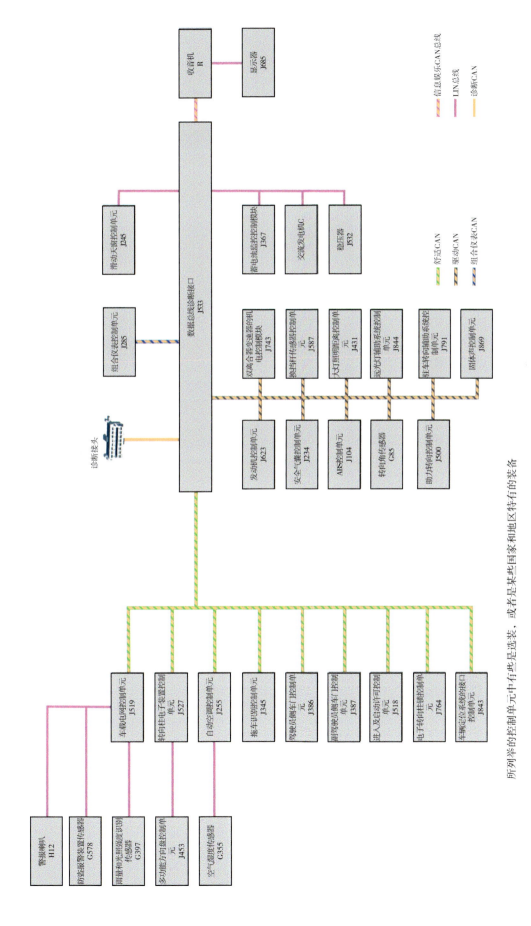

图9-2

所列举的控制单元中有些是选装，或者是某些国家和地区特有的装备

带MOST总线车辆的网络拓扑图如图9-3所示。

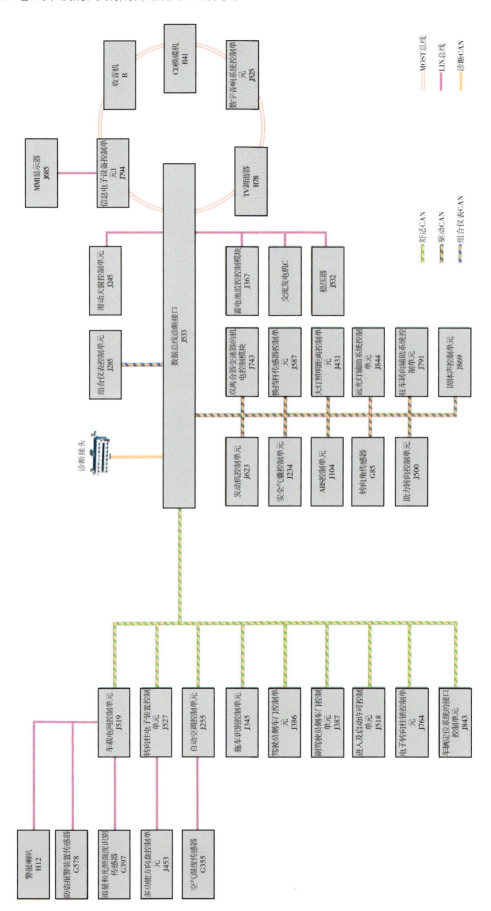

图9-3

所列举的控制单元中有些是选装，或者是某些国家和地区特有的装备

A3控制单元的安装位置如图9-4所示，图注如表9-2所示。

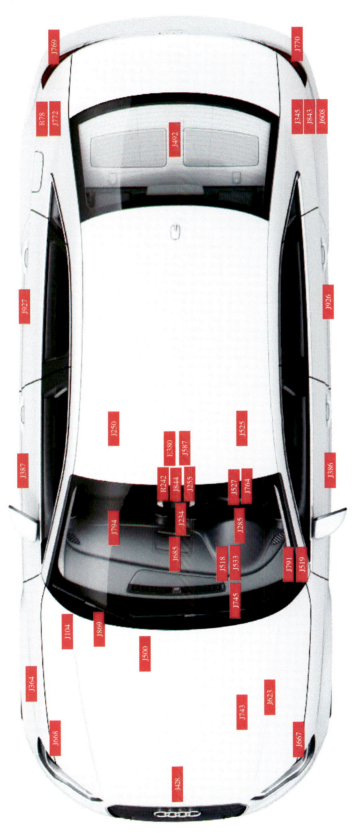

图9-4

表9-2

索引	说明
E380	多媒体系统操控单元
J104	ABS控制单元
J234	安全气囊控制单元
J250	电子调节减震器控制单元
J255	自动空调控制单元
J285	组合仪表内控制单元
J345	挂车识别控制单元
J364	辅助加热控制单元
J386	驾驶员车门控制单元
J387	副驾驶员车门控制单元
J428	车距调节控制单元
J492	全轮驱动控制单元
J500	转向助力控制单元
J518	进入和启动授权控制单元
J519	供电控制单元
J525	数字音响包控制单元
J527	转向柱电子控制单元
J533	数据总线诊断接口
J587	换挡杆传感器控制单元
J608	专用车辆控制单元

索引	说明
J623	发动机控制单元
J667	左前大灯功率模块
J668	右前大灯功率模块
J685	MMI显示屏
J743	双离合器变速器机电一体模块
J745	弯道灯和大灯照程调节控制单元
J764	转向柱电子锁控制单元
J769	换道辅助控制单元
J770	换道辅助控制单元
J772	倒车摄像头控制单元
J791	泊车转向辅助控制单元
J794	信息电子控制单元1
J843	车辆定位系统接口控制单元
J844	远光灯辅助控制单元
J869	车身传声控制单元
J926	左后车门控制单元
J927	右后车门控制单元
R78	TV调谐器
R242	驾驶员辅助系统正面摄像头

A3G整车网络拓扑图位置如图9-5所示。

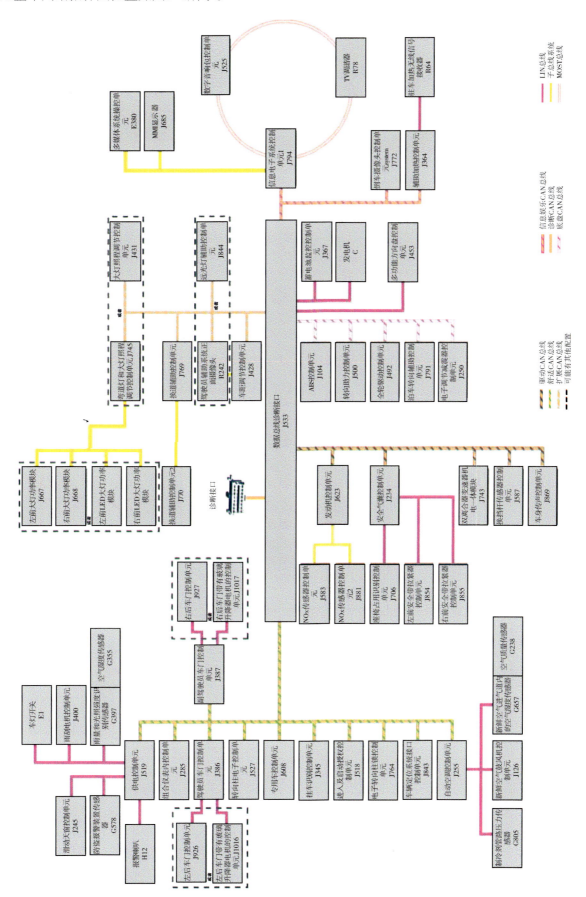

图9-5

此图把所有控制单元都列出了，实际上不会出现这种情况，比如弯道灯和大灯照程调节控制单元J745是不会与大灯照程调节控制单元J431一同出现的，根据大灯类型，只会有一种控制单元出现

235

A3 Limousine控制单元的安装位置如图9-6所示，图注如表9-3所示。

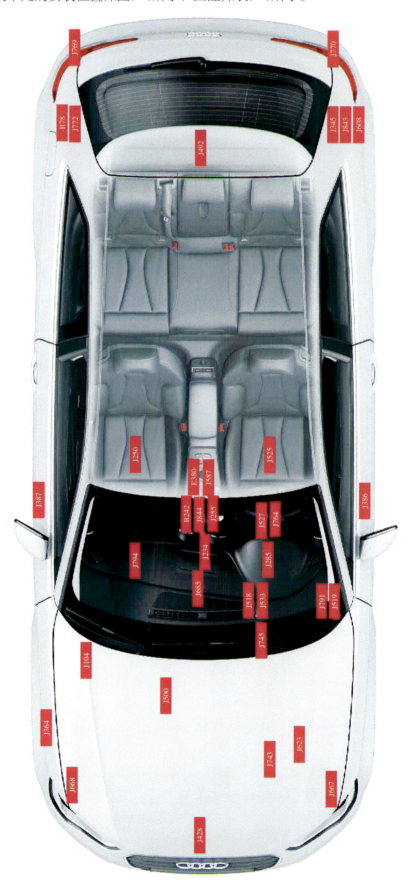

图9-6

表9-3

索引	说明
E380	多媒体系统操作单元
J104	ABS 控制单元
J234	安全气囊控制单元
J250	电子减震系统控制单元
J255	全自动空调控制单元
J285	组合仪表控制单元
J345	挂车识别控制单元
J364	辅助加热装置控制单元
J386	驾驶员侧车门控制单元
J387	副驾驶员侧车门控制单元
J428	车距控制装置控制单元
J492	四轮驱动控制单元
J500	转向助力控制单元
J518	进入及启动许可控制单元
J519	车载电网控制单元
J525	数字式组合音响控制单元
J527	转向柱电子装置控制单元
J533	数据总线诊断接口

索引	说明
J587	换挡杆传感器控制单元
J608	特种车辆控制单元
J623	发动机控制单元
J667	左大灯电源模块
J668	右大灯电源模块
J685	MMI 显示屏
J743	双离合器变速器的机电控制模块
J745	随动转向灯和大灯照明距离调节控制单元
J764	电子转向柱锁控制系统控制单元
J769	换道辅助系统控制单元
J770	换道辅助系统控制单元2
J772	倒车影像系统控制单元
J791	自动泊车辅助系统控制单元
J794	信息电子系统1控制单元
J843	车辆定位系统接口控制单元
J844	远光灯辅助系统控制单元
R78	TV调谐器
R242	驾驶员辅助系统前部摄像头

A3 Limousine整车网络拓扑图如图9-7所示。

此图列出了所有可能的控制单元，但这张示意图在实际中并不存在，例如随动转向灯和大灯照明距离调节控制单元J745不可能与大灯照明距离调节控制单元J431同时安装，而是根据大灯类型，最多安装两者之一

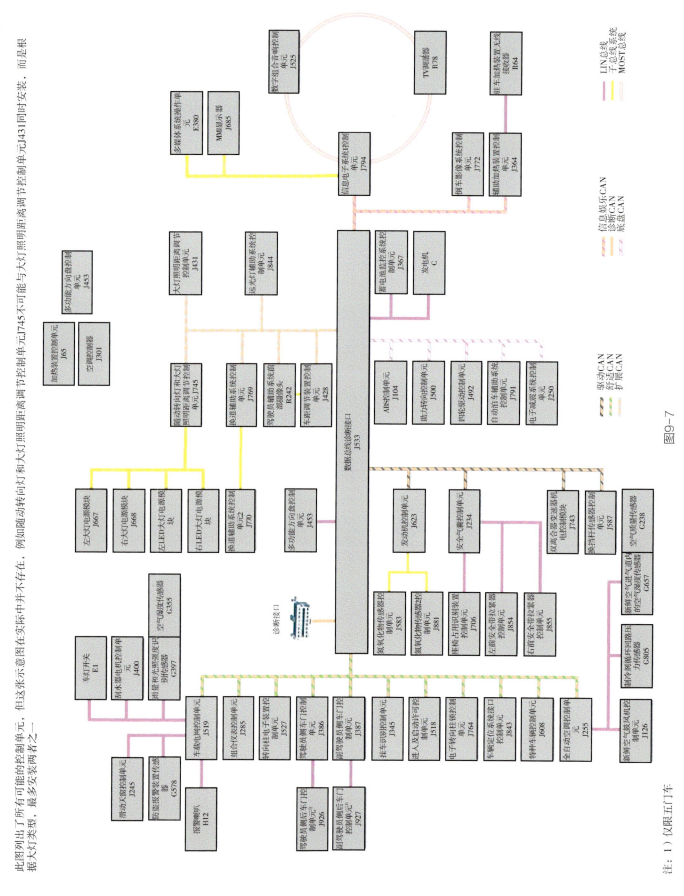

图9-7

注：1）仅限五门车

238

整车网络拓扑图如图9-8所示。

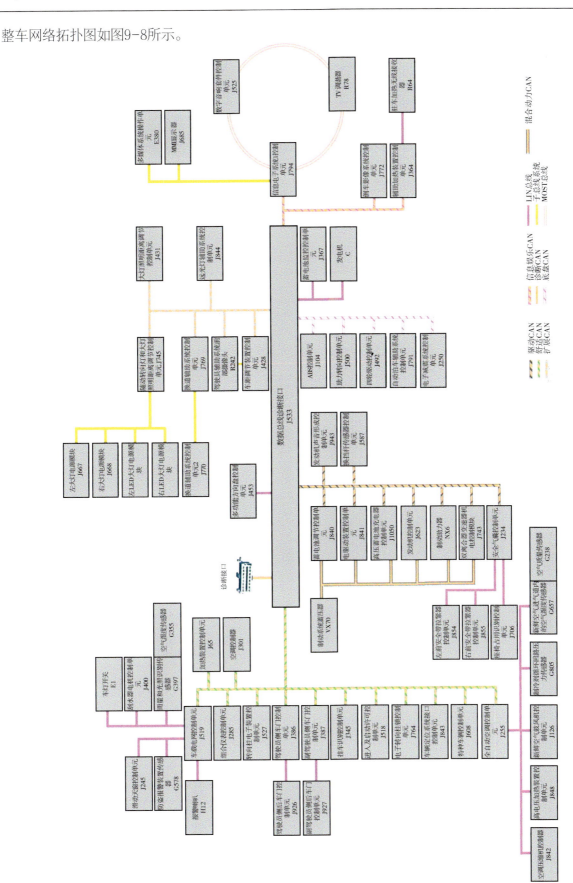

图9-8

hybird网络拓扑图如图9-9所示。

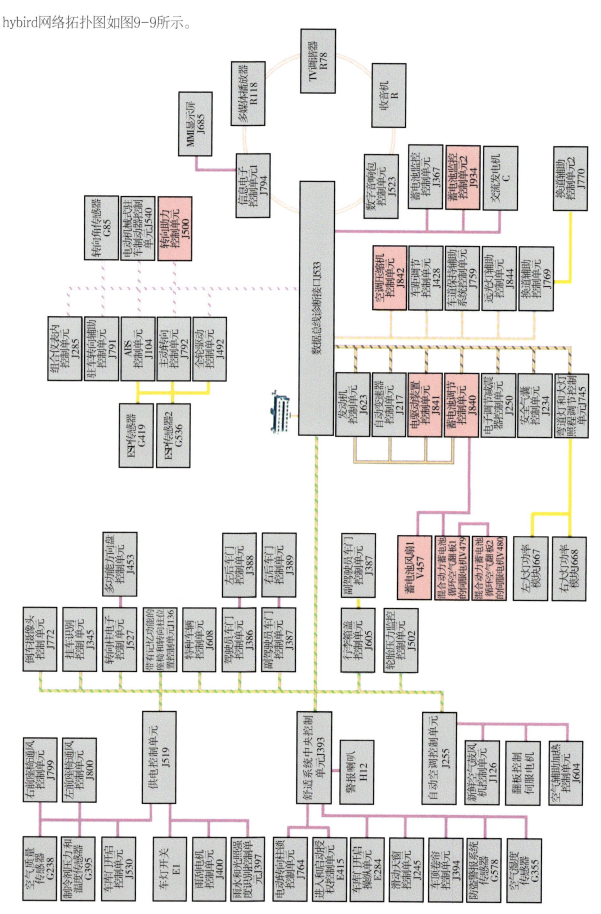

图9-9

控制单元的安装位置如图9-10所示，图注如表9-4所示。

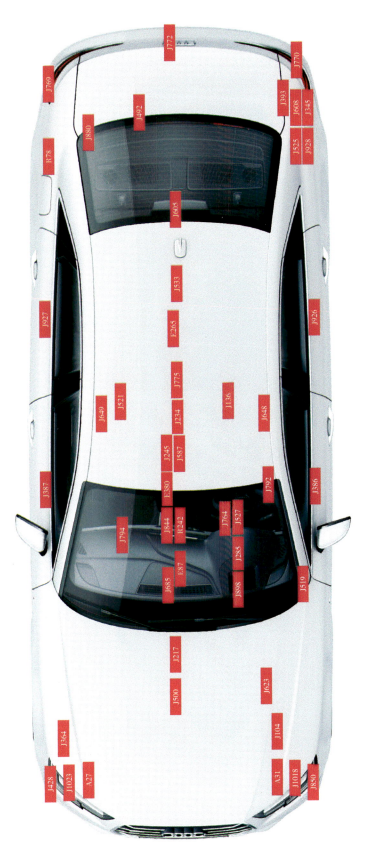

图9-10

表9-4

索引	说明
A27	右前LED大灯功率模块1
A31	左前LED大灯功率模块1
E87	前部空调操纵和显示单元
E265	后部空调操纵和显示单元
E380	多媒体系统操纵单元
J104	ABS控制单元
J136	带有记忆功能的座椅调节和转向柱调节控制单元
J217	自动变速器控制单元
J234	安全气囊控制单元
J245	滑动天窗控制单元
J285	组合仪表内控制单元
J345	挂车识别控制单元
J364	辅助加热控制单元
J386	驾驶员车门控制单元
J387	副驾驶员车门控制单元
J393	舒适系统中央控制单元
J428	车距调节控制单元
J492	全轮驱动控制单元
J500	转向助力控制单元
J519	供电控制单元
J521	带有记忆功能的副驾驶员座椅调节控制单元
J525	数字音响包控制单元
J527	转向柱电子控制单元
J533	数据总线诊断接口

索引	说明
J587	换挡杆传感器控制单元
J605	后箱盖控制单元
J608	专用车控制单元
J623	发动机控制单元
J648	信息显示和操纵控制单元，左后
J649	信息显示和操纵控制单元，右后
J685	MMI显示屏
J764	电子转向柱锁控制单元
J769	变道辅助控制单元
J770	变道辅助控制单元2
J772	倒车摄像头控制单元
J775	底盘控制单元
J792	主动转向控制单元
J794	信息电子控制单元1
J844	远光灯辅助控制单元
J850	车距调节控制单元2
J880	还原剂计量系统控制单元
J898	前挡风玻璃投影（抬头显示）控制单元
J926	左后车门控制单元
J927	右后车门控制单元
J928	周围环境摄像头控制单元
J1018	左侧车灯控制单元
J1023	右侧车灯控制单元
R78	TV调谐器
R242	驾驶员辅助系统正面摄像头

整车网络拓扑图如图9-11所示。

图9-11

图上所列出的控制单元中，有几个控制单元是选装的，或者在某些特定市场才有，或者稍后才会采用

为了展示方便，FlexRay总线拓扑结构图表现的也不是控制单元的实际连接情况，MOST总线上的控制单元也是这个情况

信息娱乐网络拓扑图如图9-12所示。

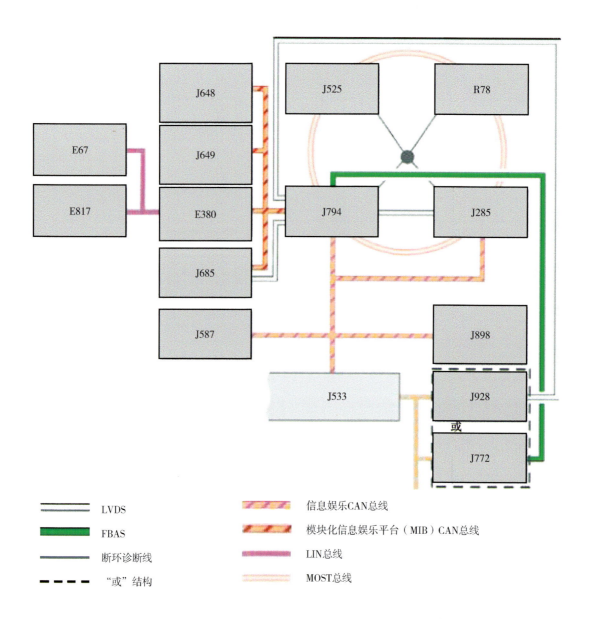

图9-12

带信息娱乐CAN车辆的网络拓扑图如图9-13所示，图注如表9-5所示。

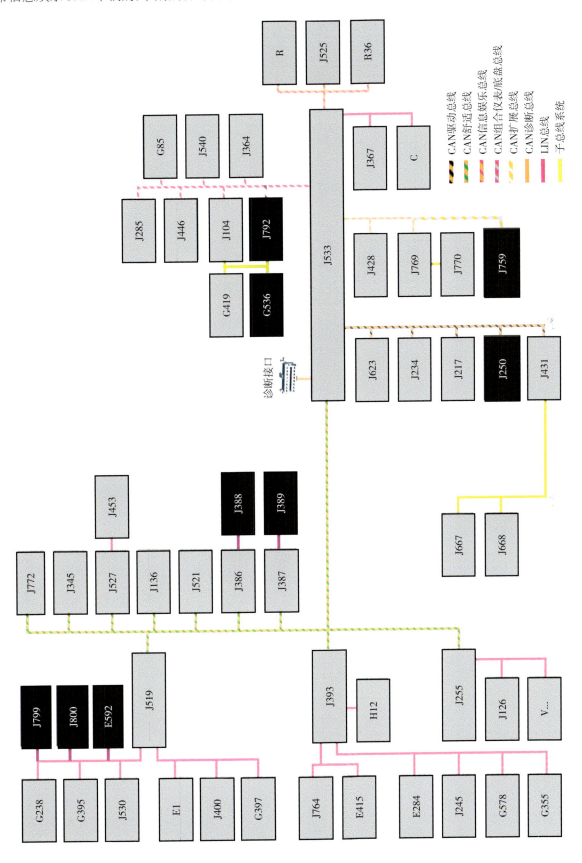

图9-13

表9-5

索引	说明
C	发电机
E1	灯开关
E284	车库门开启操纵单元
E415	进入和启动授权开关
E592	驾驶模式选择开关
G419	雨量/光照强度识别传感器
G238	空气质量传感器
G355	空气湿度传感器
G395	制冷剂压力和制冷剂温度传感器
G397	雨量/光照强度识别传感器
G536	ESP传感器单元2
G578	防盗警报传感器
G85	转向角传感器
H12	喇叭
J104	ABS控制单元
J126	新鲜空气鼓风机控制单元
J136	驾驶员座椅控制单元
J217	自动变速器控制单元
J234	安全气囊控制单元
J245	滑动天窗控制单元
J250	电子调节减震器控制单元
J255	自动空调控制单元
J285	组合仪表内的控制单元
J345	挂车识别控制单元
J364	辅助加热控制单元
J367	蓄电池监控控制单元
J386	驾驶员车门控制单元
J387	副驾驶员车门控制单元

索引	说明
J388	左后车门控制单元
J389	右后车门控制单元
J393	舒适系统中央控制单元
J400	雨刮电机控制单元
J530	车库门开启控制单元
J799	右前座椅通风控制单元
J800	左前座椅通风控制单元
J519	车载电网控制单元
J764	电子转向柱锁控制单元
J772	倒车摄像系统控制单元
J527	转向柱电子装置控制单元
J453	多功能方向盘控制单元
J521	带有记忆功能的副驾驶员座椅调节控制单元
J667	左大灯电源模块
J668	右大灯电源模块
J446	驻车辅助控制单元
J540	电动机械式驻车制动器控制单元
J792	主动转向控制单元
J525	数字音响包控制单元
J623	发动机控制单元
J428	车距调节控制单元
J769	换道辅助控制单元
J770	换道辅助系统控制单元2
J759	车道保持控制单元
J431	大灯照明距离调节控制单元
R	收音机
R36	电话发送和接收单元
V…	翻板伺服电机

带MOST总线车辆的网络拓扑图如图9-14所示，图注如表9-6所示。

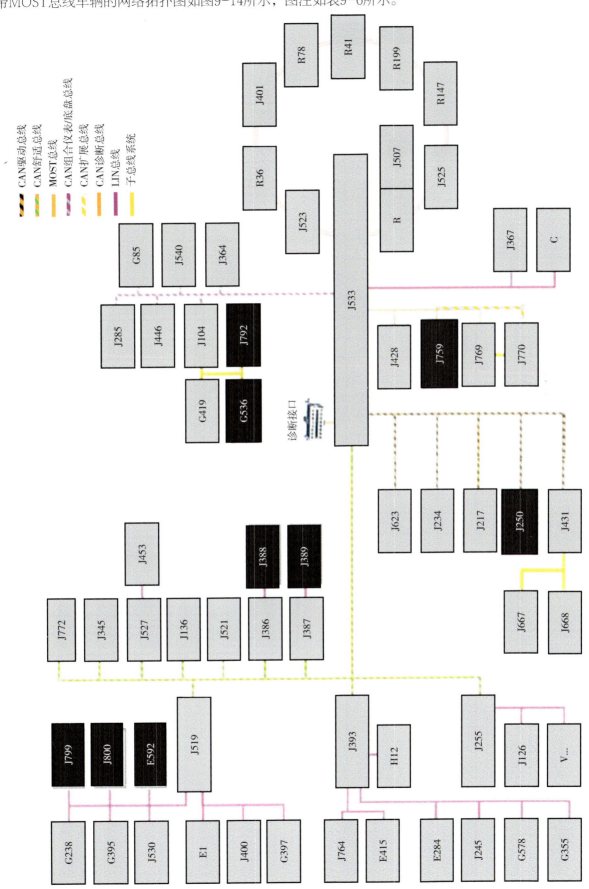

图9-14

带MOST总线车辆的网络拓扑图如图9-16所示。

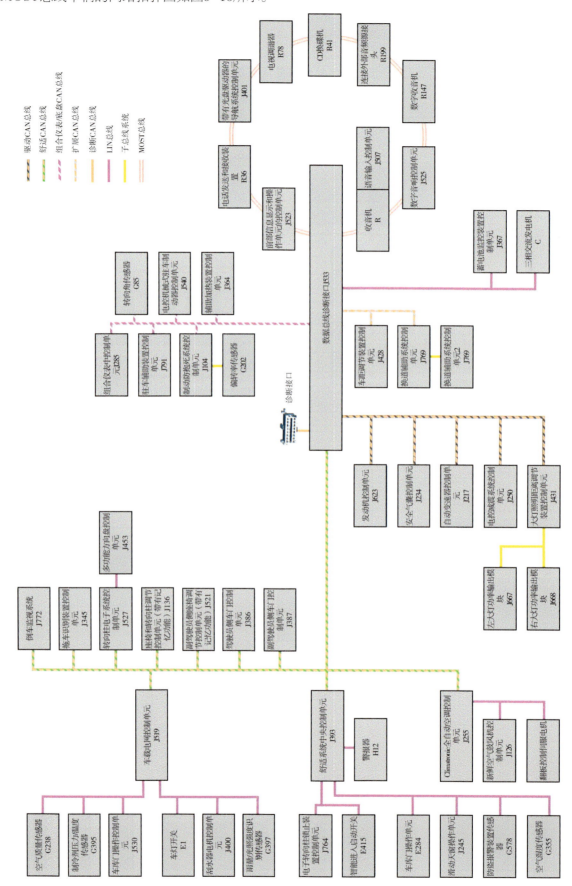

图9-16

控制单元的安装位置如图9-17所示，图注如表9-7所示。

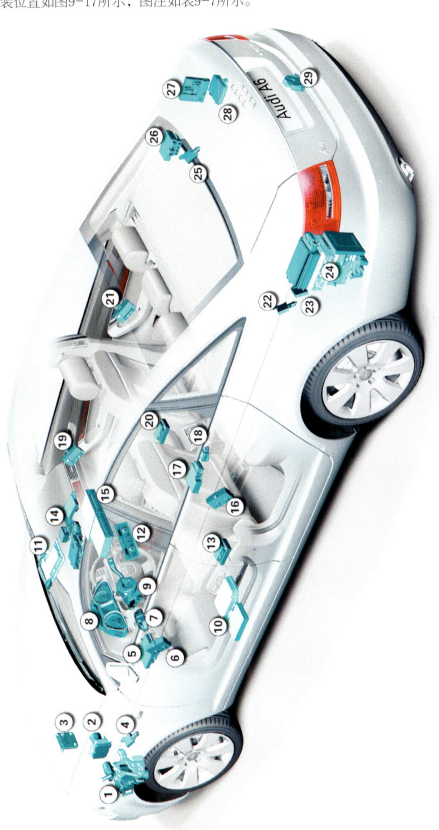

图9-17

表9-7

索引	说明
1	辅助加热控制单元 J364
2	带EDS的ABS控制单元 J104
3	车距控制单元 J428
4	左前轮轮胎压力监控发射元件 G431，在车轮拱形板内
5	供电控制单元 J519
6	驾驶员车门控制单元 J386
7	使用和启动授权控制单元 J518
8	组合仪表内控制单元 J285
9	转向柱电气控制单元 J527
10	电话、Telematik控制单元 J526 电话发送和接收器 R36
11	发动机控制单元 J623
12	全自动空调控制单元 J255
13	有记忆功能的座椅调节/转向柱调节控制单元 J136
14	水平调节控制单元 J197 大灯照程调节控制单元 J431 轮胎压力监控控制单元 J502 供电控制单元2 J520 前部信息系统显示和操纵控制单元 J523 数据总线诊断接口 J533 无钥匙启动授权天线读入单元 J723
15	CD换碟机 R41 CD播放机 R92

索引	说明
16	左后车门控制单元 J388
17	安全气囊控制单元 J234
18	车身转动速率传感器 G202
19	副驾驶员车门控制单元 J387
20	副驾驶员带记忆功能的座椅调节控制单元 J521
21	右后车门控制单元 J389
22	左后轮轮胎压力监控发射元件 G433，在车轮拱形板内
23	驻车加热无线电接收器 R64
24	带有CD播放机的导航控制单元 J401 语音输入控制单元 J507 数字音响包控制单元 J525 收音机 R TV调谐器 R78 数字收音机 R147
25	右后轮轮胎压力监控发射元件 G434，在车轮拱形板内
26	停车辅助系统控制单元 J446 挂车识别控制单元 J345
27	舒适系统中央控制单元 J393
28	电动驻车/手制动器控制单元 J540
29	电能管理控制单元 J644

整车网络拓扑图如图9-18所示。

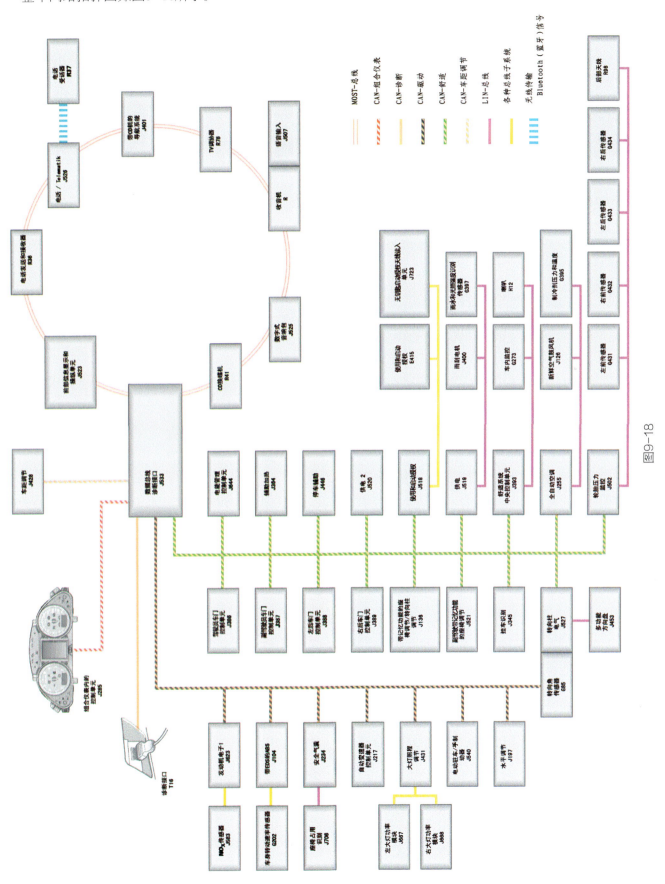

图9-18

第八节 2012—2018年一汽奥迪A6L（C7）

整车网络拓扑图如图9-19所示。

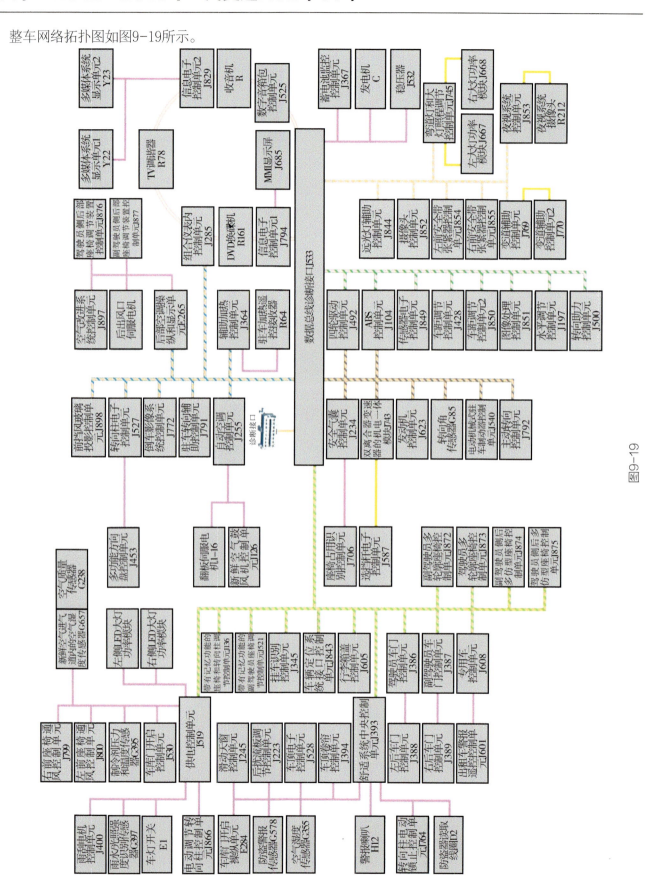

图9-19

舒适CAN总线网络拓扑图如图9-20所示。

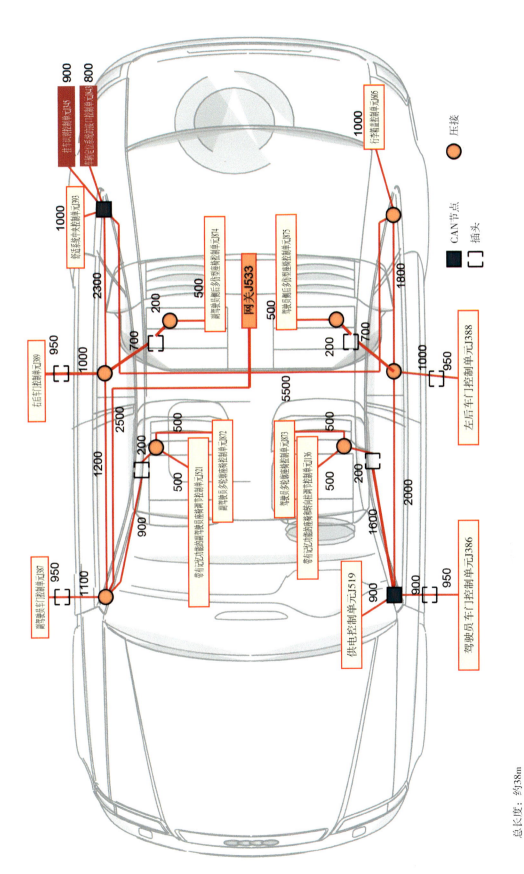

图9-20

总长度：约38m

驱动CAN总线网络拓扑图如图9-21所示。

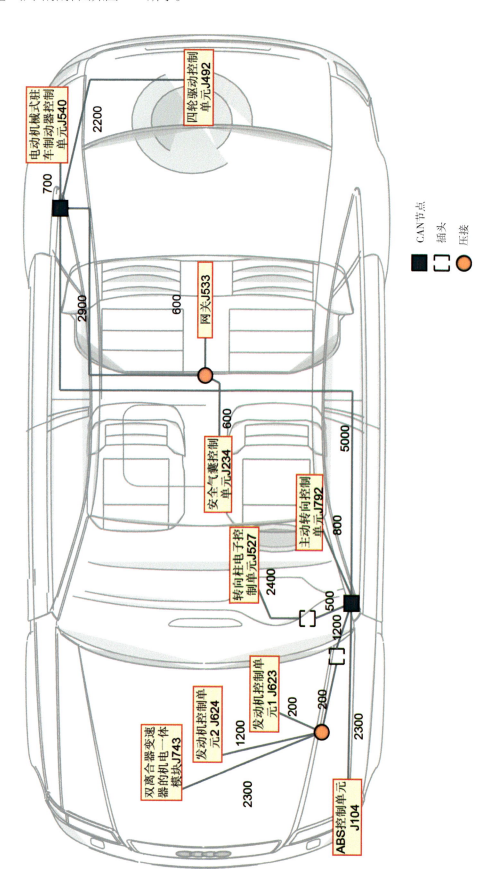

图9-21

总长度：约29m

显示和操作CAN总线网络拓扑图如图9-22所示。

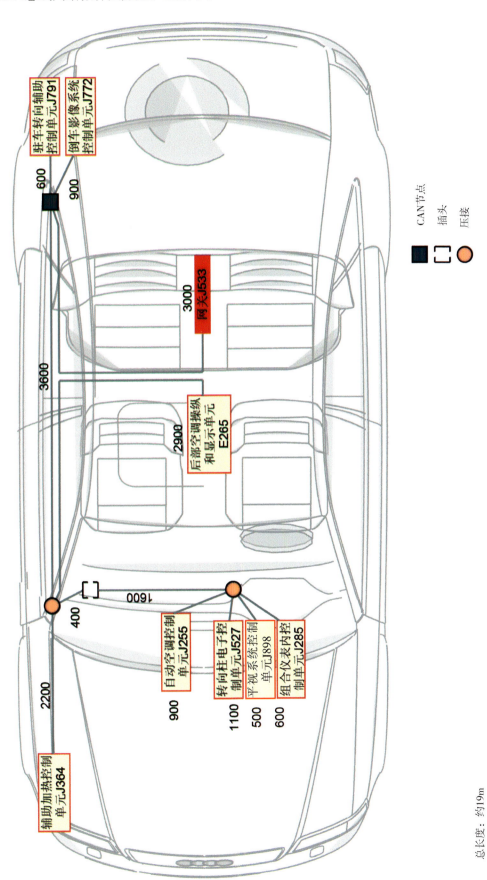

驻车转向辅助控制单元J791

倒车影像系统控制单元J772

600

900

CAN节点

插头

压接

网关J533
3000

3600

后部空调操纵单元和显示单元E265

2900

1600

400

自动空调控制单元J255

转向柱电子控制单元J527

平视系统控制单元J898

组合仪表内控制单元J285

900

1100

500

600

2200

辅助加热控制单元J364

图9-22

总长度：约19m

257

扩展CAN总线网络拓扑图如图9-23所示。

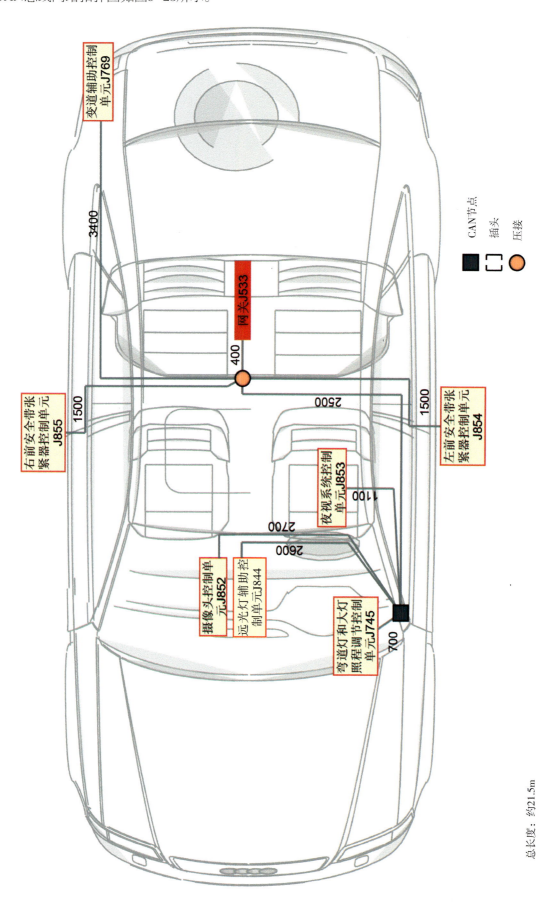

图9-23

FlexRay总线网络拓扑图如图9-24所示。

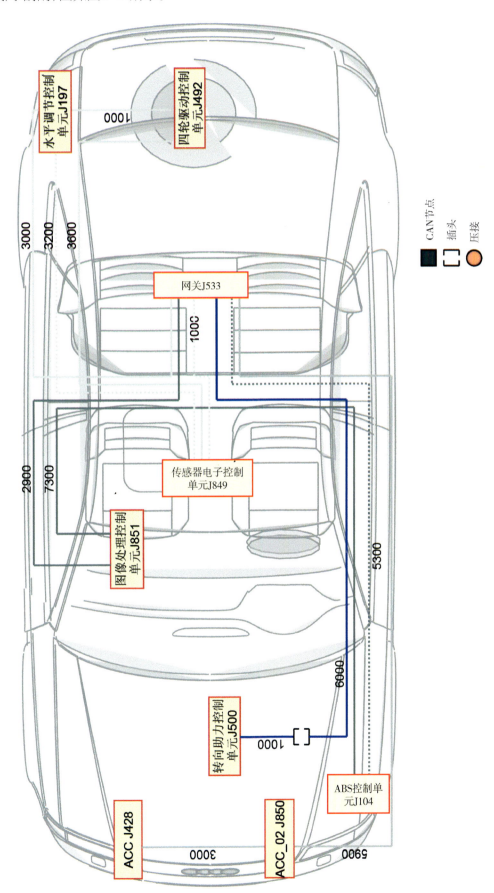

图9-24

MOST总线网络拓扑图如图9-25所示。

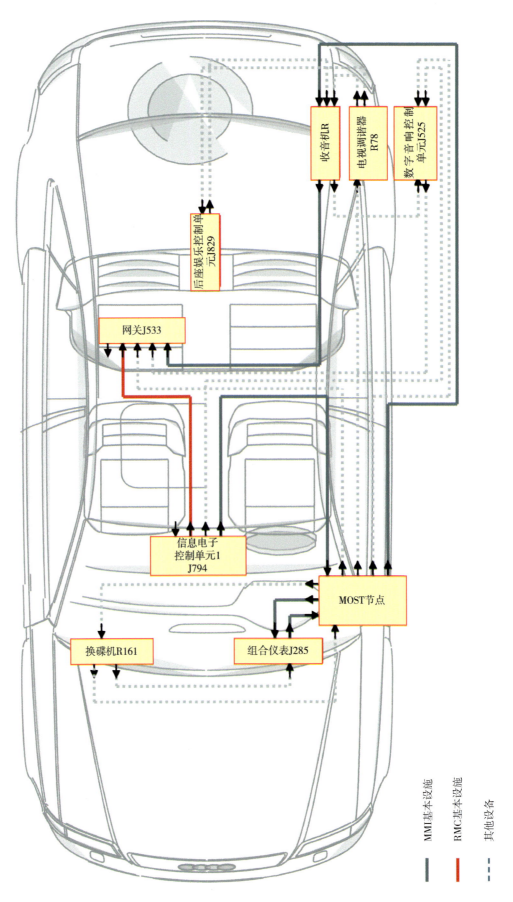

图9-25

MMI基本设施

RMC基本设施

其他设备

控制单元的安装位置如图9-26所示，图注如表9-8所示。

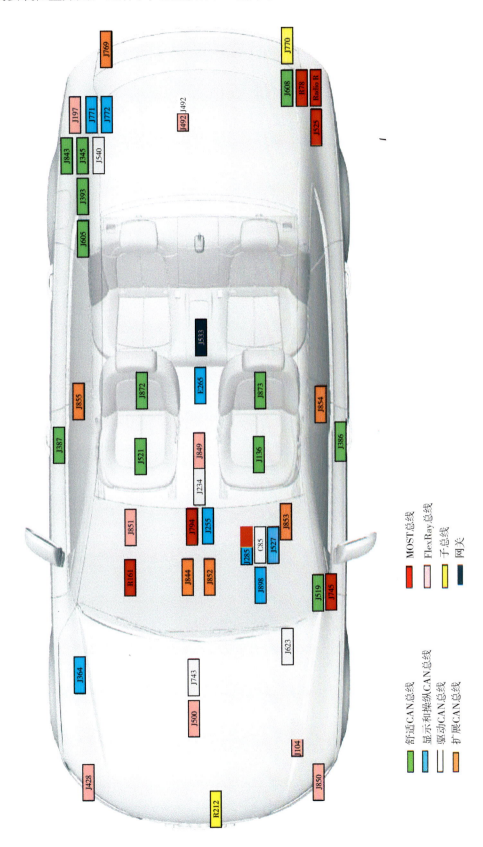

图9-26

表9-8

舒适CAN 总线

索引	说明
J136	座椅和转向柱位置记忆控制单元
J345	挂车识别控制单元
J386	驾驶员车门控制单元
J387	副驾驶员车门控制单元
J393	舒适系统中央控制单元
J519	供电控制单元
J521	副驾驶员座椅位置记忆控制单元
J605	行李箱盖控制单元
J843	车辆定位系统接口控制单元
J873	多轮廓副驾驶员座椅控制单元
J874	多轮廓驾驶员座椅控制单元

显示和操纵CAN 总线

索引	说明
E265	后部空调操纵和显示单元
J255	自动空调控制单元
J285	组合仪表内控制单元
J364	辅助加热控制单元
J527	转向柱电子控制单元
J772	倒车影像系统控制单元
J791	驻车转向辅助系统控制单元
J898	前风挡玻璃投影控制单元

驱动CAN 总线

索引	说明
G85	转向角传感器
J234	安全气囊控制单元
J540	电动机械式驻车制动器控制单元
J623	发动机控制单元
J743	双离合器变速器机电一体模块（Mechatronik）

网关

索引	说明
J533	数据总线诊断接口

FlexRay 总线

索引	说明
J104	ABS 控制单元
J197	水平调节控制单元
J428	车距调节控制单元
J492	全轮驱动控制单元
J500	转向助力控制单元
J849	传感器电子控制单元
J850	车距调节控制单元2
J851	图像处理控制单元

MOST 总线

索引	说明
J285	组合仪表内控制单元
J525	数字音箱包控制单元
J794	信息电子控制单元1
R	收音机
R78	TV调谐器
R161	DVD 换碟机

子总线

索引	说明
R212	夜视系统摄像头
J770	变道辅助系统控制单元2

扩展CAN 总线

索引	说明
J745	弯道灯和大灯照程调节控制单元
J769	变道辅助系统控制单元
J844	远光灯辅助控制单元
J852	摄像头控制单元
J853	夜视系统控制单元
J854	左前安全带张紧器控制单元
J855	右前安全带张紧器控制单元

整车网络拓扑图如图9-27所示。

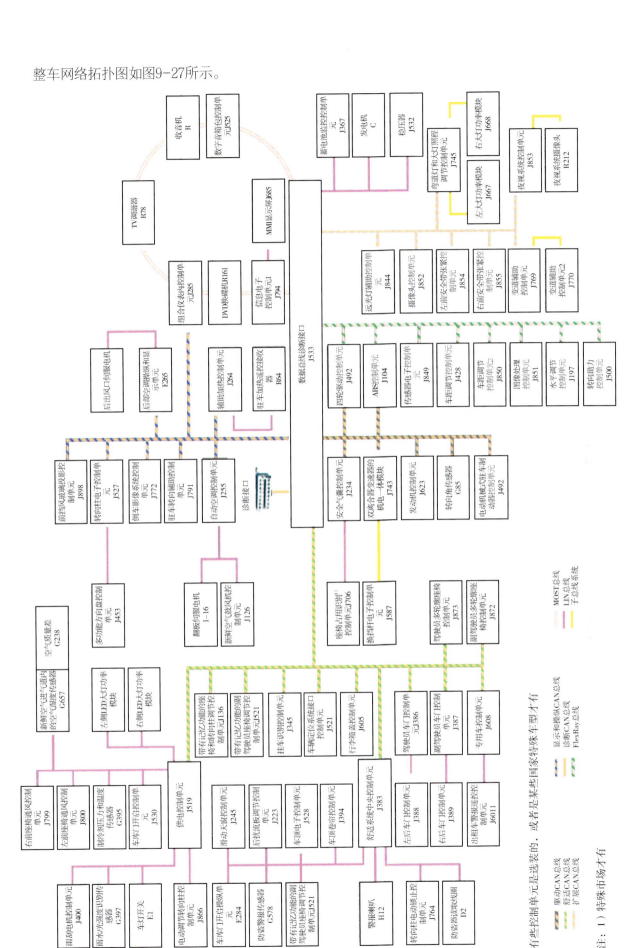

图9-27

263

控制单元的安装位置如图9-28所示，图注如表9-9所示。

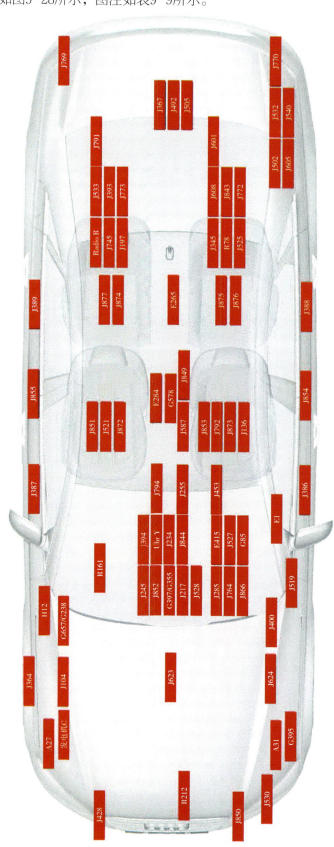

图9-28

表9-9

索引	说明
A27	右侧 LED 大灯的电源模块 1
A31	左侧 LED 大灯的电源模块 1
E1	车灯开关
E265	后部自动空调操作和显示单元
E284	车库门开启操作单元
E415	进入及启动许可开关
G85	转向角传感器
G238	空气质量传感器
G355	空气湿度传感器
G395	制冷剂压力和制冷剂温度传感器
G397	雨量和光照传感器
G578	防盗报警装置传感器
G657	新鲜空气进气管内空气湿度传感器
H12	报警喇叭
J104	ABS 控制单元
J136	带记忆功能的座椅调节和转向柱调节装置控制单元
J197	水平高度调节系统控制单元
J217	自动变速器控制单元
J234	安全气囊控制单元
J245	滑动天窗控制单元
J255	自动空调控制单元
J285	组合仪表控制单元
J345	挂车识别装置控制单元
J364	辅助加热控制单元
J367	蓄电池监控装置控制单元
J386	驾驶员侧车门控制单元
J387	副驾驶员侧车门控制单元
J388	左后车门控制单元
J389	右后车门控制单元
J393	舒适系统中央控制单元
J394	天窗遮阳卷帘控制单元
J400	雨刮器电机控制单元
J428	车距控制装置控制单元
J453	多功能方向盘控制单元
J492	四轮驱动控制单元
J502	轮胎充气压力监控系统控制单元
J505	加热式挡风玻璃控制单元
J519	车载电网控制单元
J521	带记忆功能的副驾驶员侧座椅调节装置控制单元

索引	说明
J525	数字音响系统控制单元
J527	转向柱电子装置控制单元
J528	车顶电子装置控制单元
J530	车库门开启控制单元
J532	稳压器
J533	数据总线诊断接口
J540	电控机械式驻车制动器控制单元
J587	变速杆电子传感器控制单元
J601	出租车报警遥控器控制单元
J605	行李箱盖控制单元
J608	特种车辆控制单元
J623	发动机控制单元
J624	发动机控制单元 2
J745	随动转向灯和大灯照明距离调节装置控制单元
J764	电子转向柱锁控制单元
J769	换道辅助系统控制单元
J770	换道辅助系统控制单元 2
J772	倒车影像系统控制单元
J773	舒适系统中央控制单元 2
J791	驻车转向辅助系统控制单元
J792	主动转向系统控制单元
J794	电子信息 1 控制单元
J843	汽车定位系统接口控制单元
J844	远光灯辅助装置控制单元
J849	电子传感器控制单元
J850	车距控制装置控制单元 2
J851	图像处理控制单元
J852	摄像头控制单元
J853	夜视系统控制单元
J854	左前安全带拉紧器控制单元
J855	右前安全带拉紧器控制单元
J866	电动调节式转向柱控制单元
J872	副驾驶员侧前多仿型座椅控制单元
J873	驾驶员侧前多仿型座椅控制单元
J874	副驾驶员侧后多仿型座椅控制单元
J875	驾驶员侧后多仿型座椅控制单元
J876	驾驶员侧后座椅调节装置控制单元
J877	副驾驶员侧后座椅调节装置控制单元
R78	TV 调谐器
R161	DVD 转换盒
R212	夜视系统摄像头

整车网络拓扑图如图9-29所示。

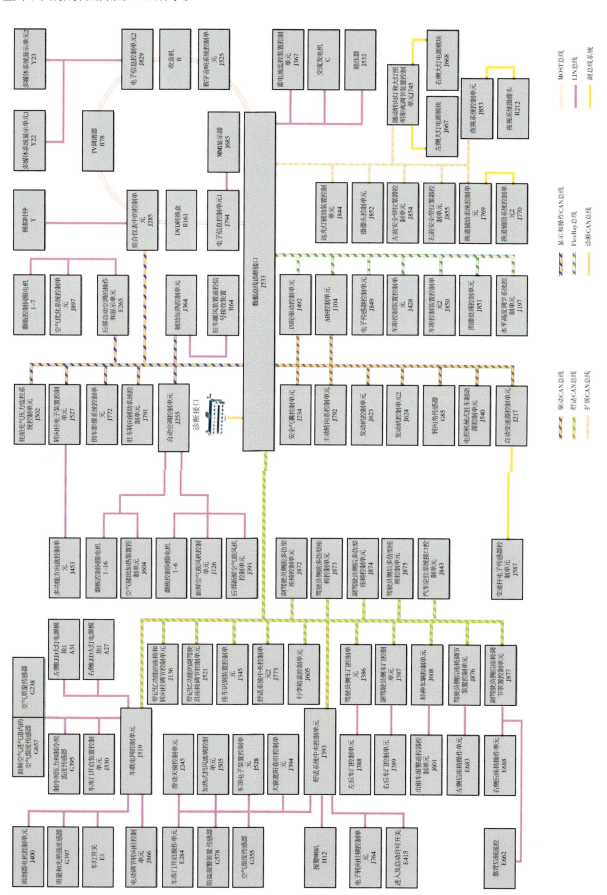

图9-29

控制单元的安装位置如图9-30所示，图注如表9-10所示。

图9-30

表9-10

索引	说明
G85	转向角传感器
J104	ABS控制单元
J234	安全气囊控制单元
J250	电控减震器控制单元
J255	自动空调控制单元
J285	组合仪表内控制单元
J345	挂车识别控制单元
J386	驾驶员车门控制单元
J387	副驾驶员车门控制单元
J388	左后车门控制单元
J389	右后车门控制单元
J453	多功能方向盘控制单元
J492	全轮驱动控制单元
J500	转向助力控制单元
J518	进入和启动授权控制单元
J519	供电控制单元
J525	数字音响包控制单元
J527	转向柱电子控制单元
J532	稳压器
J533	数据总线诊断接口

索引	说明
J540	电动机械式驻车制动器控制单元
J587	换挡杆传感器控制单元
J623	发动机控制单元
J667	左大灯功率模块
J668	右大灯功率模块
J685	MMI显示屏
J743	双离合器变速器的机电一体模块
J745	弯道灯和大灯照程调节控制单元
J764	电控转向柱锁控制单元
J769	换道辅助控制单元
J770	换道辅助控制单元2
J772	倒车影像系统控制单元
J791	驻车转向辅助控制单元
J794	信息电子控制单元1
J843	车辆定位系统接口控制单元
J844	远光灯辅助控制单元
R	收音机
R41	CD换碟机
R78	TV调谐器
R242	驾驶员辅助系统正面摄像头

带信息娱乐CAN车辆的网络拓扑图如图9-31所示。

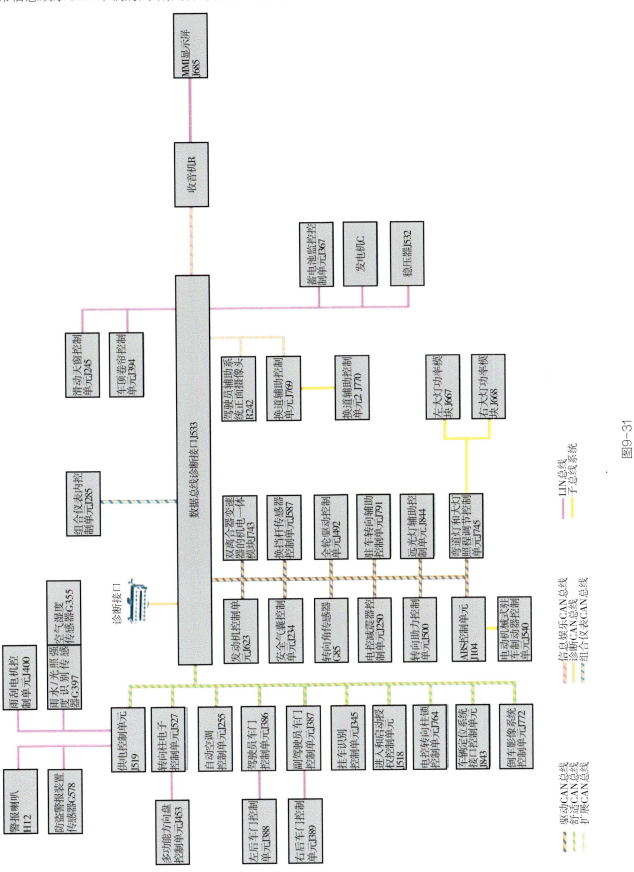

图9-31

带MOST总线车辆的网络拓扑图如图9-32所示。

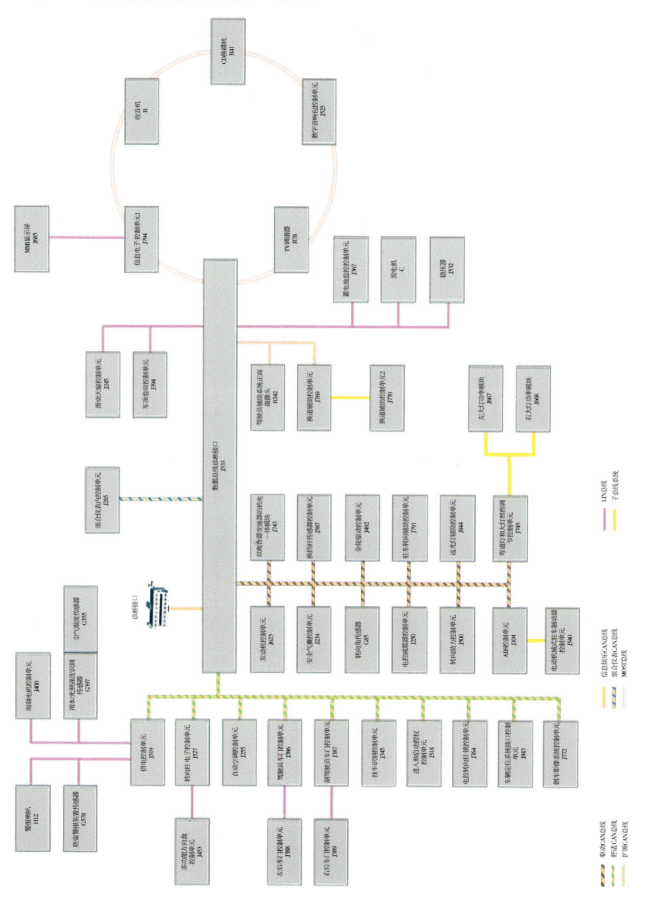

图9-32

控制单元的安装位置如图9-33所示。

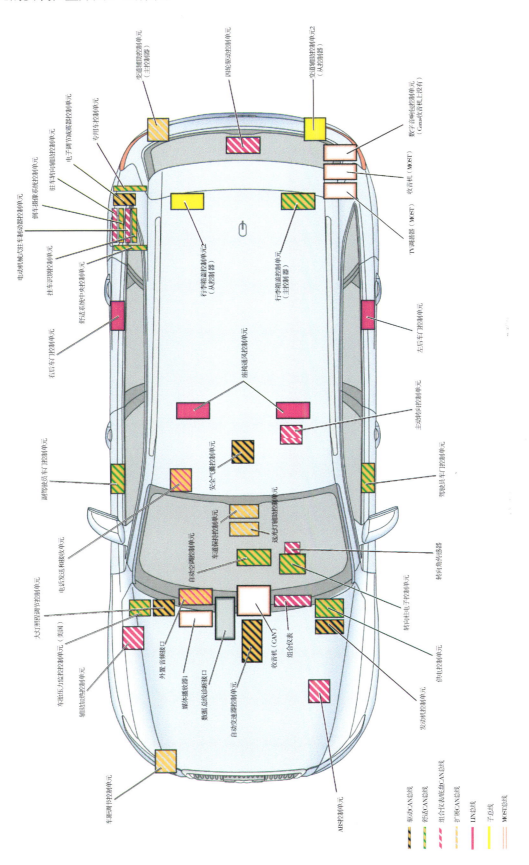

图9-33

奥迪Q5带信息娱乐CAN车辆网络拓扑图如图9-34所示。

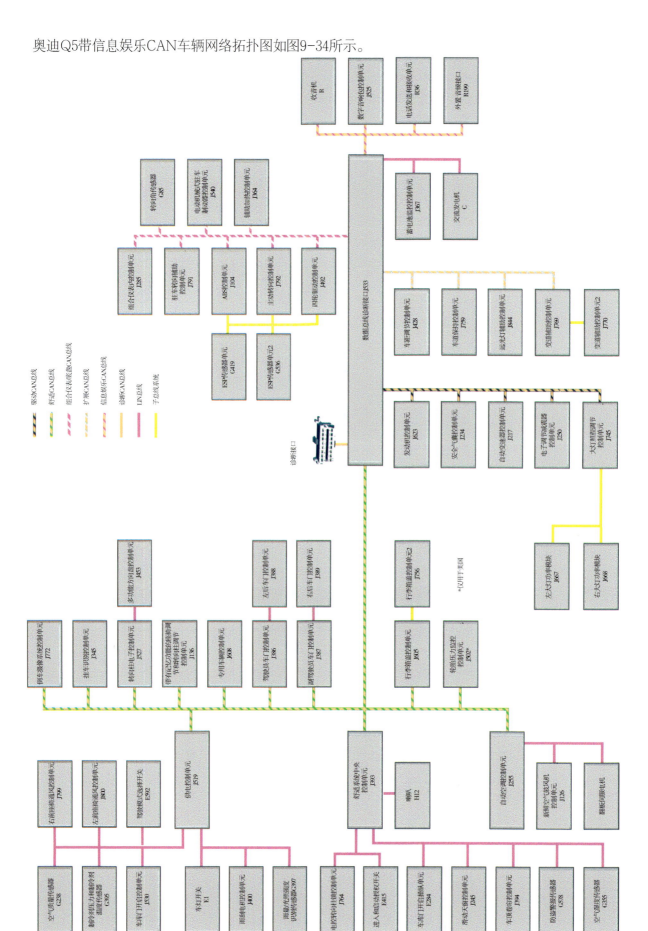

图9-34

奥迪Q5带MOST总线车辆网络拓扑图如图9-35所示。

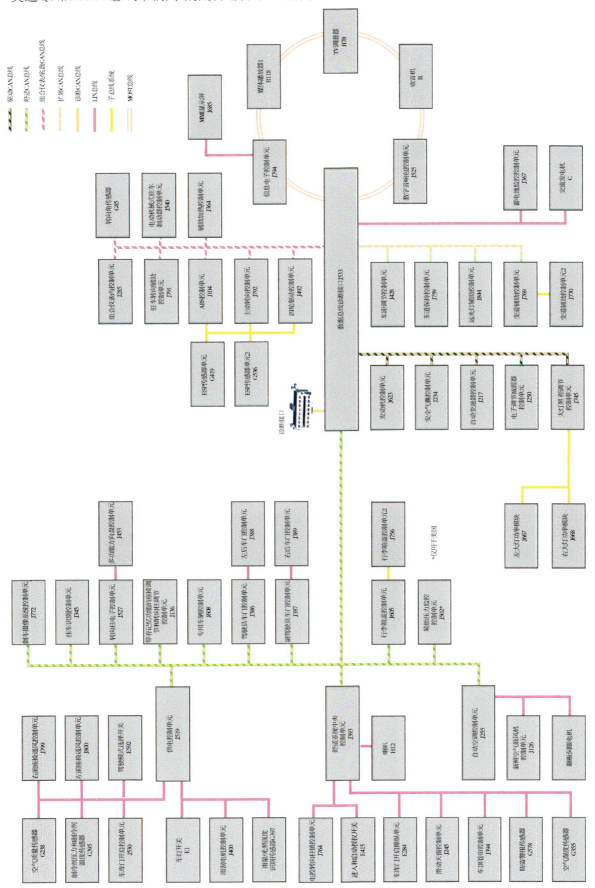

图9-35

奥迪Q5混动整车网络拓扑图如图9-36所示。

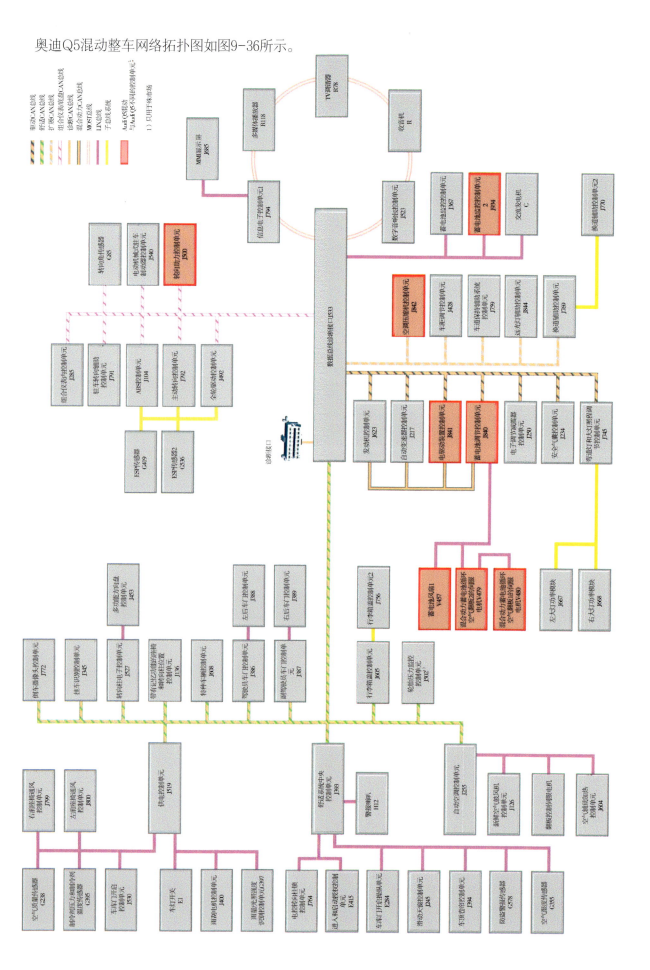

图9-36

274

控制单元的安装位置如图9-37所示，图注如表9-11所示。

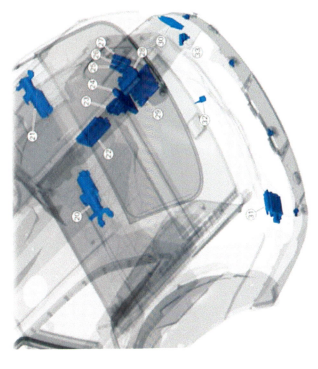

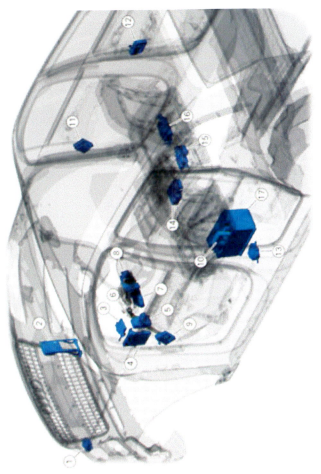

图9-37

表9-11

索引	说明
1	车库门开启装置控制单元 J530
2	车距调节控制单元 J428
3	数据总线诊断接口 J533
4	车载电网控制单元 J519
5	大灯照明距离调整控制单元 J431
6	轮胎充气压力监控控制单元 J502
7	进入及启动许可控制单元 J518
8	转向柱电子装置控制单元 J527
9	驾驶员侧车门控制单元 J386
10	左后侧车门控制单元 J388
11	副驾驶员侧车门控制单元 J387
12	右后侧车门控制单元 J389
13	电源管理系统控制单元 J644
14	安全气囊控制单元 J234
15	车载电网控制单元 2 J520
16	带记忆功能的副驾驶员座椅调整装置控制单元 J521

索引	说明
17	蓄电池 A
20	后行李箱盖控制单元 J605
21	后行李箱盖控制单元 2 J756
22	倒车摄像机系统控制单元 J772
23	舒适/便捷系统中央控制单元 2 J773
24	舒适/便捷系统中央控制单元 J393
25	辅助加热装置控制单元 J364
26	无线访问权限的天线读取单元 J723
27	驻车辅助控制单元 J446
28	拖车识别装置控制单元 J345
29	水平高度调节系统控制单元 J197
30	换道辅助系统控制单元 J769
31	换道辅助系统控制单元 2 J770
32	倒车摄像机 R189
33	无线电时钟接收器 J489

2010年以前奥迪Q7整车网络拓扑图如图9-38所示。

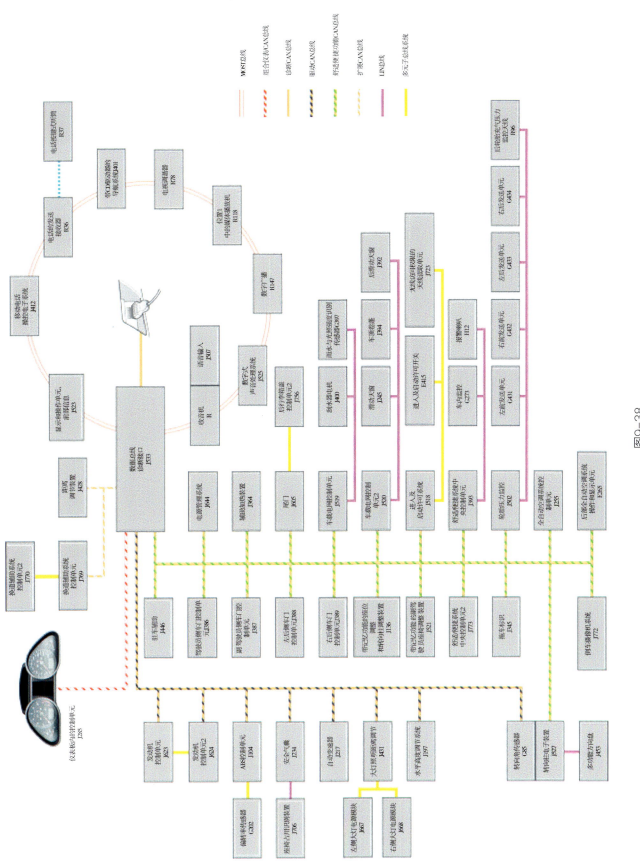

图9-38

2010年起奥迪Q7整车网络拓扑图如图9-39所示。

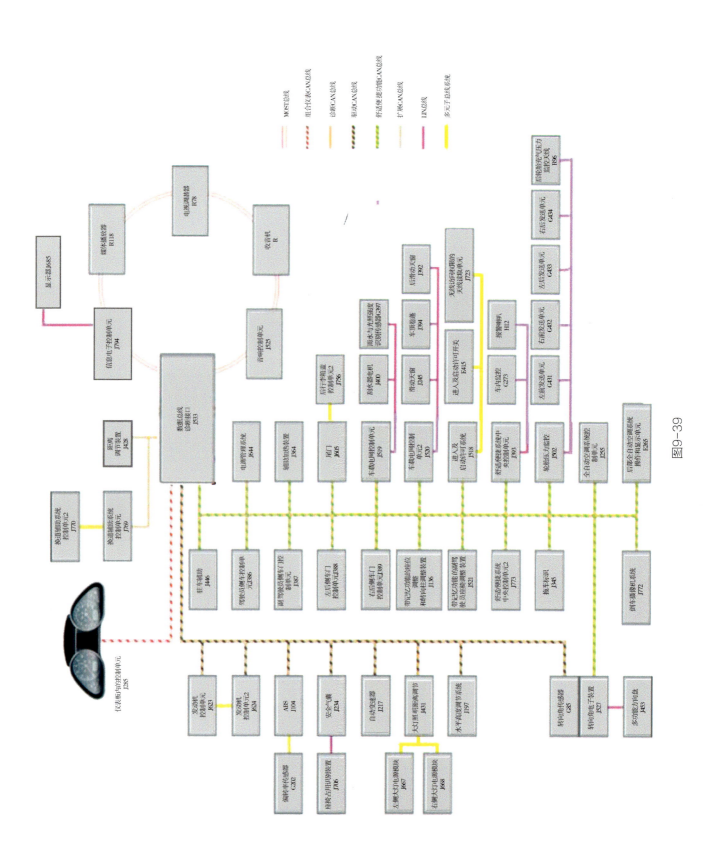

图9-39

278

控制单元的安装位置如图9-40所示，图注如表9-12所示。

图9-40

表9-12

索引	说明
A27	右LED大灯电源模块1
A31	左LED大灯电源模块1
E87	前部空调操作和显示单元
E265	后部空调操作和显示单元
E380	多媒体系统操作单元
J104	ABS控制单元
J136	带记忆功能的座椅调节装置和转向柱调节装置控制单元
J234	安全气囊控制单元
J245	滑动天窗控制单元
J285	组合仪表控制单元
J345	挂车识别控制单元
J364	辅助加热装置控制单元
J386	驾驶员侧车门控制单元
J387	副驾驶员侧车门控制单元
J393	舒适系统中央控制单元
J428	车距控制装置控制单元
J500	助力转向控制单元
J502	轮胎压力监控控制单元
J505	可加热式挡风玻璃控制单元
J519	车载电网控制单元
J521	带记忆功能的副驾驶员座椅调节装置控制单元
J525	数字音响套件控制单元
J527	转向柱电子装置控制单元
J533	数据总线诊断接口
J587	换挡杆电子装置控制单元

索引	说明
J605	行李箱盖控制单元
J623	发动机控制单元
J685	MMI显示器
J764	电子转向柱锁控制单元
J769	换道辅助系统控制单元
J770	换道辅助系统控制单元2
J772	倒车摄像头系统控制单元
J775	底盘控制单元
J794	信息电子系统1控制单元
J844	远光灯辅助系统控制单元
J850	车距控制装置控制单元2
J853	夜视系统控制单元
J857	第三排座椅的座椅调节装置控制单元
J869	固体声控制单元
J880	还原剂计量系统控制单元
J898	挡风玻璃投影（平视显示器）控制单元
J926	驾驶员侧后部车门控制单元
J927	副驾驶员侧后部车门控制单元
J928	环境摄像头控制单元
J1018	左侧车灯控制系统控制单元
J1019	后桥转向系控制单元
J1023	右侧车灯控制系统控制单元
R78	电视调谐器
R161	DVD转换盒
R242	驾驶员辅助系统前部摄像头

整车网络拓扑图如图9-41所示。

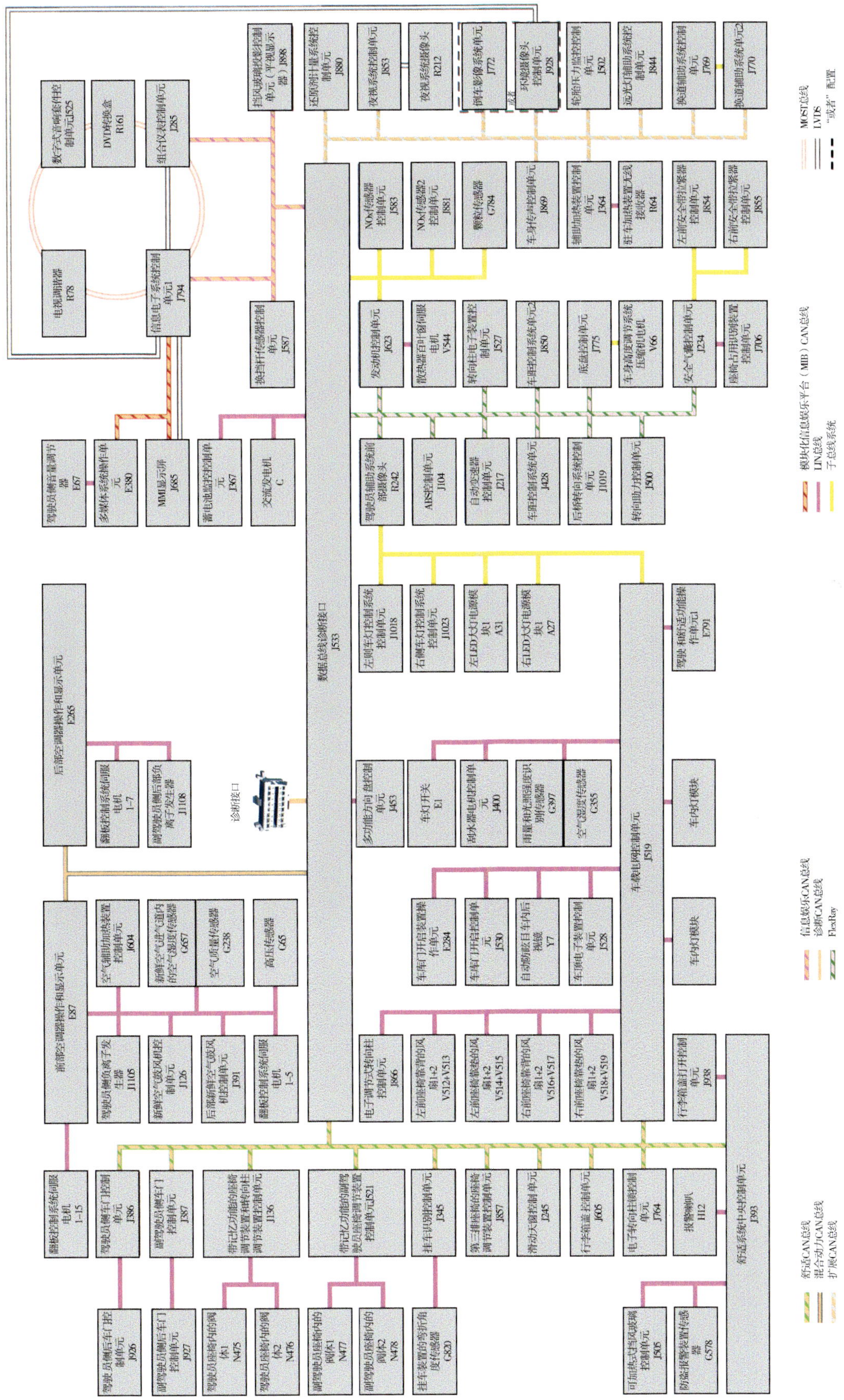

图9-41

第十五节 2007—2015年奥迪TT

整车网络拓扑图如图9-42所示。

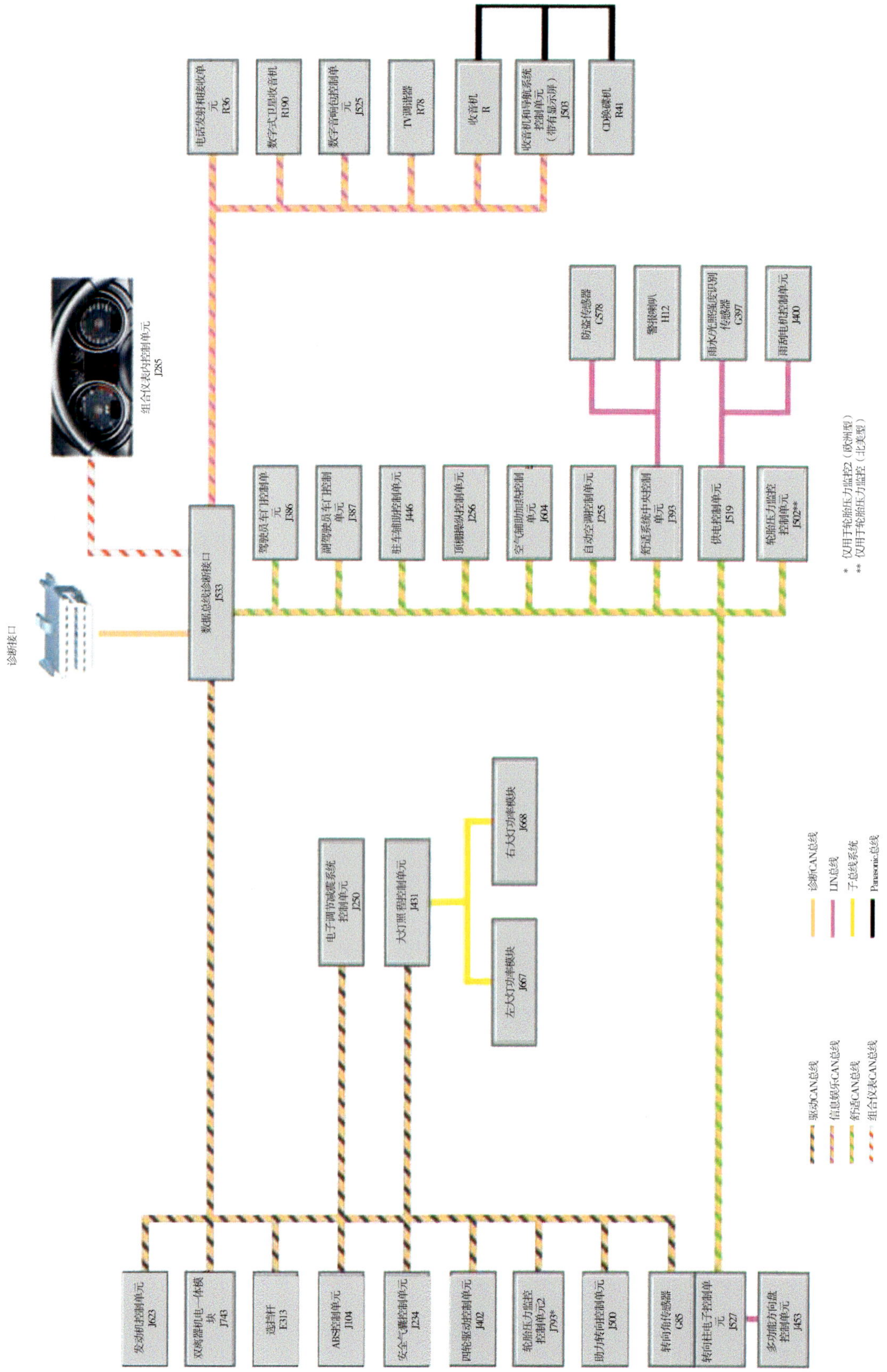

电话发射和接收单元 R36　数字式卫星收音机 R190　数字音响和位置调谐单元 J525　TV调谐器 R78　收音机 R　收音机和导航系统控制单元（带有显示屏）J503　CD换碟机 R41

组合仪表控制单元 J285

防盗传感器 G578　警报喇叭 H12　雨水/光照强度识别传感器 G397　雨刮电机控制单元 J400

驾驶员车门控制单元 J386　副驾驶员车门控制单元 J387　驻车辅助控制单元 J446　顶棚照明控制单元 J256　空调辅助加热控制单元 J604　自动空调控制单元 J255　舒适系统中央控制单元 J393　供电控制单元 J519　轮胎压力监控控制单元 J502**

数据总线诊断接口 J533

诊断接口

* 仅用于轮胎压力监控2（欧洲型）
** 仅用于轮胎压力监控（北美型）

电子调节减震系统控制单元 J250　大灯照明控制单元 J431　右大灯功率模块 J668　左大灯功率模块 J667

发动机控制单元 J623　双驾驶时电体模块 J7A3　选挡杆 E313　ABS控制单元 J104　安全气囊控制单元 J234　四轮驱动控制单元 J492　轮胎压力监控单元记 J793*　助力转向控制单元 J500　转向角传感器 G85　转向柱电子控制单元 J527　多功能方向盘控制单元 J453

驱动CAN总线
信息娱乐CAN总线
新型CAN总线
组合仪表CAN总线
诊断CAN总线
LIN总线
子总线系统
Panoramic总线

图9-42

控制单元的安装位置如图9-43所示，图注如表9-13所示。

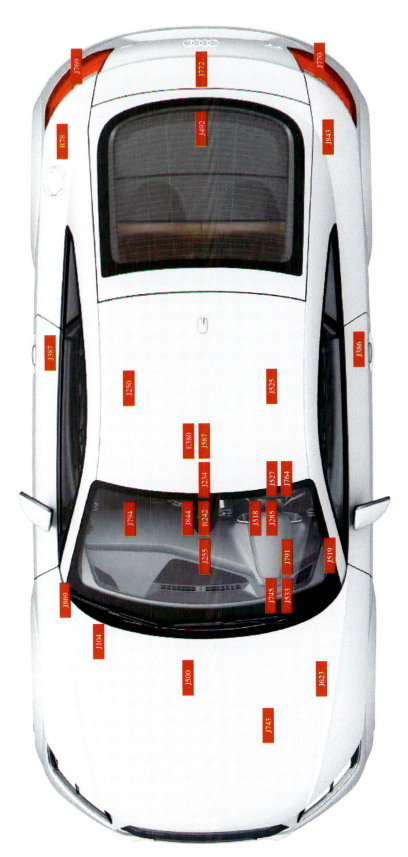

图9-43

表9-13

索引	说明
E380	多媒体系统操纵单元
J104	ABS控制单元
J234	安全气囊控制单元
J250	电子调节减震器控制单元
J255	自动空调控制单元
J285	组合仪表内控制单元
J386	驾驶员车门控制单元
J387	副驾驶员车门控制单元
J492	四轮驱动控制单元
J500	转向辅助控制单元
J518	进入和启动授权控制单元
J519	供电控制单元
J525	数字音响包控制单元
J527	转向柱电子控制单元
J533	数据总线诊断接口

索引	说明
J587	换挡杆传感器控制单元
J623	发动机控制单元
J743	双离合器变速器机电一体模块
J745	弯道灯和大灯照程调节控制单元
J764	电子转向柱锁控制单元
J769	换道辅助控制单元
J770	换道辅助控制单元2
J772	倒车摄像头控制单元
J791	泊车转向辅助控制单元
J794	信息电子控制单元1
J843	车辆定位系统接口控制单元
J844	远光灯辅助控制单元
J869	车身传声控制单元
R78	TV调谐器
R242	驾驶员辅助系统正面摄像头

整车网络拓扑图如图9-44所示。

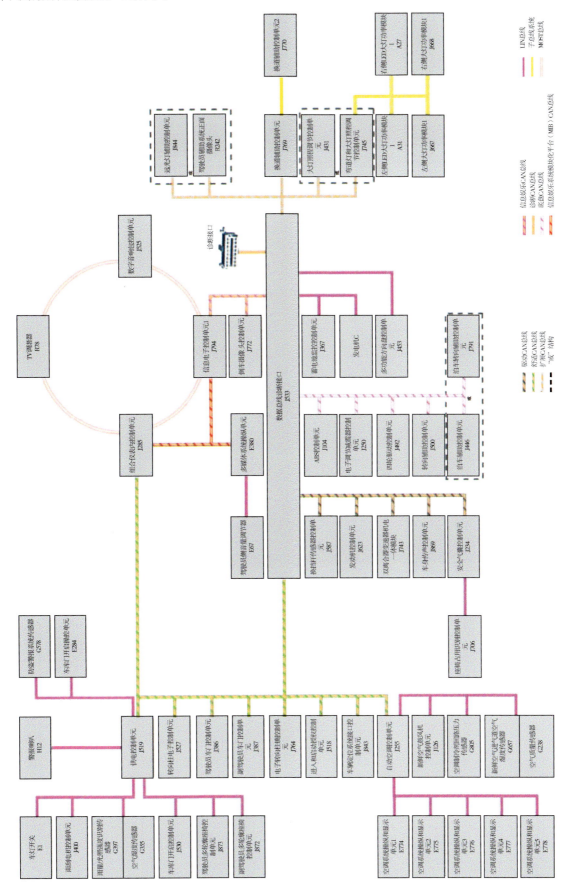

图9-44